HEINEVETTER HISTORISCH

Hans-Werner Faerber
Wandsbeker Husaren

Astrid Louven
Die Juden in Wandsbek

Röpke
In Wandsbek zu Hause

Röpke/Fricke
Wandsbeker Straßen

Reinhard Görisch (Hrsg.)
Andenken des Wandsbecker Boten – Gedichte auf Matthias Claudius

Gerda Plass
Wandsbeker Skizzen

Arthur Dähn
Wandern im Bezirk Hamburg-Wandsbek

Beyle/Dähn
Museumsdorf Volksdorf

Heinrich Steinfath
Hummelsbüttel

Siegfried Seeler / Ingrid Seeler
Bramfeld – Hellbrook – Steilshoop

Harald Richert
Zwischen Bille und Elbe

Harald Richert
So war es in Bergedorf, Lohbrügge und den Vierlanden

Harald Richert
Verdiente Hamburger

Werner Johannsen
Wer sie waren ... wo sie ruhen (Friedhof Nienstedten)

Mejer / Danckwerth
Die Landkarten von Schleswig und Holstein von 1652

Reiner Rump
Norddeutsche Mühlensagen

Reiner Rump
Die Mühlen in Stormarn

Klaus-Dieter Billerbeck
Mit Rauchern läßt sich reden

Hamburger Hausbrigade

1959 – 1993

Hamburger Hausbrigade

1959 – 1993

Geschichte der

Panzergrenadierbrigade 17

von
Stephan-Thomas Klose
mit Beiträgen von
Hans G. Stark

1993

BUCHVERLAG OTTO HEINEVETTER

Zum Titel:

Das Photo auf dem Umschlag zeigt einen Ausschnitt des Großen Zapfenstreichs der Panzergrenadierbrigade 17 auf dem Hamburger Rathausmarkt am 21. Juni 1966 (vgl. II. 3.2.), Vorangegangen war ein Feierliches Gelöbnis. Mit diesem feierlichsten militärischen Zeremoniell setzte die Hansestadt im „Herzen Hamburgs" „ein sichtbares Zeichen" für die noch junge Bundeswehr. Im Rahmen dieser Veranstaltung soll der damalige Erste Bürgermeister der Freien und Hansestadt Hamburg, Prof. Dr. Herbert Weichmann, den inoffiziellen Namen „Hamburger Hausbrigade" geprägt haben.

Im Vorjahr hatte die Brigade ihr Wappen, das „Verbandsabzeichen", erhalten (vgl. II. 3.1.), das als Ärmelabzeichen auf dem linken Oberarm von Rock und Mantel die Zugehörigkeit des Soldaten zu seiner Division und Brigade deutlich machen sollte. Das Verbandsabzeichen der Panzergrenadierbrigade 17 zeigte daher das silberne Nesselblatt Holsteins mit den Schleswiger Löwen als heraldisch unmißverständliche Aussage über die Zugehörigkeit zur der in Schleswig-Holstein stationierten 6. Panzergrenadierdivision.

Seit Anfang der 80er Jahre kam zum offiziellen Verbandsabzeichen das sog. „Interne Verbandsabzeichen" von Stab und Stabskompanie hinzu. Es zeigt die Hammaburg in Weiß auf grünem Grund. Grün ist die Waffenfarbe der Jäger und Grenadiere. Das Wappen wurde 1979/80 vom damaligen Leutnant Dieter-Georg Müller, dem Fernmeldezugführer der Stabskompanie, entworfen.

Außerdem ist noch eine Panzerspur zu sehen, wie sie die Kettenfahrzeuge der Brigade bei Übungen auf Straßen und Wegen aber auch im freien Gelände häufig hinterlassen haben.

Der Autor dankt allen, die bei der Erstellung des Manuskriptes wertvolle Hilfe leisteten, namentlich Major Hans Uve Düfer für die unermüdliche Beratung in allen Fragen der Textverarbeitung, Major i.G. Georg Friedrichs und Stabsfeldwebel Fred Schlinke für die sorgfältige Wahrnehmung von Lektorenaufgaben und nicht zuletzt Hans G. Stark für die journalistische Betreuung.

Ganz herzlich dankt der Autor auch seiner Frau Gesa, die sich jedes Kapitel geduldig mehrmals vorlesen ließ, und über die Geschichte der Brigade sicher inzwischen mehr weiß als mancher langjährige Angehörige.

Autor und Verlag danken für die Unterstützung bei der Herausgabe des Buches:

CDU-Großhansdorf, CDU-Wandsbek, HASPA-Wandsbek, KARSTADT-Wandsbek, Landeszentrale für politische Bildung, Bürgervein Oldenfelde.

ISBN 3-929171-47-3

Herstellung: Schmidt & Klaunig, Kiel

Printed in Germany 1993

Inhalt

Vorworte

Vorwort des Ersten Bürgermeisters der Freien und Hansestadt Hamburg

Es fällt mir, es fällt der Stadt nicht leicht, „unsere" Soldaten gehen zu sehen. Mehr als drei Jahrzehnte war die Panzergrenadierbrigade 17 in Hamburg stationiert. Ihre Soldaten haben in dieser Zeit für Hamburgs Sicherheit und Freiheit garantiert. Auf die „Hausbrigade" konnten sich die Bürgerinnen und Bürger in Notzeiten verlassen – wie wir aus dem Einsatz bei der Flutkatastrophe 1962 oder bei der Schneekatastrophe 1979 noch alle in guter Erinnerung haben.

Die Soldaten waren in Hamburg gern gesehen. Ich weiß um die gute Nachbarschaft zwischen den Soldaten und den übrigen Bürgern Rahlstedts. Die Begegnung und das Miteinander waren eine Selbstverständlichkeit.

Hamburg behält „seine" Soldaten der Panzergrenadierbrigade 17 in guter Erinnerung. Im Namen aller Bürgerinnen und Bürger danke ich den Soldaten und zivilen Mitarbeitern der Panzergrenadierbrigade 17 für Engagement, Unterstützung, Hilfe und Freundschaft.

Dr. Henning Voscherau
Erster Bürgermeister der Freien und Hansestadt Hamburg

Vorwort des Divisionskommandeurs

Seit 34 Jahren hat die Panzergrenadierbrigade 17 ihren Auftrag, den Frieden in Freiheit für unser Vaterland zu sichern, zuverlässig erfüllt. Über drei Jahrzehnte wechselvolle Geschichte dieses Großverbandes und seine Auflösung im Rahmen der Umgliederung des deutschen Heeres in die Heeresstruktur 5 sind Anlaß genug, mit Stolz und Genugtuung auf das Erreichte zurückzublicken.

Die Panzergrenadierbrigade 17 hat in den vergangenen Jahren in ihren Garnisonen in Hamburg und Lübeck einen festen Platz erworben. Die enge Verbundenheit zwischen den Bürgern und Soldaten wird durch die inoffizielle Bezeichnung „Hamburger Hausbrigade" in besonderer Weise deutlich gemacht. Acht Patenschaften von Truppenteilen der Brigade mit Gemeinden und Institutionen, das Engagement zahlreicher Soldaten in Vereinen, Verbänden und Kommunen und nicht zuletzt die erfolgreiche, partnerschaftliche Zusammenarbeit zwischen der Brigade und den Behörden im Rahmen der zivilen Hilfeleistung sind Beispiele für die feste Einbindung der Soldaten in das Umfeld.

Daß die Verteidigungsfähigkeit unseres Vaterlandes in den letzten Jahrzehnten glaubwürdig geblieben ist und damit eine der Voraussetzungen für die Entwicklung war, die letztlich zur Wiedervereinigung unseres Vaterlandes geführt hat und in deren Folge die Reduzierung der deutschen Streitkräfte in Mitteleuropa beschlossen werden konnte, war nicht das Werk weniger, sondern konnte nur durch die gewissenhafte Pflichterfüllung aller Dienstgrade und der Zivilbediensteten auch dieser Brigade erreicht werden.

Als Divisionskommandeur danke ich allen aktiven Soldaten und Reservisten und zugleich allen zivilen Mitarbeiterinnen und Mitarbeitern dieses Großverbandes für die in den vergangenen Jahrzehnten geleistete erfolgreiche Arbeit und spreche Ihnen meine volle Anerkennung aus.

Die Panzergrenadierbrigade 17 wird im Rahmen der Umgliederung in die Heeresstruktur 5 offiziell zum 30.09.1993 aufgelöst. Bei ihrem Abschiedsappell mit Großem Zapfenstreich hat sich die Brigade noch einmal großartig präsentiert. Ich bin sicher, daß alle Angehörigen dieser stolzen Brigade auch in Zukunft in ihren neuen Verwendungen ihren Auftrag in bewährter Weise erfüllen werden.

Meine besten Wünsche begleiten Sie und Ihre Familien in eine hoffentlich friedliche Zukunft.

Jürgen von Falkenhayn

Generalmajor

Vorwort des Brigadekommandeurs

Als ich im April 1991 das Kommando über die Panzergrenadierbrigade 17 übernahm, zogen bereits erste dunkle Wolken am Horizont auf. Mitte des Jahres dann fiel die Entscheidung: Die Standorte Hamburg und Lübeck sollten von der Truppe geräumt werden. Dies bedeutete die Auflösung bzw. Verlegung der „Hamburger Hausbrigade" an andere Standorte.

Wir alle waren betroffen. Ich persönlich hatte meine militärische Laufbahn 1962 bei dieser Brigade in der Graf-Goltz-Kaserne begonnen. Der erste Kommandeur dieser Brigade hatte mich vereidigt. Jetzt war mir die Aufgabe zugefallen, als letzter Kommandeur Hamburg zu räumen. Zufall? Vermutlich!

In den vergangenen Jahrzehnten hatten wir immer wieder Soldaten ausgebildet, Übungen jeder Art gefahren, Einsatzbereitschaft hergestellt, Sicherheit „produziert". Das hatten wir gelernt, das konnten wir aus dem FF. Auch umgegliedert hatten wir mehrfach. Doch Auflösung war neu, dafür gab es keine Vorbilder. Was also war zu tun? In dieser Situation haben wir Leitlinien für unsere Arbeit entwickelt. Eine davon lautete:

„Wir alle sind die letzte Generation dieser Brigade, die noch zum Handeln befähigt ist. Was wir nicht schaffen, wird nach uns niemand mehr tun können."

Hieraus ergaben sich Verpflichtungen gegenüber allen unseren Vorgängern sowie der über 30-jährigen Geschichte der Brigade und Maßstab für alle zu erfüllenden Aufgaben. Hieraus entstand auch der Anstoß für dieses „Buch zur Geschichte der Panzergrenadierbrigade 17".

Es ging nicht darum – wie so oft in der Vergangenheit – , eine Chronik zu einem Jubiläum zu schreiben. Es ging vielmehr um die abschließende Darstellung der handelnden Personen als Zeitzeugen, die diese Brigade mit Leben erfüllten: Der über 100.000 Soldaten und zivilen Mitarbeiter mit nahezu 300.000 Familienangehörigen und den vielen Freunden aus der Bevölkerung. Es ging darum, Höhen und Tiefen in dieser Zeit zu erfassen, so wie es im Leben – auch im soldatischen Leben – geschah. Viele sollten zu Wort kommen.

Ich danke allen, die hierzu persönliche Beiträge erbracht haben. Ich danke vor allem unserem Chronisten, Hauptmann Stephan-Thomas K l o s e, der dies alles mit viel Hingabe und Können für uns und die Nachwelt festgehalten hat.

H.-J. Rennack

Hans-Jürgen Rennack

Oberst

Vorwort von „hgs"

Zu meinem Aufgabenbereich als Redakteur des Hamburger Abendblattes gehörte es auch, die Panzergrenadierbrigade 17 objektiv und kritisch zu begleiten. Dabei entstand in Jahrzehnten eine dreistellige Anzahl von Beiträgen, die überwiegend in der Stadtteilausgabe „Wandsbeker Zeitung" veröffentlicht wurden. Auf dieser Grundlage entsprach ich gern der Bitte des Kommandeurs, an der Entstehung der Chronik mitzuwirken. In ihr wird ein Stück Stadtgeschichte geschildert: Die Ära Bundeswehr in Rahlstedt.

So wird in diesem Buch berichtet, wie sich Hamburgs Hausbrigade aus kleinsten Anfängen zu einem bedeutenden Faktor innerhalb des kommunalpolitischen, wirtschaftlichen und gesellschaftlichen Lebens entwickelte. Die Erzählspanne reicht dabei von jenen Tagen, da vor rund 37 Jahren die ersten Soldaten in Rahlstedt nicht nur skeptisch betrachtet, sondern sogar angefeindet wurden, bis zum wehmütigen Bedauern vieler Hamburger darüber, daß es Abschied zu nehmen gilt von guten Partnern und Freunden.

Vieles wird dabei der Vergessenheit entrissen. Wer denkt heute noch an die Nacht zum 17. Februar 1962, als Hamburg von einem vernichtenden Faustschlag der Natur getroffen wurde? Dank vorbildlicher Pflichtauffassung und Umsicht gehörten Soldaten der Brigade 17 bei der Jahrhundertsturmflut zu den ersten von vielen Tausend Helfern, die Menschen aus Not und Gefahr retteten. Sie waren auch zur Stelle, als Schneemassen halb Hamburg lahmlegten und ganze Ortschaften abschnitten.

Die Chronisten haben Zeitzeugen befragt, Dokumente ausgewertet und Selbsterlebtes niedergeschrieben. Dabei werden auch nicht Irritationen verschwiegen, die von außen in die Kasernen getragen wurden. Inzwischen sind Aktionen wie Kasernenblockade und „Atomwaffenfreie Zone" längst als das entlarvt worden, was Einsichtigen schon immer klar war: Als Versuch, gutgläubige Menschen zu mißbrauchen. Doch die beabsichtigte Spaltung zwischen Bürgern in Zivil und Uniform gelang nicht, weil die erdrückende Mehrheit der Bevölkerung sich hinter ihre Soldaten – ihre eigenen Söhne – stellte.

Das sind Episoden, deren absurder Kern heute nur noch Kopfschütteln auszulösen vermag. Aber diese Erfahrung zeigt uns, wie dringend notwendig es ist, auch die jüngere Vergangenheit aufzuarbeiten. Nur so können in Zukunft Irrungen und Wirrungen vermieden werden, ist vielleicht zu verhindern, daß das Bewußtsein wohlmeinender Bürger von ideologischen Nebelschwaden eingehüllt wird. Möge dieses Buch auch dazu einen Beitrag leisten.

Hans G. Stark

Hans-Günther Stark

I.
Vorgeschichte
1951 – 1959

1. Hamburg wird wieder Garnison (1951 – 1956)

1.1. „Das neue Militär" – Grenzjäger in der Graf-Goltz-Kaserne

„Grenzjäger des Kommandos Nord"

„Abteilung stillgestanden! Zur Meldung an den Herrn General – die Augen – links!" Die Kommandos hallen über den Kasernenhof von St.Hubertus in Lübeck. Es ist der Morgen des 29. Mai 1951, kaum mehr als sechs Jahre nach dem Ende des Zweiten Weltkrieges, nach Zusammenbruch und Kapitulation. Doch die Kommandos sitzen noch. Und nun spricht der Herr General zu der angetretenen Abteilung. Es ist Anton Grasser, der Kommandeur eines der neuen Grenzschutzkommandos. Er verliest einen Tagesbefehl:

„Grenzjäger des Kommandos Nord! Als ihr derzeitiger Kommandeur begrüße ich sie und gebe meiner Freude darüber Ausdruck, daß es ihnen gelungen ist, wieder in ihren alten, ihnen lieb gewordenen Beruf hineinzukommen. ... Wenn ich sie heute erstmals als Grenzjäger anspreche, dann muß festgestellt werden, daß dieses Wort vorläufig nur ein Name ist. Daß dieser Name rasch ein Begriff wird, ist unsere vornehmste Aufgabe. ..."[1]

Äußerlich sind die Abteilungen, die den Worten des Kommandeurs lauschen, bald kaum mehr von der untergegangenen Wehrmacht zu unterscheiden. Sie tragen den alten deutschen Stahlhelm und erhalten die alten Schulterstücke, doch es ist eine neue Truppe, die hier in Lübeck an diesem Maimorgen zum erstenmal antritt: Das Rahmenpersonal für die aufzustellenden Abteilungen einer kasernierten Sonderpolizei – des „Bundesgrenzschutzes (BGS)". Es ist aber auch das Kaderpersonal des künftigen deutschen Feldheeres, denn aus vielen Grenzschutz Abteilungen wird fünf Jahre später die Bundeswehr aufgestellt werden. Das ahnt allerdings zu dieser Zeit wohl kaum jemand unter den Grenzjägern in Lübeck.

Lübeck, St. Hubertus Kaserne (Postkarte)

„Bundespolizei genehmigt"

Knapp ein Jahr war es her, daß der noch jungen Bundesrepublik durch die drei westlichen Besatzungsmächte die Formierung einer unmittelbar dem Innenministerium unterstehenden Polizeitruppe gestattet worden war. Nachdrücklich wurde dabei bestritten, daß die Aufstellung der „Volkspolizei" in der damaligen sowjetisch besetzten Zone (SBZ) der Anlaß für diese Entscheidung gewesen sei. Vielmehr wurde auf den Wunsch des damaligen Bundeskanzlers Dr. Adenauer verwiesen, der Bundesregierung „ein Instrument zur Sicherung der inneren Ordnung in die Hand zu geben".[2] Während aber die „Kölnische Rundschau" in ihrer Samstagsausgabe vom 3. Juni 1950 unter der Schlagzeile „Bundespolizei ist genehmigt" die Leser auf eine Stärke von „etwa 5.000 Mann" für die neue Polizeitruppe vorbereitete, hatte das amerikanische Außenministerium am 2. Juni 1950 bereits eine Zahl von 25.000 Mann ins Gespräch gebracht.[3] Und es ist sicherlich kein Zufall gewesen, daß ebenfalls im Frühsommer 1950 die früheren Wehrmachtsoffiziere Graf von Schwerin und Dr. Speidel vom Bundeskanzler mit ersten Verteidigungsplanungen beauftragt wurden.[4]

Es sollte allerdings noch fast ein Jahr dauern, bis mit der Aufstellung der neuen Polizeitruppe unter der Bezeichnung Bundesgrenzschutz begonnen werden konnte. Am 22. März 1951 trat das erste Bundesgrenzschutzgesetz in Kraft, und die Aufstellungsstäbe in Bonn, Hannover und Stadtsteinach nahmen ihre Arbeit auf. Das Rahmenpersonal für die aufzustellenden BGS-Abteilungen des gesamten Bundesgrenzschutzes wurde nach Lübeck in die St. Hubertus- und in die Pionierkaserne einberufen.

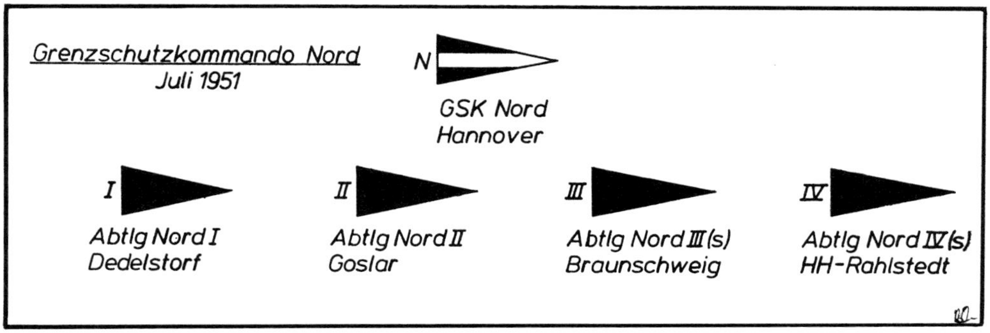

Organisationsplan für das Grenzschutzkommando Nord in Hannover im Juli 1951 (gem. Gesch. GSK Nord 1991 S. 15)

„Nord IV nach Hamburg-Rahlstedt"

Nach Abschluß der ersten Ausbildung verlegte das Rahmenpersonal (die sog. „Ausbildungsstämme") der Grenzschutzabteilungen von Lübeck in die vorgesehenen Standorte, darunter auch das eingangs bereits erwähnte Grenzschutzkommando Nord (vgl. Graphik GSK Nord Juli 1951).

Im „Befehl für die Aufstellung und Einberufung des Grenzschutzkommandos Nord und seiner Abteilungen Nord I – IV" findet sich dazu der militärisch kurze Passus:

„Zur Aufstellung werden die Ausbildungsstämme der Abt. und die Ausbildungshundertschaften wie folgt verlegt: am 28.6.51 6 Uhr in Kraftwagenmarsch mit den für die Abt. zugewiesenen Kraftfahrzeugen, ... d) Nord IV nach Hamburg-Rahlstedt."[5]

Die vollständige Bezeichnung der nach Rahlstedt in Marsch gesetzten Abteilung des Grenzschutzkommandos Nord lautete „GSA Nord IV s (mot)", denn sie verfügte über einen schweren Zug (sog. „geschützter Zug"). Die Hamburger sprachen allerdings nur schlicht vom „neuen Militär"[6], das sie aber „ohne Unterschied freundlich aufnahmen", wenn man Ernst Riggerts Ausführungen in „ Hamburg – Eine nicht militärfromme Stadt" glauben darf. Und weiter heißt es dort: „Eine Kapelle des Bundesgrenzschutzes (Musikkorps GSK Nord – Anm. d. Verf.) hat wiederholt vielbesuchte Konzerte in der Musikhalle gegeben".[7]

„Verwegene Burschen"

„Wir waren ziemlich verwegene Burschen", erinnert sich der damalige Grenzjäger und heutige Stabsfeldwebel a.D. Günter Stümke aus Neumünster. „Ich war Richtschütze auf einem Sonderwagen (SW) Ford M8 in einem Sonderwagen Halbzug. Regelmäßig fuhren wir mit diesen veralteten amerikanischen Spähwagen von 1943 kleine Übungen. Der Ford-Motor mit seinen schlappen 110 PS war allerdings sehr anfällig. Da wir die vorgesehene 3,7 cm Kanone von den Amerikanern nicht bekamen, steckten wir uns Ofenrohre in die Türme, durch die wir dann mit dem Turm-MG Platzpatronen verschossen. Das klang sehr echt und erregte bei den Beobachtern der Besatzungsmächte großes Aufsehen."[8]

Übung eines Sonderwagen Halbzuges im Herbst 1954: Das Ofenrohr im Turm ist deutlich zu erkennen. (Photo Stümke)

Das GSK Nord stellte in einer Beurteilung des Ausbildungsstandes der geschützten Züge am 9. Oktober 1952 lapidar fest: „Alle Offiziere kennen die Leistungsfähigkeit des Sonderwagens und die an ihn zu stellenden Anforderungen".[9]

Die „verwegenen Burschen" der Grenzschutzabteilungen sollten allerdings bald Gelegenheit erhalten, mit leistungsfähigerem Gerät umgehen zu können.

„Verwegene Burschen": Grenzjäger Günter Stümke vor seinem SW Ford M8 im Juli 1954 (Photo Stümke)

„... kraft Gesetz Soldat"

Im November 1955 wurde den BGS Angehörigen eine neue Zukunftsperspektive aufgezeigt. Die Grenzschutzabteilungen der Kommandos Nord und Küste sollten zur Aufstellung der Streitkräfte herangezogen werden. Nach fünf Jahren zähen außen- und innenpolitischen Ringens war die Bundesrepublik am 9. Mai 1955 der NATO beigetreten und hatte sich verpflichtet, zwölf Heeresdivisionen sowie Luftwaffen- und Marineverbände aufzustellen.

Im Merkblatt zum „Zweiten Gesetz über den Bundesgrenzschutz" vom 30. Mai 1956 hieß es dazu:

„Wer bis zum Ende des 30. Juni 1956 keine Erklärung gem. § 2 des Gesetzes (d. h. Ablehnung – Anm. d. Verf.) abgibt, wird mit diesem Zeitpunkt kraft Gesetz Soldat."[10]

So fand sich Grenzoberjäger Stümke mit 315 Kameraden der 639 Mann starken I. Abteilung der Grenzschutzgruppe 7 (I./GSG 7) am 1. Juli 1956 als Unteroffizier im Grenadierbataillon 31 (ab 1. April 1959 Panzergrenadierbataillon 171) in der Wandsbeker Douaumont-Kaserne wieder,[11] und die Grenzschutzabteilung in der Graf-Goltz-Kaserne, die im Rahmen einer BGS Umgliederung zum 1. Januar 1954 in III./GSG 7 umbenannt worden war und jetzt dem Grenzschutzkommando Küste unterstand, wurde als 3. Bataillon des Feldartillerieregiments 1 in die neuen Streitkräfte übergeführt.[12]

„Wir trennten einfach den BGS Schriftzug am linken Oberarm ab und waren fortan Soldaten", erinnert sich Günter Stümke, „etwas neidisch war ich auf die Wehrmachtsgedienten und die Neuen in der Boehn-Kaserne und in der BGS- Kaserne, also der Von-der-Goltz-Kaserne. Die bekamen gleich die neuen Uniformen."

1.2. Anfänge der Bundeswehr in Hamburg (Heeresstruktur I)

„Wehrmachtsgediente und Neue"

Die „Wehrmachtsgedienten und die Neuen" in der Boehn- und in der Graf-Goltz-Kaserne gehörten zu den Bataillonskadern der 3. Panzerdivision, die gem. „Aufstellungsbefehl Nr. 20 (Heer)" vom 28. Juni 1956 in Hamburg aufgestellt wurde. Im Gegensatz zu den Einheiten der 1. Grenadierdivision in Hannover, die sich im wesentlichen aus den Grenzschutzkommandos Nord und Küste rekrutierten, wurden die Verbände der „Dritten" überwiegend aus ehemaligen Wehrmachtssoldaten und ungedienten Freiwilligen aufgestellt, die sich zum Eintritt in die Streitkräfte entschlossen hatten.

So entstanden die internen Klassifizierungen „Bundesgrenzschützer", „Wehrmachts- oder Kriegsgediente" und „Ungediente", die die Rivalitäten und den Umgangston in der Truppe der ersten Jahre erahnen lassen.[13]

„Wehrmachtsgediente und Neue": Soldaten des Kaderpersonals PzGrenBtl 3 auf dem Rückmarsch vom StOÜbPlatz Höltigbaum im September 1956 (Photo Speicher)

Grenadier- und Panzerkampfgruppen

Doch nur mit dem Erfahrungsschatz der Kriegsteilnehmer, der soliden Ausbildung der Grenzschutzangehörigen an den „neuen" amerikanischen Waffen und der Begeisterung der Ungedienten waren die gewaltigen Herausforderungen der Aufstellungsphase zu bewältigen. Bis zum Ende des Jahres 1957 sollten der NATO bereits drei Grenadierdivisionen (1., 2. und 4.) sowie zwei Panzerdivisionen (3. und 5.) assigniert werden. Als Anhalt für die Aufstellung dieser und der folgenden Divisionen wurde eine Struktur (Heeresstruktur I) festgelegt, die sich an der Einsatzpraxis der Wehrmacht in den letzten Kriegsjahren orientierte, zur taktischen Führung unterhalb der Divisionsebene sog. „Kampfgruppen" (KpfGr) einzusetzen.

Nach der Kampfgruppengliederung sollte eine Grenadierdivision aus drei Grenadierkampfgruppen mit jeweils drei Grenadierbataillonen (motorisiert) und einem Panzerbataillon bestehen. Eine Panzerdivision sollte drei Panzerkampfgruppen (PzKpfGr) mit jeweils zwei Panzergrenadier- und zwei Panzerbataillonen erhalten. Zu den Kampfgruppen traten je nach Lageentwicklung Einheiten der Kampfunterstützungs-, Führungs- und Versorgungstruppen der Division (ein Artillerieregiment mit drei leichten und einem mittleren Bataillon, jeweils ein Flugabwehrartillerie-, Panzerjäger und Pionierbataillon, ein Fernmeldebataillon, eine Aufklärer- und eine Feldjägerkompanie, eine Instandsetzungs- und eine Nachschubkompanie sowie ein Sanitätsbataillon).[14]

So war ein organisatorischer Rahmen für die ersten Aufstellungsjahre geschaffen. Die 3. Panzerdivision in Hamburg, deren Stab im ehemaligen Generalkommando X (Sophienterrasse) die Arbeit am 2. Juli 1956 aufgenommen hatte, bestand zu Beginn des Jahres 1957 immerhin schon aus zwei Kampfgruppen, der Panzerkampfgruppe A3 in Hamburg-Rahlstedt und der Panzerkampfgruppe B3 in Schleswig.

2. Die Panzerkampfgruppe A3 in Hamburg-Rahlstedt (1956 – 1959)

2.1. Erste Verbände: Die Bataillone mit der „3"

„Habt ihr immer noch nicht genug?'

„So ein Mist! Wer ahnt denn auch, daß diese Kisten so viel schlucken!" Der Gefreite auf dem Fahrersitz des amerikanischen Kampfpanzers M 47 macht seinem Unmut lautstark Luft. Während er unter gewaltigen Fehlzündungen seinen mitten auf der Rahlstedter Straße liegengebliebenen US-Veteranen wieder zu starten versucht, beobachtet er verstohlen die finster dreinblickenden Gestalten, die sich am Straßenrand sammeln. Sie ballen die Fäuste, fluchen und pöbeln. „Räumt den Schrott von der Straße und verschwindet hier!" tönt es lautstark. „Ist Fünfundvierzig schon vergessen, habt ihr immer noch nicht genug?"

Obgleich es ein kühler Septembermorgen

ist, beginnt der Gefreite zu schwitzen. Es sieht verteufelt nach einer Tracht Prügel aus, und dabei hatte der Tag so gut begonnen: Die ersten drei Kampfpanzer M 47 sollten vom Wandsbeker Güterbahnhof abgeholt werden, die ersten Panzer für das Panzerbataillon 3 in der Rahlstedter Graf-Goltz-Kaserne. Das Bataillon war kaum mehr als zwei Wochen alt, am 3. September 1956 war mit der sog. „Kaderaufstellung" begonnen worden.[15]

„Ja, wir hatten uns mit dem Spritverbrauch ganz schön verkalkuliert", erinnert sich der damalige Gefreite und heutige Stabsfeldwebel a.D. Josef Adolf. „Keiner von den drei Panzern hat's damals bis zur Kaserne geschafft, und ausgerechnet meiner war der letzte. Aber die Sache ging glimpflich ab. Wir schickten unser Begleitfahrzeug, einen 1,5 to Borgward, zum Spritholen in die Kaserne, blieben in unseren Panzern und pöbelten lautstark zurück."[16]

Kampfpanzer M 47 vor dem Tor der Graf-Goltz-Kaserne im Frühjahr 1958 *(Photo Brigadearchiv)*

Nicht ganz so glimpflich ging etwa einen Monat später ein erneutes Zusammentreffen mit den „Halbstarken" in der „Central-Klause", einem damaligen Lokal an der Rahlstedter Bahnhofstraße, Ecke Amtsstraße, ab. Es kam zu einer großen Schlägerei, bei der einige Soldaten zum Teil erheblich verletzt wurden. Dazu noch einmal Stabsfeldwebel a.D. Adolf: „Ein Kamerad aus dem Panzerbataillon 3 lag mehrere Wochen im Krankenhaus. Wir gingen trotzdem weiter in Uniform auf die Straße, auch nach Dienst. Wir wollten zeigen, daß wir vor den Krawallmachern nicht kniffen. Die Bengels aus der Central-Klause wurden später geschnappt und schwer bestraft."

„Stählerner Wall gegen die Sowjetunion"

Mitte November 1956 ist die Zahl der Kampfwagen beim Panzerbataillon 3 bereits auf 36 angewachsen (71 sollen es insgesamt werden) und ständig treffen weitere der 44 Tonnen schweren und mit einer 90 mm Kanone ausgerüsteten „Geschenke der Amerikaner" ein. Wenn auch die Meinungen „alter Panzermänner", insbesondere der Angehörigen früherer PANTHER-Besatzungen, über die Lieferung aus US-Heeresbeständen geteilt sind,[17] so bedeutet doch jeder weitere M 47 eine „Verstärkung des stählernen Walls gegen die Sowjetunion", wie Hauptmann Klemz, der S3 Stabsoffizier im Panzerbataillon 3, sich auszudrücken pflegt.[18] Und der Hauptmann weiß, wovon er spricht, ist er doch im vorhergehenden Jahr erst aus russischer Kriegsgefangenschaft zurückgekehrt. Er hat die Uniform sofort wieder angezogen (wenn auch die „Affenjäckchen" mit den „Metallspiegeln" etwas anders aussehen als die frühere deutsche Uniform).

Hauptmann Klemz ist Idealist, wie übrigens die allermeisten seiner Kameraden im Offizierkorps des Panzerbataillons, die sogar weitaus besser bezahlte Stellungen in der Wirtschaft aufgegeben haben. Der Kommandeur, Oberstleutnant Pfannkuche, hatte beispielsweise nach dem Krieg Automobile verkauft.[19]

„Ein neuer Geist"

Dieser Idealismus aber auch die „Aufgeschlossenheit der Offiziere gegenüber den jungen Freiwilligen" im Panzerbataillon 3 beeindruckte ganz offensichtlich die Vertreter der in Hamburg tätigen Presse. 19 Journalisten besuchten am 17. Januar 1957 das Bataillon. Oberstleutnant Pfannkuche erklärte freimütig:

„Unsere neue Generation von jungen Soldaten sagt frei von der Leber weg, was ihr nicht gefällt und was sie denkt. Früher brauchten wir fast ein Jahr dazu, den Rekruten das beizubringen."

Mit „günstigen und teilweise erfreulichen Eindrücken" reisten die Pressevertreter wieder ab, und Ewald Stroh vom damaligen „Nordpress-Verlag" stellte unter der Überschrift „Ein neuer Geist macht sich in der Bundeswehr breit" fest: „Den Müttern können wir nur sagen, daß ihre Kinder bei der Wehrmacht am besten aufgehoben sind."[20]

Das nahm manche Mutter sicherlich nicht widerspruchslos hin, zumal die Panzer vielen Rahlstedtern einfach suspekt blieben. Daran änderte sich auch nichts, als das Bataillon Ende November damit begann,

„Neckermann-Panzer" (Panzerattrappe) in der Graf-Goltz-Kaserne im November 1957 (Photo Otto)

verstärkt die „Panzerattrappen" auf Unimog-Fahrgestell zur Ausbildung einzusetzen.

Tor der Boehn-Kaserne 1956 (Postkarte aus dem Jahr 1956 mit Schreibfehler „Böhm-Kaserne")

Ganz allein in der Boehn-Kaserne

Das andere Bataillon mit der „3", das Panzergrenadierbataillon 3 in der Boehn-Kaserne, besaß zu diesem Zeitpunkt noch nicht einen einzigen Schützenpanzer, hatte aber auch schon ein beträchtliches Stück Aufbauarbeit geleistet.

Als Stabsfeldwebel Mörler als erster Soldat des Aufstellungsstabes am 12. Juli 1956 gegen 20.00 Uhr in der Boehn-Kaserne eintraf, war er ganz allein in der weitläufigen Anlage, die in den Nachkriegsjahren zunächst von der Besatzungsmacht und dann als Quartier für ehemalige polnische Zwangsarbeiter genutzt worden war. Und er blieb auch in den folgenden Tagen völlig allein, aber immerhin bewacht von den Männern der Wach- und Schließgesellschaft. Letztlich trafen dann aber doch einige weitere Kameraden des Aufstellungsstabes ein, darunter Oberstleutnant Gerlach, der Kommandeur. Auch eine Grenzschutzabteilung aus Lübeck (II./GSG 7) verlegte noch im Juli in die Boehn-Kaserne und bildete das Kaderpersonal des Grenadierbataillons 11.

Am 3. September 1956 beginnt das Panzergrenadierbataillon 3 mit der Kaderaufstellung. Die Zustandsmeldung von diesem Tag nennt eine Gesamtstärke von 125 Soldaten.[21] Eine weitere Auffüllung des Bataillons bis auf eine Stärke von 80 % des Solls (979 Soldaten) ist für den 1. November 1956 vorgesehen. Noch im Oktober löst eine militärische Wache die Wach- und Schließgesellschaft am Tor der Boehn-Kaserne ab.

Im November treffen dann auch die ersten Fahrzeuge des Bataillons ein, ausnahmslos Lastkraftwagen, darunter der 5 to Mercedes, der 3 to Ford und der 0,75 to Borgward.

Zum Sueskanal

Am 17. November 1956 fuhr das Panzergrenadierbataillon 3 per Bahntransport erstmalig zum Truppenübungsplatz Putlos, der zu dieser Zeit noch unter britischer Verwaltung stand. Die Munition für Karabiner, Panzerfäuste („Bazookas") und Granatwerfer war zwar recht knapp in jenen Tagen, aber das inzwischen ausgebildete Kaderpersonal brannte förmlich darauf, sich endlich betätigen zu können. In Marschformation rückte das Bataillon zum Rahlstedter Bahnhof ab.

Die Wachablösung am Tor der Boehn-Kaserne lockt 1957 noch Zaungäste an. *(Photo Brigadearchiv)*

Stabsfeldwebel a.D. Leander Speicher, damals Gefreiter in der Stabskompanie, muß unwillkürlich schmunzeln, wenn er an jenen Novembermorgen zurückdenkt. „Wir marschierten in Dreierreihen natürlich mitten auf der Straße, nicht wie heute im Gänsemarsch auf dem Bürgersteig. Die Rahlstedter musterten uns so merkwürdig. Als wir dann mit unseren Rucksäcken auf dem Perron des Rahlstedter Bahnhofs standen und auf den Zug warteten, nahm sich einer der Zivilisten dort ein Herz und fragte unseren Zugführer, wie lange die Reise nach Ägypten wohl dauern würde. Da war mir klar, warum uns die Leute mit so teilnahmsvollen Augen ansahen. Die dachten doch tatsächlich, wir führen zum Sueskanal!"[22]

Die „Sueskrise" war eben ein Thema, das auch die Rahlstedter in jenen Tagen bewegte. Zwar herrschte seit dem 6. November 1956 Waffenstillstand in Ägypten, aber damals wie heute stand offensichtlich die Frage im Raum, ob wohl auch deutsche Soldaten zu der internationalen „Polizeitruppe" gehören würden, die von den UN in das Sueskanalgebiet geschickt werden sollte.

Abschlußfeier der Kaderausbildung PzGrenBtl 3 im November 1956. V.l. Gefreiter Gröning, Oberfeldwebel Zwing, Gefreiter Speicher (Photo Speicher)

Diese Frage aber stand für die Soldaten des Panzergrenadierbataillons 3 weder bei der Krise am Sueskanal noch bei dem Aufstand in Ungarn im Vormonat ernsthaft zur Debatte, obgleich man sich natürlich seine Gedanken machte. Die Bataillonschronik schließt das Kapitel mit der resignativen Frage: „Oh, Westen, wie hast Du' s mit der Courage?"[23]

2.2. Schutt und Unkraut – Neuanfang in der Boehn-Kaserne

„Alle Stuben sind kaputt"

Ungleich schwerer als in der Graf-Goltz-Kaserne, die vom BGS in den Jahren 1951 bis 1956 gut in Schuß gehalten und eingerichtet worden war, gestaltete sich der Neuanfang in der Boehn-Kaserne. Die Anlage befand sich in einem desolaten Zustand, obgleich sie kaum mehr als achtzehn Jahre alt, und völlig unbehelligt über den Krieg gekommen war. Im Mai 1945 war die Kaserne schon Lazarett gewesen, dann aber war die Besatzungsmacht gekommen und nach ihr die Polen („displaced persons").

Unter den Soldaten, die 1956 in die Boehn-Kaserne einziehen mußten, kursierte ein Spottvers:

„An der Elbe hellem Strande
steht die Boehn-Kaserne kühn.
Alle Stuben sind kaputt,
und der Wind pfeift durch den Schutt,
Wolken ziehen drüber hin."[24]

Bereits im April 1956 hatte der damalige Abendblatt-Redakteur Rudolf Weschinsky, der als ehemaliger Angehöriger des Infanterie-Regiments 76 auf eigene Erlebnisse in der Boehn-Kaserne zurückblicken konnte, die „Häuser in Uniform" besucht und berichtet: „Die Häuser haben sich gehalten, aber über manchen Anlagen ist schon Gras gewachsen. Am Rande des Betons hat sich die wildwuchernde Natur breitgemacht. Gräser, Farne, sogar kleine Sträucher. Und an der Kasernenmauer stehen doch tatsächlich mannshohe Fliedersträucher. ‚Damals waren sie noch zu klein', sagt der Kasernenverwalter, ‚aber jetzt ist das im Frühling ein einziger rosa und weiß blühender Garten.' Du liebe, grundgute Mutter Natur ..."[25]

„Nachhistorischer Zustand"

Als im September 1956 das Kaderpersonal des Panzergrenadierbataillons 3 einzog, hatten sich die Verhältnisse in der Boehn-Kaserne aufgrund umfangreicher Renovierungs- und Instandsetzungsarbeiten eher

Begrüßung des ersten Wehrpflichtigen, Helmuth Buchin aus Bramfeld, am Tor der Boehn-Kaserne am 1.4.1957. Rechts im Bild OG Thielisch und G Speicher von der StKp PzGrenBtl 3 (Photo „BILD")

noch verschlechtert. Von den vier dem Bataillon zur Verfügung stehenden Wohnblocks war nicht einer bezugsfertig, Flure und Treppenhäuser lagen voll Bauschutt, der Putz fehlte vielfach noch und die sanitären Einrichtungen waren entweder noch nicht montiert oder nicht funktionsfähig.

Es mußte also noch viel getan werden, um die versprochenen „Komfort-Unterkünfte" Wirklichkeit werden zu lassen. In der Bataillonschronik des Panzergrenadierbataillons 3 heißt es dazu sarkastisch:

„Die augenblicklichen Verhältnisse, unter denen alle Soldaten leben müssen, sind wirklich von antiker Einfachheit. ... Die Kaserne befindet sich in einem sozusagen nachhistorischen Zustand, und wenn der deutsche Lyriker und Essayist Holthusen als Zeitkritiker den Begriff vom ‚unbehausten Menschen' geprägt hat, so kann man angesichts der Wohnverhältnisse in der Boehn-Kaserne vom unbehausten Soldaten sprechen."[26]

Am 15. September 1956 konnte schließlich der erste Block (Haus 7) vom Panzergrenadierbataillon 3 übernommen werden. Ein hoffnungsvolles Treiben setzte ein: Bezogene Betten rollten auf Fleischerkarren durch die Kaserne, Bündel von Bekleidungsstücken wanderten in langen Ketten von Hand zu Hand, und Aktenschränke wurden mit dem obligatorischen Lärm

Aufräumarbeiten in der Boehn-Kaserne im September 1956. V.l. G Speicher, OG Nagel, G Lohmeyer, Hptm Stelter, Olt Bläsing (Photo Lohmeyer)

Die Boehn-Kaserne 1958 (Postkarte)

durch die Flure geschoben. „Es gibt sogar Büroschreibtischlampen", heißt es in der eben schon zitierten Chronik weiter, „man bekommt Platz, um sein Papier auszubreiten, und auch die Offiziere und Hauptfeldwebel haben jetzt Zimmer, in denen Raum zum Ausfegen vorhanden ist. Bisher war dies wegen der herumstehenden Koffer und Kästen in den vier Kammern, darin man zu 34 Häuptern residierte, nicht möglich."

„Zwei fliegergrau lackierte Blechschreibtische"

„Sehen Sie sich ruhig um", ruft Oberstleutnant Gerlach, ein Hühne von Gestalt und „Hausherr" der Boehn-Kaserne, lachend dem Journalisten des „Hamburger Anzeigers" zu, der dem Treiben in der Rahlstedter Kaserne offensichtlich etwas fassungslos gegenübersteht. „Bei uns gibt es keine Geheimnisse. Wir sehen es gern, wenn man sich für uns interessiert. Wir können gar nicht genug Besuch bekommen."

Und so berichtet der „Hamburger Anzeiger" in seiner Fortsetzungsserie über die Kasernen der Hamburger Garnison 1956 dann fast erschüttert über den Zustand der Boehn-Kaserne und die kärgliche Ausstattung der Diensträume, die selbst beim Kommandeur nur aus „zwei fliegergrau lackierten Blechschreibtischen, einer Sesselecke und einem bescheidenen Schränkchen" bestehe.[27]

Mitte November waren dann aber alle Wohnblocks endlich fertig, und das Leben

Der erste Dienstwagen für den BtlKdr des PzGrenBtl 3 1956. Auf dem Trittbrett OFw Heinrich Brockmann (Photo Brockmann)

in der Boehn-Kaserne begann sich allmählich zu normalisieren. Zu Weihnachten und Neujahr kehrte auch wieder Ruhe in die Gemäuer ein, für die meisten Soldaten begann der erste längere Urlaub seit Dienstantritt. Die förmlich überquellenden Eisenbahnen in die Heimat, die sog. „Fronturlauber-Züge", erinnerten, wie der „Landserausdruck" schon deutlich macht, stark an vergangene Zeiten.

2.3. „SÜDWIND" und andere Abenteuer

Nachtmarsch nach Kleinkummerfeld

„War da nicht eben ein Scheinwerfer, am Ortsausgang Latendorf?" Angestrengt starrt der Obergefreite Adolf von der Stabskompanie des Panzerbataillons 3 in die Dunkelheit dieser Oktobernacht 1957. Das dumpfe Grummeln im Süden ist ja schon eine ganze Weile zu hören, aber zu sehen ist nach wie vor nichts. Der Obergefreite wirft einen Blick auf die Leuchtziffern seiner Armbanduhr. „Doch, jetzt müssen sie kommen!"

„Sie", das sind etwa 100 Panzer und Haubitzen der Typen M 41, M 47 und M 7, rund 500 Radfahrzeuge und an die 3.000 Soldaten der Panzerkampfgruppe A3 aus Hamburg-Rahlstedt.[28] Am frühen Abend war die Kampfgruppe aus dem „Bereitstellungsraum Trittau-Großensee" losmarschiert, dem ersten Höhepunkt dieses Manövers entgegen, einem Nachtmarsch durch den Segeberger Forst. Die Herbstübung „SÜDWIND", das erste Manöver deutscher Soldaten seit Ende des Zweiten Weltkrieges in Schleswig-Holstein, war angelaufen. Josef Adolf gähnt und ist doch hellwach. Er ist Erkunder und soll die Kolonnen des Panzerbataillons 3 im zugewiesenen „Rastraum Boostedt – Kleinkummerfeld" richtig einweisen.

Bis gestern hätte der Obergefreite den Ortsnamen Kleinkummerfeld für einen Witz gehalten, aber jetzt kennt er sich hier schon ganz gut aus. Wie alle Soldaten der Panzerkampfgruppe A3 ist er seit Dienstag unterwegs und hat in den letzten beiden Nächten kein Auge zugemacht. In der Nacht von Dienstag auf Mittwoch waren sie

Leichte Kampfpanzer M 41 der Panzerkampfgruppe A3 (PzJgBtl 3) in Trittau am 2.10.1957 (Photo Archiv PzBtl 184)

in der Graf-Goltz- und in der Boehn-Kaserne alarmiert worden. Völlig überrascht war natürlich keiner gewesen, denn irgendwie war eben „durchgesickert", daß es in der Nacht vom 1. auf den 2. Oktober „losgehen" würde.[29]

Panzerhaubitze M 7 B2 der Panzerkampfgruppe A3 (I.Abt ArtReg 3) auf dem Marsch (Photo Stümke)

Für die Kriegsgedienten war das alles nichts Neues, aber für die Freiwilligen und jungen Wehrpflichtigen und vor allem für die zahlreichen „Schlachtenbummler" bot sich durchaus ein beeindruckendes Schauspiel, als sich die Panzerkampfgruppe A3 mit unterstellten Teilen am Vormittag des 2. Oktober 1957 im Trittauer Staatsforst versammelte (vgl. Graphik PzKpfGr A3 „SÜDWIND").

In der Nacht vom 2. auf 3. Oktober folgte dann der Nachtmarsch zum Truppenübungsplatz Boostedt südlich von Neumünster.

Im strömenden Regen dämmerte der Morgen des 3. Oktober herauf. Er sollte eine Verschnaufspause bringen, und deshalb hatten sich Journalisten angesagt. Die Besucher wurden Zeugen einer ungewöhnlichen Übungseinlage. Später berichtete dann die damalige „Volkszeitung":

„Eine Unterbrechung des Ruhetages brachte für die Truppen ein überraschender Fallschirmjäger-Überfall, der sehr realistisch dargestellt wurde. Mit einem amerikanischen Gerät abgeschossene Raketen zerlegten sich in der Luft, und aus ihnen fielen Fallschirme heraus, an denen Pappfiguren zur Erde schwebten."[30]

Da die Gegenwehr der luftgelandeten Pappkameraden nur gering war, konnte der Angriff erfolgreich abgewehrt werden. Um Mitternacht ging es dann wieder weiter in nordwestlicher Richtung.

Übungsende auf dem Tanzboden

Übungsende „SÜDWIND" war am Sonnabend, dem 5. Oktober 1957, im Raum Kap-

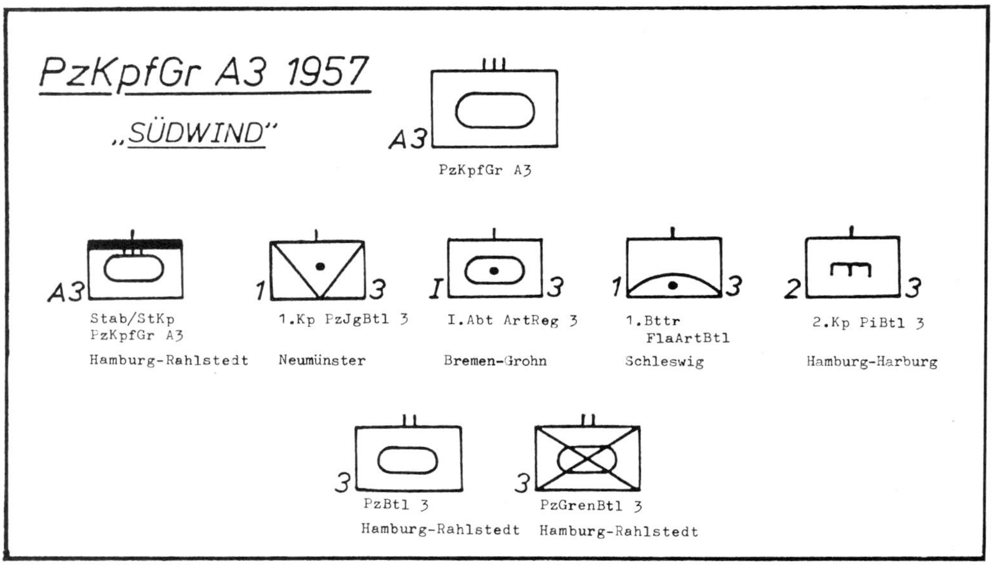

Gliederung der Panzerkampfgruppe A3 für die Übung „SÜDWIND" vom 1. bis 5.10.1957 (gem. 3. PzDiv -Sonderstab G3- Tgb.Nr. 3783/57)

„Erstmal 'ne Zigarette" – Übungsende „SÜDWIND" für den Obergefreiten Adolf (Photo Adolf)

Oberst Philipp, der erste Kdr PzKpfGr A3, (rechts) und OTL Pfannkuche, Kdr PzBtl 3, bei Abschlußbesprechung „SÜDWIND" (Photo Philipp)

peln – Süderbrarup. „Jetzt kam der angenehme Teil des Manövers", weiß Josef Adolf, der damalige Obergefreite in der Stabskompanie des Panzerbataillons 3, zu berichten. „Das Wochenende war mit Biwaks, Platzkonzerten und Manöverbällen ausgefüllt, wie das in jenen Tagen noch üblich war. Wenn nur dieser dauernde Regen nicht gewesen wäre .... Trotzdem, die Bälle in den Dorfsälen fanden statt, und die Wirte machten ihre Geschäfte."[31]

In Süderbrarup fand derweilen die Abschlußbesprechung „SÜDWIND" unter Leitung des Divisionskommandeurs der 3. Panzerdivision, Generalmajor Hax, statt. Der Herr General hatte wenig Zeit, denn der zweite Teil im Herbstmanöver der „Dritten", die Übung „NORDWIND" für die Panzerkampfgruppe B3 in Schleswig rollte eben an.

Im Grunde war die Sache ja auch klar: Die Herbstmanöver „SÜDWIND-NORDWIND" waren im wesentlichen Marschübungen. Geübt wurden Marsch, Sicherung und das Einnehmen einer Bereitstellung zum Angriff. Für die Kriegsteilnehmer unter den Soldaten waren das keine echten Herausforderungen, für das nicht ganz neue amerikanische Material aber teilweise schon ...

„Feindliche Ungetüme mit Bonner Dienstnummer"

Das damalige „Heimatblatt für Rahlstedt und Umgebung", die „Rahlstedter Brücke", wußte es in ihrer Ausgabe vom 18. Oktober 1957 besser:

„Im übrigen dürften die jetzt abgehaltenen Manöver gezeigt haben, daß bei unserer Wehrmacht noch längst nicht alles Gold ist, was glänzt. Uns liegt ein Bericht über die Erfahrung bei den Herbstmanövern vor, der sicher auch für unsere Leser interessant ist. Darin heißt es: Die Herbstmanöver der Bundeswehr haben einen wenig befriedigenden Ausbildungs- und Bereitschaftsstand der Soldaten offenbart."[32]

Neben diesen kritischen Bemerkungen zum Ausbildungsstand veröffentlichte das Heimatblatt dann aber vor allem auch die

Rahlstedter Brücke

Über 23000 Leser

Heimatblatt für Rahlstedt und Umgebung

Die führende Wochenzeitung des Hamburger Ostens

6. Jahrgang – Nr. 42 Freitag, den 18. Oktober 1957 Preis 20 Pfg.

Kriegsspiel vor unserer Haustür

Reaktionen auf die Herbstmanöver der Panzerkampfgruppe A 3 in Rahlstadt

Unmutsäußerungen der Rahlstedter Leserschaft zu den Herbstmanövern.

„Bei aller Toleranz, die wir der heutigen Zeit entgegenbringen", zitierte das Blatt die Gruppe der „älteren Kriegsteilnehmer", die gegen das „Manövergebiet Tonndorfer Hauptstraße" protestierten, „soll man aber nicht von uns erwarten, daß wir unsere Gesinnung ändern können, wie man ein schmutziges Hemd wechselt. Für uns ist ein amerikanischer Panzer immer noch ein Verderben speiendes feindliches Ungetüm, daß unsere Kameraden in den Tod schickte, auch wenn es heute eine Bonner Dienstnummer trägt."[33]

Hier wurden die Wunden wieder sichtbar, die Krieg, Zusammenbruch und amerikanische „reeducation" bei vielen hinterlasssen hatten. Unter diese von traumatischen Erlebnissen gekennzeichneten Proteste mischten sich aber auch schon die Stimmen derjenigen, die durchaus die Notwendigkeit der neuen Streitkräfte einsahen, die spürbaren Auswirkungen in Form von „Panzerketten", „Transportkolonnen" und „Schießübungen" aber nicht um oder in Rahlstedt haben wollten. Hier wie in vielen anderen Garnisonen sollten diese Stimmen im Lauf der Jahre lauter werden.

„Richtig abenteuerlich"

Letztlich waren aber die Erfahrungen aus „SÜDWIND" doch wichtig, denn im Januar 1958 stand die erste NATO-Übung in Schleswig-Holstein heran. Sie trug den bezeichnenden Namen „HOUSE WARMING" und war das erste gemeinsame Manöver von Soldaten der Panzerkampfgruppe A3 mit dänischen und britischen Soldaten. Die Anwesenheit von Offizieren und Journalisten aus Dänemark, Großbritannien und den USA unterstrich die Bedeutung dieser und künftiger gemeinsamer Übungen.

Das Panzerbataillon 3 erhielt nach Übungsende sogar eine ausdrückliche Belobigung. Oberstleutnant Rugge-Price von den „13th/18th Royal Husars", die zu dieser Zeit noch in der Hindenburg-Kaserne in Neumünster stationiert waren, schrieb an Hauptmann Oberwöhrmann, den S3 Stabsoffizier des Bataillons:

„Trotz der Schwierigkeiten von drei Sprachen, dem Unterschied in Material und Ausrüstung und der schlechten Witterung, trugen alle Ihre Leute eine große Begeisterung und gute Ausbildung zur Schau. Sie nannten einen großen Anteil am Gelingen dieser, sowie aller in Zukunft stattfinden NATO-Übungen ihr eigen."[34]

An die ersten Übungen mit den Dänen und Briten kann sich auch Stabsfeldwebel a.D. Speicher (vgl. „Zum Sueskanal") noch gut erinnern. „Die Dänen ließen sich von uns recht gern gefangennehmen. Die liebten unsere Verpflegung. Selbst nach der Rückführung oder dem Austausch der 'Kriegsgefangenen', was normalerweise einen Tag später erfolgte, tauchten die oft zum Essenfassen wieder auf. Überhaupt waren diese Übungen damals noch richtig abenteuerlich, auch die Gefechtsübungen im Bataillon." Geübt wurden im Sommer 1958 beim Panzergrenadierbataillon 3 vor allem der „Mot-Marsch" und der „hinhaltende Kampf". Die große Herbstübung 1958 („LV 58" vgl. II.1.1. Brigaden statt Kampfgruppen) warf ihre Schatten voraus. „Ja, aber die Übungsmunition war knapp", wirft Leander Speicher ein. „Oft haben wir mit Steinen gegen die Kolben unserer Karabiner geschlagen, um den Schuß zu simulieren."[35]

Abenteuerlich, in der Tat. Aber Ideenreichtum und die Fähigkeit zur Improvisation waren schon immer wichtig „beim Militär". Im nächsten Jahr sollte sich das erneut bestätigen. Obgleich noch mitten im Aufbau begriffen, stand 1959 schon ein großer Umbau für die Panzerkampfgruppe A3 bevor.

3. Anmerkungen zu Teil I

[1] „Tagesbefehl des Grenzschutzkommandos – Arbeitsstab Nord" v. 28.5.1951
in: Die Geschichte des Grenzschutzkommandos Nord Hannover 1991 S. 206

[2] „Kölnische Rundschau – Stadtausgabe" v. 3.6.1950
in: Die Geschichte des GSK Nord S. 10

[3] Ebenda

[4] 30 Jahre I. Korps 1956 – 86
Geschichte und Chronik der Heeresverbände im nordwestdeutschen Raum
Biblio Verlag Osnabrück 1989 S. 31

[5] „Befehl für die Aufstellung und Einberufung des Grenzschutzkommandos Nord und seiner Abt. Nord I-IV"
Grenzschutzkommando Nord v. 23.6.1951
in: Die Geschichte des GSK Nord S. 209

[6] Ernst Riggert, Hamburg – Eine nicht militärfromme Stadt
Hamburg 1959 S. 100

[7] Ebenda

[8] Stabsfeldwebel a.D. Günter Stümke, Protokoll eines Gesprächs im November 1992 in Neumünster

[9] Die Geschichte des GSK Nord S. 24

[10] „Merkblatt für die Vollzugsbeamten des Bundesgrenzschutzes" vom 30.5.1956
in: Die Geschichte des GSK Nord S. 218

[11] Chronik des JgBtl 512 (JgBtl 391, PzGrenBtl 171, GrenBtl 31) 1956 – 1993
Hrsg. JgBtl 512 S. 23

[12] Die Geschichte des GSK Nord S. 35

[13] 30 Jahre I. Korps 1956 – 86 S. 165 f.

[14] „Nur der Wechsel ist beständig – 20 Jahre Heereskonzeptionen"
Aufsatz von GenLt a.D. Siegfried Schulz in: Jahrbuch des Heeres 1977 S. 55f.

[15] „20 Jahre Panzerbataillon 174" Festschrift vom 22.Oktober 1976 S. 18

[16] Stabsfeldwebel a.D. Josef Adolf, Protokoll eines Gesprächs im Dezember 1992 in Hamburg

[17] vgl. dazu „Neuer Ton und Panzer aus der Mottenkiste" Artikel aus den „Lübecker Nachrichten" vom 16.12.1956
in: Chronik des Panzerbataillon 174 ehem. PzBtl 3 S. 41

[18] „Hamburger Schüler besuchen Panzermänner" Bericht des Journalisten Ewald Stroh vom 20.11.1956
in: Chronik des PzBtl 174 ehem. PzBtl 3 S. 38

[19] Ebenda

[20] Manuskript des Journalisten Ewald Stroh vom 22.1.1957
in: Chronik des PzBtl 174 ehem. PzBtl 3 S. 44 f.

[21] Chronik des Panzergrenadierbataillons 173 ehem. PzGrenBtl 3 ehem. PzGrenBtl 172 S. 8

[22] Stabsfeldwebel a.D. Leander Speicher, Protokoll eines Gesprächs im Dezember 1992 in Hamburg

[23] Chronik des PzGrenBtl 173 ehem. PzGrenBtl 172 ehem. PzGrenBtl 3 S. 28

[24] Ebenda S. 5

[25] „Hamburger Abendblatt" vom 7.4.1956

[26] Chronik des PzGrenBtl 173 ehem. PzGrenBtl 172 ehem. PzGrenBtl 3 S. 10

[27] „Hamburger Anzeiger" vom 23.10.1956

[28] „Kieler Nachrichten" vom 3.10.1957 S. 6

[29] Chronik des PzGrenBtl 173 ehem. PzGrenBtl 172 ehem. PzGrenBtl 3 S. 13

[30] „Volkszeitung" Nr. 231 vom 4.10.1957

[31] Panzerbrigade 18 HOLSTEIN – Geschichte der Brigade Band 1 1959 – 1992 S. 31
und Stabsfeldwebel a.D. Josef Adolf, Protokoll eines Gespräches im Dez. 1992 in Hamburg

[32] „Rahlstedter Brücke – Heimatblatt für Rahlstedt und Umgebung" 6. Jahrgang Nr.42 vom 18.10.1957

[33] Ebenda

[34] Schreiben von Lieut Colonel A.A.K. Rugge-Price vom 3.2.1958
in: Chronik des PzBtl 174 ehem. PzBtl 3 S. 51

[35] StFw a.D. Leander Speicher, Protokoll eines Gesprächs im Dez. 1992 in Hamburg

II.
Geschichte der Panzergenadierbrigade 17
1959 – 1970

1. Neue Gliederung für Heeresverbände (1959)

1.1. Brigaden statt Kampfgruppen (Heeresstruktur II)

„LV 58" – Entscheidung für die Zukunft

„Ein kalter herbstlicher Wind geht über die Heide bei Bergen, und die Sonne hat immer wieder mit schnell ziehenden Wolken zu kämpfen. ... Es ist kurz nach acht Uhr. Der Hammberg auf dem NATO-Schießplatz Bergen-Hohne, für Stunden ein zwar nicht kriegsmäßiger, aber sehr manövermäßiger 'Feldherrnhügel', füllt sich mit geladenen Gästen: Deutschen, amerikanischen, englischen, französischen, belgischen, holländischen Generalen, Militärattachés aus Bonn, Stabsoffizieren der NATO-Partner, Abgeordneten vom Haushalts- und Verteidigungsausschuß, Journalisten, inaktiven Generalen, Damen. Es gibt alle Arten von Uniformen. Die Schweiz, die Türkei, Italien sind genauso vertreten wie Ägypten oder Indonesien."[1]

Mit dieser detaillierten Aufzählung militärischer und ziviler Prominenz beginnt „Die WELT" vom 29. September 1958 ihren großen Bericht über die „Lehr- und Versuchsü-

„LV 58", 25.9.1958: Der „Feldherrnhügel" (Photo Dr. Greiner)

„LV 58": Der Inspekteur des Heeres, GenLt Röttiger (mit Schirmmütze), läßt sich von BrigGen de Maizière, Kdr „Üb-Gren-Brig 58", in die Lage einweisen (Photo Lewald)

bung 58", kurz „LV 58". Die Aufzählung und tatsächliche Anwesenheit so vieler Beobachter veranschaulicht, welche Bedeutung im In- und Ausland diesem Unternehmen beigemessen wurde, das über die Zukunft der noch jungen deutschen Streitkräfte entscheiden sollte.

Seit dem 1. September 1958 nahmen die beiden Bataillone der Panzerkampfgruppe A3 an jener Lehr- und Versuchsübung teil, in der mit etwa 10.000 Soldaten, 600 gepanzerten Fahrzeugen und 1.400 Radfahrzeugen[2] eine neue Form der Verbandsgliederung, die sog. „Brigadegliederung", und ihre unabhängige Versorgung über mehrere Tage erprobt wurden, und deren Vorbereitung auf personellem, logistischem und taktischem Gebiet von der Kompanieebene an aufwärts schon seit Wochen eingeleitet worden war. Die beiden Bataillone aus Hamburg „kämpften" allerdings auf verschiedenen Seiten: Das Panzergrenadierbataillon 3 (jetzt 503) war „Blau", gehörte zur „Übungs-Grenadier-Brigade 50" unter dem Befehl von General de Maizière. Das Panzerbataillon 3 (jetzt 603) gehörte zu „Rot" und unterstand der „Übungs-Panzer-Brigade 60", die von Oberst Lueder geführt wurde.

An jenem Morgen des 25. September 1958, als die eingangs aufgezählten Zuschauer den Hammberg im Süden des Truppenübungsplatzes Bergen-Hohne erklommen, rollte die Abschlußübung der LV 58, die Teilübung „MORITZ", an: Die Übungs-Grenadier-Brigade 50 hatte den Auftrag, einen von der unteren Elbe aus nach Südwesten angreifenden feindlichen Verband, dargestellt durch die Übungs-Panzer-Brigade 60, mit einem Gegenangriff von der Weser bei Rinteln aus über die Aller und den Truppenübungsplatz hinweg aufzufangen, doch „die Lage kennt keiner genau", wie Walter Görlitz von der „WELT" sarkastisch bemerkte.[3] Lage und Übungsergebnisse waren im Grunde auch nicht so wichtig, denn die Entscheidung für die Umgliederung des Heeres ist zu dem Zeitpunkt längst gefallen.

„LV 58": General Dr. Speidel, OB der Verbündeten Landstreitkräfte Europa Mitte, mit OTL Gerlach, Kdr PzGrenBtl 3 („503") (Photo Lewald)

„Manöverkrieger 1958": Uffz Lewald, VersKp/PzGrenBtl 3 („503"), in Bergen-Hohne (Photo Lewald)

Heeresstruktur II – Brigadegliederung

Generalleutnant a.D. Siegfried Schulz stellte im „Jahrbuch des Heeres 1977" zu dieser Entscheidung fest:

„Größter Nachteil (der Kampfgruppengliederung – Anm. d. Verf.) war die Notwendigkeit, das Gefecht der verbundenen Waffen weiterhin auf der Ebene der Division zu koordinieren. Unbefriedigend – wenn auch in der ersten Aufstellungsphase noch unvermeidbar – war die Kombination von Panzern und Grenadieren in den Grena-

„... braust unser Panzer im Sturmwind dahin!"
KPz M 47 des PzBtl 3 („503") während der „LV 58" in Bergen-Hohne (Photo Lewald)

dier-Kampfgruppen ...; die genannten Nachteile und insbesondere die Einführung von Trägermitteln für atomare Gefechtsfeldwaffen (bei den sowj. Landstreitkräften – Anm. d. Verf.) aber erforderten Umdenken und Umgliederung. Eine grundsätzlich andere Struktur wurde notwendig."[4]

Schon längst lagen Forderungen auf dem Tisch von Generalleutnant Röttiger, dem Inspekteur des Heeres, die mit der Kampfgruppen-Gliederung als nicht mehr erfüllbar galten. Die Verbände des Heeres sollten gepanzert sein, sollten schnell sein, sollten sowohl zur Verteidigung als auch zum Gegenangriff befähigt und trotzdem für mehrere Tage autark sein und sollten schließlich je nach politischer Entscheidung konventionelle oder atomare Waffen einsetzen können.[5]

Folgerichtig wurden den „Brigaden", wie die kleinsten Großverbände des Heeres heißen sollten, all jene Kampfmittel zugeteilt, die diesen Forderungen entsprachen: Panzeraufklärungskompanien, Panzerpionierkompanien, Panzerjägerkompanien und Panzerflugabwehrbatterien als „Brigadeeinheiten".

Grundtypen der neuen Gliederung wurden die Panzer- und Panzergrenadierbrigaden. Erstere verfügten über zwei Panzerbataillone und ein Panzergrenadierbataillon, bei letzteren war das Verhältnis umgekehrt. Entscheidend aber waren die ständige Eingliederung eines Panzerartillerie- und eines Versorgungsbataillons (mit Instandsetzungs-, Transport- und Sanitätskompanie) in jede Brigade.

„Aber noch ist es nicht soweit", stellte das „Sonntagsblatt" in seiner Ausgabe vom 5. Oktober 1958 fest. „Es gibt sie (die neuen Brigaden – Anm. d. Verf.) erst auf dem Papier. Sie werden frühestens 1961 aufgestellt sein. Und über den immer noch fehlenden Schützenpanzern, den vom Haushaltsauschuß nicht genehmigten Fahrlehrern (für eine motorisierte Truppe!), der ungelösten Frage des Zusammenspiels von Wehrverwaltung und Truppe zeigt sich vor allem ein Problem, an dem sich Wert oder Unwert jeder Brigade erweisen wird: Wer soll sie führen? ... Der Kommandeur wird in vielen Sätteln reiten müssen. Er wird sich in Führung und Versorgung, in Artillerie und Panzereinsatz auskennen müssen."[6]

Nun, das mußte ein Kommandeur von Kampftruppen allerdings immer schon können, denn ohne Kenntnisse taktischer Grundsätze, logistischer Vorgaben oder des Zusammenspiels von „Feuer und Bewegung" ließen sich von jeher weder Bataillone noch Armeen führen.

1.2. Ende der Panzerkampfgruppe A3

„Verschworene Gemeinschaft alter Panzermänner"

„Der 'Kampf der verbundenen Waffen', wie man heute sagt, war ja auch damals keine neue Erfindung", resümiert Oberstleutnant a.D. Rolf Stoves, der erste Personaloffizier und „Adjutant" im Stabe der Panzerkampfgruppe A3. „Die Kampfgruppe war durchaus führungsfähig und verfügte über die erforderlichen Kampf-, Kampfunterstützungs- und Führungstruppen. Wir hatten das im Kriege alles schon einmal durchexerziert und wußten also, worauf es ankam."[7]

Auf der StO Schießanlage Höltigbaum im Herbst 1957 (Photo BrigArchiv)

Trotzdem: Das Ende der Panzerkampfgruppe A3 in Hamburg-Rahlstedt zeichnete sich ab, noch ehe ihre Aufstellungsphase abgeschlossen werden konnte.

Im Frühjahr 1957 war der Stab der Panzerkampfgruppe aus dem Gebäude des ehemaligen Generalkommandos an der Sophienterrasse in die Boehn-Kaserne umgezogen. Die Verlegung des Stabes verkürzte die Wege bei „Kampfgruppenbesprechungen", Planspielen und Besichtigungen ganz erheblich und verschaffte dem Kommandeur, Oberst Ernst „Phips" Philipp, und seinem Stab etwas mehr Distanz zum Divisionskommando der 3. Panzerdivision, das auch im Gebäude an der Sophienterrasse untergebracht war (bis Juni 1958). Noch einmal Oberstleutnant a.D. Stoves: „Wir waren denen in den unteren beiden Etagen (Aufstellungsstab der 3. PzDiv – Anm. d. Verf.) sowieso immer etwas suspekt, weil wir eine verschworene Gemeinschaft 'alter Panzermänner' waren, darunter drei Ritterkreuzträger, Oberst Philipp selbst, Hauptmann Thofern, der S2Offizier, und Hauptmann Oberwöhrmann, der S3Offizier. Man kannte sich aus dem früheren Panzer-Regiment 1 und wußte also, woran man miteinander war. Im Stab der Division gab es dagegen eine ganze Anzahl von Offizieren und Unteroffizieren, die keine Erfahrung aus Kriegs- oder Friedenszeit mit gepanzerten Großverbänden hatten, das heißt, die Herren hatten bis Mai 1945 nur in Infanterie-, Panzerjäger- oder Sturmartillerie-Verbänden gedient."[8]

Die Verlegung des Kampfgruppenstabes im Februar 1957 brachte aber auch einige Probleme mit sich. Zunächst mußte der Stab in drei zugigen Holzbaracken „hausen", die auch mit den „Winterkriegserfahrungen" aus Rußland, die viele Angehörige des Stabes ja noch hatten, nur mühsam warm zu bekommen waren.

„Fast wie in alten Zeiten!"

Rolf Stoves fröstelt noch heute, wenn er an die Anfänge in der Boehn-Kaserne, die zu dieser Zeit einer großen Baustelle glich (vgl. I.2.2. Schutt und Unkraut – Neuanfang in der Boehn-Kaserne), zurückdenkt: „Wir waren noch mit dem Abdichten der vielen Hohlräume unter den Baracken beschäftigt, da erhielten wir aus dem Divisionskommando den heißen Tip, daß der Inspekteur der Panzertruppe, Brigadegeneral Oskar „Papa" Munzel, auf dem Wege zu uns sei. Na, da stellte unser S3, Hauptmann Oberwöhrmann, schnell zwei tüchtige Obergefreite aus der Stabskompanie als Posten vor die Eingangstür der Stabsbaracke, die dann auch zackig Meldung machten. General Munzel war sichtlich beeindruckt. Die ollen Holzbaracken und unsere Posten, das erinnerte ihn wohl stark an unsere früheren feldmäßigen Gefechtsstände zur Zeit von Guderians Panzerwaffe, denn er bemerkte schmunzelnd: 'Prima, ist ja fast wie in alten Zeiten!' "

Tatsächlich konnte vieles für die frühe Stabsarbeit der Aufstellungsjahre nur aus der Erinnerung des Führungspersonals an „alte Zeiten" bewältigt werden, denn Vorschriften und Erlasse gab es noch kaum nach über zehn „entmilitarisierten Jahren". Die Handhabung der erst vorläufigen Wehrdisziplinarordnung war zumindest nicht ganz unproblematisch, und mit der Ersatzteilbeschaffung für die amerikanischen Panzer wollte es auch nicht so recht vorangehen. „Das logistische System war außerhalb der Kampfgruppe im Sommer 1957 noch keineswegs eingespielt", bemerkt dazu Oberstleutnant a.D. Stoves. „Von den Bataillonen gemeldete Ersatzteil-Anforderungen verschwanden im bürokratischen Gewirr der Anfangsjahre spurlos. Da war es schon gut, wenn man im Materialamt des Heeres jemanden kannte."

Abschied

Auch die Unterstellungen der Kampfgruppe wechselten wiederholt. Truppendienstlich fest unterstellt blieben aber immer das Panzergrenadierbataillon 3 und das Panzerbataillon 3. Die vollständige Aufstellung der Panzerkampfgruppe A3 mit zwei Panzer- und zwei Panzergrenadierbataillonen (vgl. Heeresstruktur I) wurde allerdings weder unter Oberst Philipp noch unter Oberst von Salviati, der die Kampfgruppe als zweiter und letzter Kommandeur seit dem 16. April 1958 führte, verwirklicht.

Abschied in der Graf-Goltz-Kaserne am 30.9.1958: Oberst von Salviati (ganz rechts), zweiter Kdr der PzKpfGr A3, verabschiedet Oberstleutnant Pfannkuche (Mitte), den ersten Kdr des PzBtl 3. Links im Bild (mit Stahlhelm) Oberstleutnant Guderian, der zweite Kommandeur des PzBtl 3 und ältester Sohn des bekannten Generalobersten Heinz Guderian, des „Schöpfers der Deutschen Panzerwaffe" (Photo PzBtl 174)

Die Umgliederung des Heeres in Brigaden und die am 28. Februar 1958 verfügte Aufstellung der 6. Grenadierdivision[9] läuteten bereits zur „Aufstellungshalbzeit" das Ende der Panzerkampfgruppe A3 ein.

Am 30. Januar 1959 verabschiedete Oberst von Salviati das Panzergrenadierbataillon 3 und das Panzerbataillon 3 aus dem Verband der 3. Panzerdivision. Er selbst zog mit Stab und Stabskompanie der Panzerkampfgruppe A3 am 2. Februar 1959 nach Lüneburg in die Schlieffen-Kaserne um. Hier endete am 16. März 1959 mit der Umbenennung in Stab und Stabskompanie Panzerbrigade 8 die Geschichte der Panzerkampfgruppe A3. Im Tagesbefehl des Divisionskommandeurs der 3. Panzerdivision vom 30. Januar 1959 heißt es: „Am 1.2.1959 scheiden Panzerbataillon 3 und Panzergrenadierbataillon 3 aus dem Verband der 3. Panzerdivision aus. Seit 2 1/2 Jahren haben diese beiden Bataillone der Division für den Aufbau der Bundeswehr vorbildlich ihre Pflicht erfüllt. Ich spreche ihnen daher für ihre Leistungen meine besondere Anerkennung aus und hoffe, daß sie im Verband ihrer neuen Division die Tradition der gepanzerten Truppen fortführen werden. ..."[10]

Später dann am gleichen Tage nahmen die Offiziere der Panzerkampfgruppe A3 in einem letzten „Casinoabend" in der Boehn-Kaserne voneinander Abschied. Durch die Ausgliederung der Rahlstedter Bataillone verlor die 3. Panzerdivision die Offizierkorps ihrer beiden ersten Stammbataillone.

Formalausbildung beim PzGrenBtl 3 in der Boehn-Kaserne im Sommer 1958 (Photo BrigArchiv)

Der Divisionskommandeur der „Dritten", Generalmajor Müller, gab den Herren seine besten Wünsche mit auf ihren Weg in die 6. Grenadierdivision.

1.3. Die Panzergrenadierbrigade 17 entsteht

Ein buntgemischter Haufen

„Mit dem Beginn des Monats (Februar 1959 – Anm. d. Verf.) untersteht das Bataillon nun also der Panzergrenadierbrigade 17." Hinter dieser lapidaren Feststellung in der Chronik des Panzergrenadierbataillons 3[11] verbergen sich jene nachhaltigen Veränderungen, die die Entstehung der Panzergrenadierbrigade 17 begleiteten. Die Brigade bestand zu diesem Zeitpunkt allerdings aus kaum mehr als einer durch Abgaben verschiedener Kampfgruppenstäbe (PzKpfGr A3, KpfGr A6 Flensburg und KpfGr B6 Neumünster) bunt zusammengewürfelten Stabskompanie und drei Bataillonen: Dem Panzerbataillon 3, dem Panzergrenadierbataillon 3 und dem Grenadierbataillon 31 in Itzehoe-Nordoe, einer Hinterlassenschaft der Kampfgruppe B6 in Neumünster, die bis zum 1. April 1958 ebenfalls in Hamburg stationiert gewesen war (als KpfGr B1).

Aus dem Kampfgruppenstab B6 stammte auch der Obergefreite Unteroffizieranwärter (OG UA) Dieter-Georg Müller, der am 29. März 1959 in jenem buntgemischten Haufen, der sich anschickte, Stabskompanie der Panzergrenadierbrigade 17 zu werden, seinen Dienst antrat. Dieter-Georg Müller, inzwischen Hauptmann a.D., denkt auch heute noch gerne an die Anfangszeit der Stabskompanie zurück: „Die Kompanie war vielleicht 40 Mann stark und im Block 3 ganz vorne am Tor untergebracht, als ich mich beim Kompaniefeldwebel Edmund „Eddy" Wegener meldete. Ich war Fernmelder und wie alle Soldaten des Kaderpersonals handverlesen, das heißt die Offiziere des Brigadekommandos hatten noch in den Kampfgruppenstäben, aus denen sie kamen, die Männer ausgesucht, die sie nach Hamburg mitnehmen wollten." Im Falle des Obergefreiten UA Müller war das Hauptmann Schulte gewesen, der erste Fernmeldeoffizier der Panzergrenadierbrigade 17, und wie Müller vormaliger Angehöriger der Kampfgruppe B6. „Der Chef war selbstverständlich auch schon da", ergänzt Hauptmann a.D. Müller seine Erzählung, „das war damals Hauptmann Diekmann, und natürlich unser Kommandeur, Oberst Reichel."

Oberst Eckart Reichel, der erste Kommandeur der Panzergrenadierbrigade 17, hatte das Kommando zum 1. Februar 1959 übernommen. Er kam auch von der Kampfgruppe B6, deren letzter Kommandeur er gewesen war. Dieter-Georg Müller kommt regelrecht in's Schwärmen, wenn er von „seinem ersten Brigadekommandeur" spricht: „Wissen Sie, Oberst Reichel war ein Herr in seiner ganzen Art. Zu uns jungen Soldaten hatte er ein geradezu väterliches Verhältnis. Er war für mich der Idealtyp eines Kommandeurs."[12]

Oberst Eckart Reichel, der erste Kdr der PzGren Brig 17 (1.2.1959 – 31.7.1962 +) (Photo Reichel)

Regelmäßig nahm der Kommandeur die Soldaten der Stabskompanie zu seinen

„Ansprachen an's Volk" zusammen, kann sich Hauptmann a.D. Müller noch erinnern.

Bis zum Ende des Jahres 1959 war die Stabskompanie auf die damals vorgesehene Stärke von 298 Soldaten aufgewachsen. Die Kapazität von Block 3 reichte nun nicht mehr aus, so daß ein erster Umzug von Stab und Stabskompanie erforderlich wurde. Mitte 1960 kam der Umzug in Block 7. Es sollte allerdings nicht der letzte Umzug in der Boehn-Kaserne gewesen sein.

„Stärkste Brigade der Bundeswehr"

Im Rahmen der großen Umgliederung des Heeres, die zu Beginn des Jahres 1959 eingeleitet wurde, sowie im Zuge von damit verbundenen Neuaufstellungen und zusätzlichen Unterstellungen, wurde die Panzergrenadierbrigade 17 schon im Verlauf weniger Jahre zahlenmäßig zur „stärksten Brigade der Bundeswehr", wie Generalmajor a.D. Jürgen Schröder, der dritte Kommandeur der Brigade, im Gespräch auch heute noch nachdrücklich betont[13] und was auch die nachfolgende Graphik veranschaulicht:

Kleines „Who's who" der Verbände ...

Mit dem „Befehl über Umbenennungen im Heer zum 16.3.1959"[14] erhielten die ersten Verbände der Brigade nun auch die „richtigen Hausnummern", d. h. aus dem Grenadierbataillon 31 wurde das Panzergrenadierbataillon 171, aus dem Panzergrenadierbataillon 3 das Panzergrenadierbataillon 172 und aus dem Panzerbataillon 3 das Panzerbataillon 174.

Zu diesen ersten Verbänden der Brigade trat mit Wirkung vom 1. April 1959 das im Vorjahr aus Husum nach Wandsbek in die Litzmann-Kaserne (heute Hanseaten-Kaserne/Wohnbereiche Universität der Bundeswehr) verlegte Lehrbataillon der Heeresoffizierschule II (LehrBtl HOS II), das zwar Lehrbataillon für die in die Douaumont-Kaserne verlegte Offizierschule blieb, aber die zusätzliche Bezeichnung Panzergrenadierbataillon 173 (L) erhielt und fortan bei Übungen und im Alarmfall der Brigade unterstellt war.[15]

Am 1. Juli 1959 begann dann die Aufstellung des Artillerie- und des Versorgungsba-

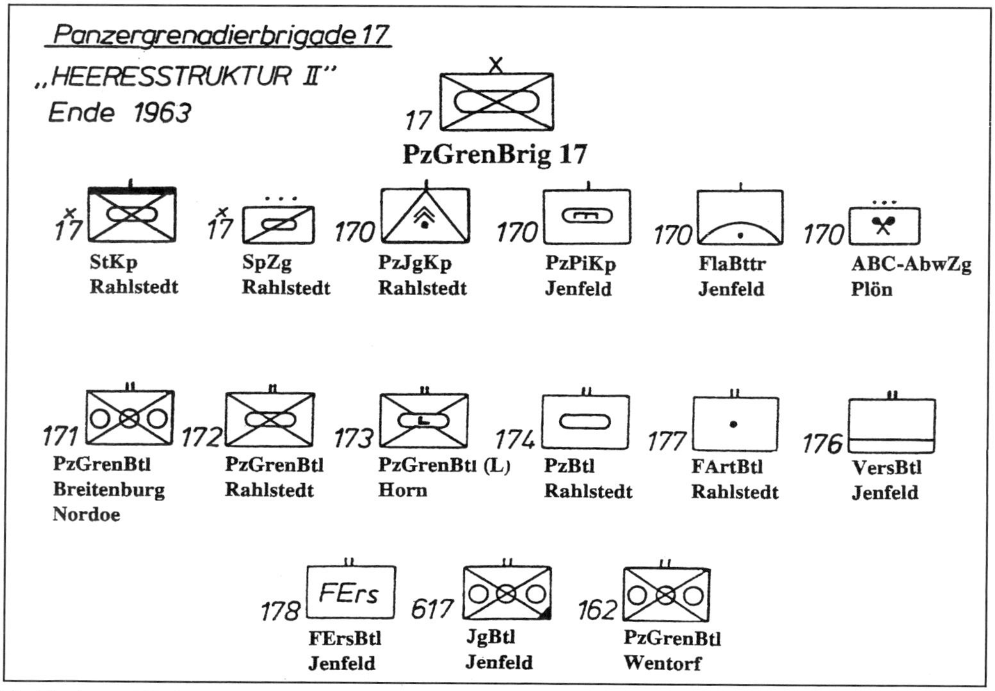

Verbände und Einheiten der Panzergrenadierbrigade 17 nach Abschluß der Einnahme Heeresstruktur II

taillons der Brigade (Aufstellungstäbe seit 1. April 1959). Für das Feldartilleriebataillon 177 wurden 225 Soldaten aus den in Norddeutschland bereits bestehenden Artillerieverbänden in der Boehn-Kaserne zusammengezogen, darunter auch ehemalige Angehörige jenes Artilleriebataillons, das im Juli 1956 in der Graf-Goltz-Kaserne aus der Grenzschutzabteilung III hervorgegangen war (vgl. I.1.1. „Das neue Militär – Grenzjäger in der Graf-Goltz-Kaserne").

Kampfpanzer M 41 der Schweren Kompanie (5.) des Lehrbataillons HOS II / PzGrenBtl 173 (L) in Putlos beim Schulschießen im Juni 1959 (Photo PzGrenBtl 163)

Der heutige Stabsfeldwebel a.D. Werner Siemers war unter diesen „Männern der ersten Stunde" beim Feldartilleriebataillon 177: „Ich gehörte damals zur 2. Batterie; das waren nur BGS-Leute. Überhaupt waren am Anfang die ehemaligen BGS-Leute bei 177 in der Überzahl, denn das Feldartilleriebataillon 61 in Schleswig, eine ehemalige BGS-Abteilung, hatte den Löwenanteil der Abgaben für 177 geleistet (135 Soldaten – Anm. d. Verf.)." Bereits im Frühjahr 1956 hatte diese BGS-Abteilung (III./GSG 7) ihre Grenzjäger zu Artilleristen ausbilden lassen, in einer Art „Crash-Kurs", wie man heute sagen würde. Amerikanische Ausbilder machten die Grenzjäger in einer 14tägigen Geschützausbildung in Erlangen mit der Feldhaubitze Kaliber 105 mm vertraut. Und diese Geschütze erhielten die Artilleristen der Panzergrenadierbrigade 17 nun auch in der Boehn-Kaserne. „Die Haubitzen stammten aus dem Korea-Krieg", erinnert sich Werner Siemers. „Die Eintragungen in den mitgelieferten Rohrbüchern waren natürlich nicht so sauber geführt wie das bei der Bundeswehr üblich wurde, aber sie zeigten uns, wo unsere Kanonen so überall gewesen waren".[16]

„Ein Mann der ersten Stunde" im FArtBtl 177: OFw Siemers von der 2. Bttr im Sommer 1958 (Photo Siemers)

Das Versorgungsbataillon 176 wurde mit Sanitätskompanie (2. Kompanie) und Transportkompanie (4. Kompanie) in der Lettow-Vorbeck-Kaserne aufgestellt. Lediglich die Instandsetzungskompanie (3. Kompanie) erblickte das Licht der militärischen Welt in der Boehn-Kaserne (Umzug in die Graf-Goltz-Kaserne am 1.2.1968).[17]

Im Lauf der folgenden Jahre wurden der Brigade weitere zum Teil mobilmachungsabhängige Verbände zugeordnet und unterstellt: Das Jägerbataillon 617 als mobilmachungsabhängige Geräteeinheit, dessen Material in der Lettow-Vorbeck-Kaserne eingelagert wurde (ab 1.4.1960), das Feldersatzbataillon 178 für die Sicherstellung der personellen Mobilmachungsreserve im Verteidigungsfall, dessen Gerät in der Douaumont-Kaserne untergebracht war (ab 1.10.1961), und das Panzergrena-

Die ersten Verbandsabzeichen in der Panzergrenadierbrigade 17 im Jahre 1959: v.l. PzGrenBtl 171, PzGrenBtl 173 (L) und PzBtl 174

dierbataillon 162, das nach seiner Verlegung von Husum nach Wentorf aus führungstechnischen Gründen der Brigade unterstellt wurde (11.11.1963). Erst nach der Verlegung von Stab und Stabskompanie der Panzergrenadierbrigade 16 aus Flensburg nach Wentorf (Verabschiedung aus Flensburg am 16.10.1969) erfolgte die Rückunterstellung der 162er (1.4.1971).[18]

... und der Brigadeeinheiten

Die ersten unter den selbständigen Kompanien der Brigade, den sog. Brigadeeinheiten, waren neben der Stabskompanie die Panzerjägerkompanie 170 und die Panzeraufklärungskompanie 170, die bereits 1959 aufgestellt wurden.

Die „erste" Panzerjägerkompanie 170 (Die Brigade führte in den 34 Jahren ihres Bestehens insgesamt drei verschiedene Panzerjägerkompanien 170, die zur Vereinfachung als erste, zweite und dritte bezeichnet werden sollen.) wurde der Brigade mit Wirkung vom 1. April 1959 unterstellt. Sie war aus der vormaligen 3. Kompanie des Panzerjägerbataillons 3 (später PzBtl 184) in Neumünster hervorgegangen.[19]

Die Panzeraufklärungskompanie 170, die als Abgabe vom Panzeraufklärungsbataillon 6 in Boostedt (seit 1961 in Eutin) kam, war für die kurze Dauer ihrer Unterstellung (1.8.1959 bis 1.4.1962) in der Graf-Goltz-Kaserne stationiert. Zum 1. April 1962 kehrte die Panzeraufklärungskompanie 170 als 4. Kompanie zum Panzeraufklärungsbataillon 6 zurück. Sie hinterließ den Spähzug der Panzergrenadierbrigade 17.[20]

Völlige Neuaufstellungen waren die Brigadeflugabwehrbatterie 170 und die Panzerpionierkompanie 170. Die Brigadeflugabwehrbatterie 170 wurde ab 16. November 1961 in Schleswig aufgestellt und verlegte zum 1. April 1962 nach Hamburg in die Von-Estorff-Kaserne (heute Teil der Lettow-Vorbeck-Kaserne).

Raketenjagdpanzer (HS 30 mit SS 11) der Panzerjägerkompanie 170 auf dem Truppenübungsplatz Bergen im Frühjahr 1962 (Photo Stümke)

Dort war die Batterie bis zum Juli 1967 stationiert. Dann wurde sie als 4. Batterie dem Flugabwehrbataillon 8 in Traunstein unterstellt, wo sie auch ihren neuen Standort fand.[21]

Die FlaBttr 170 auf dem Marsch zum Schießplatz Todendorf an der Ostsee im Frühjahr 1963. Vorn: ZgFhr auf M 16 dahinter die FlaPz M 42 *(Photo Rummel)*

Mit der Aufstellung der Pionierkompanie wurde am 17. November 1960 in der Von-Estorff-Kaserne begonnen. Schon zum 1. Januar 1961 bestand das Kaderpersonal aus etwa 90 Soldaten, die aus dem gesamten Korpsgebiet zusammengezogen worden waren. Erst zum 1. Oktober 1969 wurde die Kompanie nach Lübeck verlegt.[22]

Nicht völlig unerwähnt bleiben soll auch der Brigade ABC-Abwehrzug 170, der seit dem 25. Juli 1959 existierte. Er unterstand im Frieden der ABC-Abwehrkompanie 6 in Plön, fiel aber bereits 1966 einer Umgliederung der ABC-Abwehrkompanie zum Opfer.[23]

Mit der Unterstellung der Brigadeflugabwehrbatterie 170 war die Aufstellungsphase der Brigade im November 1961 organisatorisch abgeschlossen. Die erste große Bewährungsprobe für die Verbände und Einheiten der Panzergrenadierbrigade 17 kam allerdings bereits im September 1960. Sie hieß „HOLD FAST" und war ein NATO-Manöver. Aber nicht irgendein NATO-Manöver...

2. Erste Bewährungsproben (1960 – 1965)

2.1. Legendäres „HOLD FAST"

Im Morgengrauen an Brücke IV ...

Langsam wird es hell. Die Posten an der kleinen Brücke, Pioniere und Grenadiere aus Hamburg, recken die klammen Glieder. Die Septembernächte sind doch schon recht kühl, aber jetzt wird es gleich Kaffee geben, der „Spieß" ist bestimmt schon unterwegs. Ein paar Zivilisten überqueren die Brücke. Die Posten winken sie ohne Kontrolle durch. Man kennt sich schon, die Leute müssen zur Arbeit. Das Leben geht schließlich weiter, sogar hier an der „Demarkationslinie". Auch der Traktor mit dem strohbedeckten Erntewagen, der sich jetzt der Brücke nähert, paßt gut ins friedliche Bild dieses Morgens. Genau diese Einschätzung aber wird der Sicherung von Brücke IV zum Verhängnis ...

Plötzlich wird es nämlich auf dem Erntewagen sehr lebendig. Soldaten in britischen

Uniformen tauchen aus dem Stroh auf, eröffnen das Feuer aus Maschinenpistolen, werfen Handgranaten. Auch der Mann auf dem Traktor hat jetzt eine MPi im Anschlag. Alles geht blitzschnell, die Posten haben keine Chance.

Brücke IV fällt unversehrt in die Hände des Angreifers, und schon kurze Zeit später rollen britische Panzer mit aufgesessener Infanterie unaufhaltsam über die Brücke ins Hinterland ...

So muß es gewesen sein, damals in den Morgenstunden des 21. September 1960, als das große Herbstmanöver „HOLD FAST" begann, zumindest wenn man den Zeitungsberichten jener Tage glauben darf.[24] Bei „Brücke IV" handelte es sich um die kleine Überführung der Autobahn Hamburg-Lübeck bei der Tankstelle Buddikate. Die Bundesautobahn 11 (heute BAB 1) war gemäß Manöverlage zu einem Kanal erklärt worden, der die Landesgrenze zwischen BLAU (Verteidiger) im Norden und ORANGE (Angreifer) im Süden darstellte. Dadurch wurden die Autobahnquerungen zu strategisch wichtigen Kanalbrücken aufgewertet. Glück für die Soldaten an der Brücke bei Buddikate, daß alles nur ein Manöver war.

Aber es war eben nicht irgendein Manöver, das mit listigen Einzelaktionen wie dem Coup bei Buddikate aber auch recht drastischen Kriegsbildern in Form von Atombombenabwürfen (!) auf Kiel, Rendsburg und Neumünster begann. Es war vielmehr das „größte Manöver, das seit 1939 auf deutschem Boden stattgefunden hat", wie die „BILD-Zeitung" in ihrer Titelstory vom 19. September 1960 martialisch feststellte.

„Stopft euch Watte in die Ohren!" heißt es dort weiter; und: „Überschwere Panzer (60 Tonnen) rollen auf den Straßen. Vom 21.

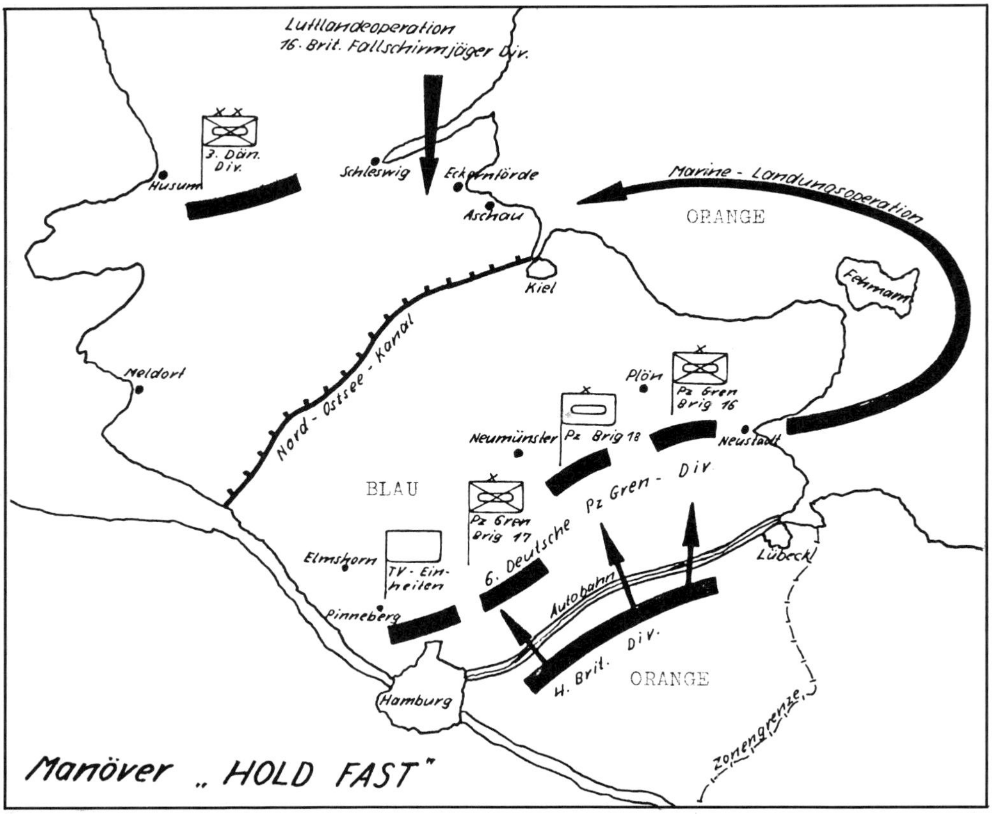

Ausgangslage „HOLD FAST" am 21.9.1960 (aus: Chronik PzGrenBtl 173 (L) 1956 – 1965)

September an werden mehrere Luftflotten im Tiefflug über unsere Dächer donnern. 45.000 deutsche, englische und dänische Soldaten sammeln sich in Schleswig-Holstein zum NATO-Manöver 'HOLD FAST' ... HOLD FAST – Ja, haltet euch fest."[25]

An anderer Stelle wurde sogar von 50.000 Soldaten, 10.000 Kraftfahrzeugen und 250 Panzern gesprochen.[26] Unerwähnt ließ die „BILD-Zeitung" allerdings die kanadischen Soldaten, die an HOLD FAST teilnahmen, und mit denen bekam es Oberfeldwebel Josef Scheiner, der Kompaniefeldwebel der 5. Kompanie des Panzergrenadierbataillons 172, gleich an diesem ersten Manövermorgen zu tun.

„10 Minuten nach Kriegsbeginn schon Gefangener"

Josef Scheiner soll hier für all jene Kompaniefeldwebel der Panzergrenadierbrigade 17 stehen, die an diesem Morgen mit dem heißersehnten Kaffee auf ihren Unimogs zwischen die Fronten gerieten.

Leichter Kampfpanzer M 41 der 5./172 südlich Hammoor in versteckter Stellung (Photo PzGrenBtl 173)

„Das Panzergrenadierbataillon 172 lag um die Ortschaft Hammoor bei Bargteheide unmittelbar an der Autobahn, also dem 'Autobahn-Kanal', in Stellung", erinnert sich der heutige Stabsfeldwebel a.D., „und ich war auf dem Weg zu meiner 5. Kompanie.

Daß die Engländer schon über die Autobahn waren, ahnte ich natürlich nicht. Plötzlich stand ein Militärfahrzeug quer auf der Straße vor mir. Soldaten, kanadische Soldaten einer Luftlandeeinheit, wie ich später erfuhr, umringten meinen Unimog. 'Hands up and get out!' hieß es nur. Tja, da war ich 10 Minuten nach Kriegsbeginn schon Gefangener. Nur mein Kradmelder kam davon, zum Glück."[27]

Der Kradmelder erreichte die 5. Kompanie, und der damalige Kompaniechef, Hauptmann Pfeiffer, „fackelte nicht lang". Ohne „Spieß" stand es um die Verpflegung schlecht, das war klar. Also wurde Oberfeldwebel Scheiner in einem „Handstreich" wieder befreit.

„Die Schiedsrichter waren zu der Stunde noch nicht eingetroffen", fügt Josef Scheiner erklärend hinzu, „da war so etwas noch möglich. Die 5. Kompanie hatte mich und ihren Kaffee gerettet." Allerdings blieb nicht mehr viel Zeit, ihn auch in Ruhe zu trinken, denn der Angriff von ORANGE hatte begonnen.

Die Brigade muß zurück ...

An mehreren Stellen hatten ORANGE Einheiten der 4. Britischen Division den „Autobahn-Kanal" überschritten. Ihr Ziel war ganz offensichtlich Bad Oldesloe. Das wird auch Oberstleutnant Klaus Hildebrand, dem Kommandeur des Panzergrenadierbataillons 172, auf seinem Gefechtsstand in Hammoor klargewesen sein. Britische Panzer waren längst am Dorf vorbei, standen zum Teil schon im Rücken der 172er. Da half nun alles nichts: Das Bataillon mußte zurück, die ganze Brigade mußte zurück. Der Kommandeur bestieg seinen funkelnagelneuen Schützenpanzer HS 30 – die neuen Schützenpanzer (noch ohne Turm) waren erst seit acht Wochen im Bataillon – und gab kurz und klar seine Befehle für das Verzögerungsgefecht.

Die großräumigen Ausweichbewegungen der BLAUEN Verteidiger in Richtung Norden begannen auf der ganzen Manöverfront. Schon gegen Mittag stand ORANGE in Bad Oldesloe, und am Abend war BLAU auf die Linie Neustadt (in Holstein) – Bad Segeberg zurückgeworfen worden.[28]

„HOLD FAST" wurde zusehends zu einem Fiasko für BLAU, aber so wollte es offensichtlich die Manöverleitung. Ein britisches

Einsatzbefehl an die Bataillonsreserve: OTL Hildebrand, Kdr PzGrenBtl 172, auf seinem Befehlspanzer HS 30
(Photo PzGrenBtl 173)

Fallschirmjägerregiment war schon bei „Angriffsbeginn" zwischen dem Wittensee und Gettorf nordwestlich von Kiel (unter den Augen von über 2.000 Zuschauern) abgesprungen, mit rund 1.000 Soldaten, 150 Kilometer hinter der „Front"! Ihr Ziel war der Nord-Ostsee-Kanal, denn auch hier galt es, Übergänge möglichst unversehrt zu nehmen und für die von Süden nachstoßende 4. Britische Division zu halten.[29] Teile der 3. Dänischen Division waren zwar herangeführt worden, um die Fallschirmjäger aufzuhalten, aber am Donnerstag Morgen hatte ORANGE in der Eckernförder Bucht auch noch eine große amphibische Landeoperation eingeleitet und dem Fallschirmjägerregiment Verstärkungen zugeführt. So war die Manöverlage im Norden. Im Süden verlief die Manöverfront am Donnerstag Abend bereits vom Plöner See über Rickling und Bad Bramstedt nach Kellinghusen.[30]

„Kriegsberichterstattung" „HOLD FAST" der „BILD-Zeitung" am 22.9.1960

„Dreh die Schranke runter"

Nördlich von Rickling begegnen wir auch Oberfeldwebel Scheiner, dem Kompaniefeldwebel der 5. Kompanie des Panzergrenadierbataillons 172, wieder. Ein britischer Spähwagen vom Typ FERRET (4 to schwer, 116 PS stark, 72 km/h schnell) hat sich an seine Fersen geheftet. Josef Scheiner erinnert sich: „Dieser kleine FERRET war leise und wendig. Ich hatte ihn zunächst überhaupt nicht bemerkt, als ich durch den Wald nördlich Rickling fuhr. Jetzt holte er rasch auf, er war schneller als ich. Da kam meine Rettung – ein Bahnübergang (vermutl. der Bahnübergang bei Hutzfeld – Anm. d. Verf.). Ich rief dem Schrankenwärter im Vorbeifahren zu: 'Dreh die Schranken runter, schnell!' Der Mann war zwar etwas verdutzt, aber er tat's. Die hatten ja damals noch solche Handkurbeln. Da standen die beiden Tommies in ihrem schnellen Spähwagen vor den geschlossenen Schranken, und ich war weg."[31]

Mit einer geschlossenen Bahnschranke ließ sich wohl die Besatzung eines Spähwagens zeitweilig austricksen, in der großen Manöverlage aber schien ORANGE bei seinem Vormarsch Richtung Jütland nichts mehr aufhalten zu können.

„Schießerei" in Bad Bramstedt

Sicherlich waren es dieser scheinbar unaufhaltsame „Sieg" von ORANGE und der offensichtlich so ungünstige Manöververlauf für BLAU, die vermeintlich belanglose „Nachhutgefechte" allen Schiedsrichterweisungen zum Trotz zu erbitterten „Stellungskämpfen" werden ließen, die schließlich in den bekannten wilden „Schießereien" mitten im Ortskern von Bad Bramstedt eskalierten.[32] Obgleich auch damals schon Manövergefechte in Ortschaften untersagt waren, ratterten Maschinengewehre und Panzer M 47 des Panzerbataillons 174 und M 41 der 5. Kompanie des Panzergrenadierbataillons 173 lieferten sich Duelle mit britischen CENTURIONS. Der trockene Knall und die Druckwelle beim Abfeuern der Manöverkartuschen ließen sogar Schaufensterscheiben zu Bruch gehen und zwangen Passanten in Deckung. Polizeibeamte sperrten großräumig ab (ihre Sympathien waren offensichtlich auf der Seite von BLAU). Das

Chaos in Bad Bramstedt war perfekt, als findige Panzerbesatzungen auch noch Dosenbrot, Schmalzfleischkonserven und Marmeladentuben verschossen, die allesamt auf den tristen Tarnfarben der „gegnerischen" Panzertürme farbenfrohe Kleckse und Farbtupfer hinterließen.[33]

Kampfpanzer M 47 des PzBtl 174 nördlich von Bad Bramstedt (Photo PzGrenBtl 173)

In Padenstedt, südlich von Neumünster, ging schließlich nichts mehr, waren BLAU und ORANGE hoffnungslos ineinander verkeilt. Von „Verzahnung" sprechen Schiedsrichter bei solchen Gelegenheiten. Es dauerte Stunden, bis die Herren mit den weißen Armbinden wieder Ordnung geschaffen hatten.

„Hauch von Manöverromantik"

Solch wilde, heute kaum mehr vorstellbare Begebenheiten wie die „Schießerei" in Bad Bramstedt und zahlreiche andere Kuriositäten, von denen nur einige wenige hier geschildert wurden, machten „HOLD FAST 1960" im Laufe immer nüchterner werdender und durch eine ständige Zunahme von Bestimmungen und Auflagen gekennzeichneter Jahre zu einem geradezu legendären Manövererlebnis.

Schon damals aber stellte Oberstleutnant Hildebrand, der unmittelbar nach „HOLD FAST" das Panzergrenadierbataillon 172 abgab, in seiner Abschiedsrede fest: „Uns allen werden diese Tage in der bisher größten NATO-Übung auf deutschem Boden unvergeßlich bleiben."[34] Und in der Chronik des Panzergrenadierbataillons 173 (L) heißt es: „Da das Manöver im freien schleswig-holsteinischen Gelände und nicht auf einem Truppenübungsplatz spielte, gab es neben all den Härten und Mühen, die es mit sich brachte, einen Hauch von Manöverromantik, die der Soldat so sehr schätzt. Schleswig-holsteinische Bauernhöfe bereicherten den 'Ein-Mannpackungs-Speisezettel' erheblich, so mancher Liter Milch von Holsteins Kühen wanderte statt in die Molkerei direkt in ein Soldatenkochgeschirr, so manche 'söte Deern' stand am Wegesrand und winkte den vorbeiziehenden Kolonnen zu, die männliche Jugend unterstützte kräftig auf Fahrrädern die Aufklärung der einzelnen Kompanien, und nicht zuletzt drückten Manöverbälle am Abschluß der großen Übung die enge Verbundenheit der Schleswig-Holsteiner mit ihren Soldaten aus."[35]

Nach Biwaks und Manöverbällen in den Ortschaften, in denen sich die Einheiten und Verbände der Brigade am Sonnabend Morgen gesammelt hatten, rollte die Brigade am 25. September heimwärts. Der geschlossene Marsch aller Fahrzeuge der Brigade quer durch Hamburg über Ost-West-Straße und Sievekingdamm bei strahlendem Sonnenschein kam einer Siegesparade gleich und ließ vergessen, daß im Grunde ORANGE den Manöverkrieg gewonnen hatte.

„HOLD FAST" war eine erste Bewährungsprobe für die Panzergrenadierbrigade 17. Die „Spielregeln" dieser Bewährungsprobe hatte ein Leitungsstab festgelegt. Ganz anders war das bei der zweiten Bewährungsprobe für die Soldaten der Brigade. Bei der Sturmflutkatastrophe 1962 bestimmte eine unberechenbare Natur die Regeln. Sie kannte nicht BLAU oder ORANGE.

2.2. Flutkatastrophe 1962

Was heißt hier Katastrophenalarm?

Als Hauptmann Felix Heinrich Beckmann, S3Offizier im Brigadestab der Panzergrenadierbrigade 17, am 16. Februar 1962 seinen „Offizier vom Dienst" (OvD) der Panzergrenadierbrigade 17 antrat, ahnte er nicht, welche Schrecken die kommende Nacht bereithielt. Diese Ahnungslosigkeit teilte er allerdings mit dem wohl größten Teil der Hamburger Bevölkerung. Es lagen zwar fernschriftliche Unwetterwarnungen der Standortkommandantur auf seinem Tisch, und auf dem Weg zum Brigadestab hatte er sich ganz ordentlich gegen die Windböen stemmen müssen, die eiskalt über den Exerzierplatz der Boehn-Kaserne fegten, aber es stürmte ja nun schon die ganze Woche in Hamburg, über der Nordsee und in den Küstengebieten. Das war nicht eben ungewöhnlich hier im Norden.

Mit anderen Worten: Für Hauptmann Beckmann war der 16. Februar ein Freitag wie jeder andere auch, mit der einzigen Ausnahme, daß er in dieser Nacht Offizier vom Dienst „spielen" mußte. Diese Einschätzung änderte sich schlagartig, als um 2.00 Uhr das Telephon im Dienstzimmer des OvD klingelte: Die Standortkommandantur Hamburg – Katastrophenalarm für die Panzergrenadierbrigade 17! Doch was hieß Katastrophenalarm eigentlich? 1962 gab es für einen solchen Fall keinerlei Vorkehrungen oder Einsatzpläne bei Brigade oder Division. Hauptmann Beckmann griff nach dem Telephonhörer. Nach allem was er bisher wußte, waren die Deichbrüche im Norden des Stadtteils Wilhelmsburg am folgenschwersten. Dort war eben der Deich am Berliner Ufer gebrochen, hatten die Wassermassen das dahinter liegende Schrebergartengelände mit den vielen Notquartieren und Behelfsheimen überflutet. Hier mußte sofort geholfen werden, mußte gerettet werden, was noch zu retten war.

Ein Hauptmann entscheidet

Der Hauptmann überlegte nur kurz. Er wußte, der Kommandeur war im Urlaub, der Stellvertreter in dieser Nacht nicht erreichbar. Er mußte allein entscheiden. Felix Heinrich Beckmann, heute Generalmajor a.D., erinnert sich: „Ich rief sofort bei den Bataillonen in der Boehn- und in der Graf-Goltz-Kaserne an und ließ die Bereitschaftskompanien des Panzergrenadierbataillons 172, des Feldartilleriebataillons 177 und des Panzerbataillons 174 ausrükken, nach Wilhelmsburg. Sie müssen wissen, zu dieser Zeit hatte jedes Bataillon immer eine Bereitschaftskompanie zu stellen. Ich ließ Werkzeug aller Art mitnehmen; Schlauchboote hatten allerdings nur die 172er, die einen Pionierzug in der 5. Kompanie führten."[36]

Nach der kurzen telephonischen Befehlsausgabe fuhr Hauptmann Beckmann zum Katastrophenstab im Hamburger Rathaus, der sich eben zu formieren begann. Er konnte melden, daß von der Panzergrenadierbrigade 17 bereits 235 Soldaten im Hochwassergebiet eingesetzt waren.[37] „Natürlich waren auch schon viele andere Helfer im Einsatz", ergänzt der General seine Erinnerungen, „Vertreter von Feuerwehr, THW, Polizei und DRK waren wie ich zum Rathaus gekommen. Aber noch fehlte völlig die Übersicht über das Ausmaß der Schäden, gab es überhaupt keine Koordination der Hilfseinsätze." Hinzu kam ein völliges Chaos im Rathaus: Durch überflutete Siele war Wasser in die Keller eingedrungen und hatte die Fernheizungsrohre überflutet. Treppenhäuser, Sitzungssäle und Büros waren feuchte vernebelte „Waschküchen", und der Strom war auch ausgefallen.

Ein Pionierfeldwebel sieht die Sturmflut voraus

In Wilhelmsburg hatten die Pioniere vom Panzergrenadierbataillon 172 unterdessen ihre Schlauchboote in das eiskalte, wild aufgewühlte Wasser gebracht, nur knappe drei Stunden nach der Alarmierung in der Boehn-Kaserne.

Diese kurze Reaktionszeit war deshalb möglich gewesen, weil ein Soldat des Panzergrenadierbataillons bereits die Katastrophe ahnte, als noch keiner seiner Kameraden an eine Alarmierung dachte. Es war der Pionierzugführer der 172er, Georg „Schorsch" Meyer, der bereits vor der Alarmierung die Pionieraustattung seines Zuges hatte verpacken und auf den Zugfahrzeugen verstauen lassen.

Anläßlich der Pensionierung von Hauptfeldwebel Meyer erinnerte Hans G. Stark,

Pioniere vom PzGrenBtl 172 am Morgen des 17.2.1962 im Einsatzraum Wilhelmsburg (Photo „Hamburger Abendblatt")

der langjährige Lokalredakteur des „Hamburger Abendblattes", zwölf Jahre später in der „Wandsbeker Zeitung" an die Weitsicht des Rahlstedter Pionierfeldwebels, die zur Rettung vieler beigetragen hatte. Er ließ ihn selbst berichten: „Ich wollte in der 'Alten Liebe' am Hafen Abendbrot essen, aber ich kam dort gar nicht mehr hin, denn die Straße war überschwemmt. Als ich dann Dachziegel von einem Kirchturm auf das Pflaster knallen sah, war mir klar, daß Schlimmes bevorstand."[38] Wie auch der „einsame" Hauptmann im Brigadekommando wußte „Schorsch" Meyer, daß er sofort handeln mußte. Er fuhr in die Boehn-Kaserne, holte die zu dieser Zeit verfügbaren Soldaten des Pionierzuges zusammen und ließ Einsatzbereitschaft herstellen.

Zum letztenmal beim „Anpaddeln" auf der Dove Elbe am 1.4.1974: HFw Meyer (Mitte), der PiZgFhr der Rahlstedter Grenadiere nimmt Abschied von der Bundeswehr.
(Photo Stark/„Hamburger Abendblatt")

„So kam es", stellte Hans G. Stark in seinem Bericht anerkennend fest, „daß seine Männer als erste von insgesamt 8.000 Bundeswehrsoldaten, die in Hamburg eingesetzt wurden, eingreifen und vom Hochwasser bedrohte Menschen aus den Häusern holen konnten. Noch bevor die Flut ihren Höchststand erreicht hatte, rollten seine Fahrzeuge über die Wilhelmsburger Reichsstraße in das Katastrophengebiet. Unter seiner Leitung wurden dann auch am Tage darauf Sprengungen ausgeführt, damit das Wasser ablaufen konnte."[39]

Soldaten des VersBtl 176 und eine freiwillige Helferin bringen eingeschlossenen Bewohnern Wilhelmsburgs Nahrungsmittel in Plastikkörben. *(Photo „Hamburger Abendblatt")*

„Einsatzstab NORD" noch ohne Auftrag

Im Polizeihaus am Karl-Muck-Platz hatte mittlerweile die erste Lagebesprechung des Katastrophendienststabes unter Leitung von Innensenator Helmut Schmidt stattgefunden. Günter Stiller stellte im „Hamburger Abendblatt" später fest: „Teilnehmer seiner ersten Lagekonferenz am Vormittag des 17. Februar werden heute noch blaß, denn es war eine militärische Befehlsausgabe. Einwände wurden nicht geduldet. Schmidts letztes Wort war: 'Ich erwarte schnellstens Vollzugsmeldung!' "[40] Die Beamten in Hamburg waren militärische Befehle und klare Anweisungen offensichtlich nicht gewohnt, sehr wohl aber die Soldaten in den Einsatzstäben der Bundeswehr, die den zivilen Leitungsstäben nach Zustimmung des Verteidigungsministeriums zugeordnet wurden. Die Soldaten der Panzergrenadierbrigade 17 im Katastrophendienst führte der „Einsatzstab NORD" unter der Leitung von Major i.G. Karl-Ludwig Kiene, G3 der Brigade. Ihm zur Seite stand Hauptmann Ulrich von Coler, der Chef der Stabskompanie. Das Hauptanliegen der beiden Offizier mußte es zunächst sein, sich einen Überblick über die immer noch verworrene Lage zu verschaffen, die einen geschlossenen Einsatz der Brigade bisher verhinderte. 1.200 Soldaten der Panzergrenadierbrigade 17 waren am Sonnabend um 14.00 Uhr in Wilhelmsburg, Bergedorf und Itzehoe im Einsatz gemeldet,[41] es hätten aber weit mehr sein können.

In der „Tagesmeldung der 6. Panzergrenadierdivision" an das I. Korps vom Sonntag, den 18. Februar 1962, um 18.30 Uhr heißt es dazu:

„Die Lage im Raum HAMBURG ist noch unübersichtlich. Den Hamburger Behörden ist es anscheinend nicht gelungen, die örtlich und im allgemeinen meist unorganisiert eingesetzten Kräfte zu koordinieren. Die Masse der Bataillone der PzGrenBrig 17 hat noch keinen Einsatzauftrag bekommen, obwohl sich Brigade und Division wiederholt zur Verfügung gestellt haben. Die Soldaten der Brigade, die zum großen Teil Hamburger sind und die Katastrophenmeldungen im Rundfunk mithören, drängen auf einen Einsatz und haben kein Verständnis dafür, daß sie zurückgehalten werden. Die Brigade hat mit Genehmigung der Division alle Soldaten, die in den unmittelbaren Katastrophengebieten zu Hause sind, aus der Kaserne entlassen, damit wenigstens diese Soldaten örtlich helfen können."[42]

Im Verlauf des Montags und Dienstags der folgenden Woche wurden dann aber doch vermehrt Kräfte angefordert, und die Zahl der eingesetzten Soldaten stieg bei der Panzergrenadierbrigade 17 auf 1.700.[43]

Soldaten des PzGrenBtl 172 bei Deicharbeiten in Moorburg (Photo Lewald)

„Außerordentliche seelische Belastungen"

Der Katastropheneinsatz stellte hohe Anforderungen an alle Beteiligten. Für die Soldaten waren die Arbeiten an den Deichen eine ungewohnt schwere Arbeit. Stabsfeldwebel Herbert Ahl, damals Unteroffizier in der 5. Kompanie des Panzergrenadierbataillon 172 : „Wir waren nach Bergedorf zur Tatenberger Schleuse gefahren worden. Dort arbeiteten wir 24 Stunden durch, in drei Gruppen: Die erste Gruppe mußte Sandsäcke füllen, die zweite schleppen und die dritte damit am Deich abdichten. Die Gruppen wurden gewechselt. Die ganze Zeit regnete es in Strömen. Da wir kein Regenzeug hatten, oder es bei der Arbeit nicht tragen konnten, waren wir naß bis auf die Knochen. Zum Glück war das Rote Kreuz mit Verpflegungswagen draußen, denn von Kompanie oder Bataillon kam in den ersten 24 Stunden nichts."[44] Für sechs Stunden wurden die Arbeitskommandos in die Boehn-Kaserne gefahren, dann ging der Einsatz weiter. Neben der physischen Belastung wurde der Einsatz für viele Soldaten auch zu einer psychischen Belastungsprobe. In der „Tagesmeldung der 6. Panzergrenadierdivison" vom 20. Februar 1962 findet sich die Feststellung: „Der Einsatz der Panzergrenadierbrigade 17 konzentrierte sich auf Bergen und Versorgung eingeschlossener Menschen, ..., Einrichten von Versorgungspunkten, Deicharbeiten und Absichern einer Kläranlage sowie auf Bergen und Sammeln von Kadavern. Besonderes Gewicht lag auf dem Bergen von Leichen. Hier waren die Soldaten außerordentlichen seelischen Belastungen ausgesetzt."[45] Bei einem solchen Einsatz zum Bergen von Tierkadavern stürzte Unteroffizier Ahl mitten hinein in die eiskalte, voller Tierkadaver treibende „Brühe" eines unter Wasser stehenden Schuppens. „Danach war der Einsatz für mich gelaufen", erinnert sich Herbert Ahl noch genau. „Ich wurde fortan wie ein Aussätziger behandelt und in Desinfektionsbäder gesteckt. Aber es war auch wirklich sehr eklig, unter diesem toten Viehzeug zu schwimmen."

Trotzdem hatte Unteroffizier Ahl noch Glück gehabt, denn es gab auch schon Verletzte, und am Donnerstag Abend hatte die Brigade ihren ersten Toten zu beklagen, den Gefreiten Adalbert Fischer von der 1. Kompanie des Panzerbataillons 174. Er war bei der Kirche von Finkenwerder mit seinem Kranwagen auf einem unterspülten Granitweg abgerutscht. Während die übrige Besatzung noch abspringen konnte, wurde der Gefreite unter dem Kranwagen begraben. Über vier Stunden dauerte die Bergung des Toten.[46]

„Katastrophendienst beendet"

Der Gefreite Fischer war einer von neun Soldaten der Bundeswehr, die beim Katastropheneinsatz 1962 den Tod fanden. Doch der Einsatz ging weiter, mußte weitergehen, solange Menschen noch in Not waren. Erst am Sonnabend (24. Februar) wurde das Panzergrenadierbataillon 172 zur Auffrischung herausgelöst.

Auch für das Panzergrenadierbataillon 171 und das Panzerbataillon 174 gingen im Laufe des Wochenendes die Einsätze zuende, nachdem das Panzergrenadierbataillon 173 (L) bereits am 22. Februar in die Litzmann-Kaserne zurückgekehrt war.

Nur das Versorgungsbataillon 176 blieb mit 15 Feldküchen zur Versorgung der Zivilbevölkerung in Krankenhäusern und Notquartieren sowie zahlreichen LKW der Transportkompanie vornehmlich für Trinkwasser- und Verpflegungstransporte bis zum 28. Februar noch im Einsatz.

In der „Tagesmeldung der 6. Panzergrenadierdivision" vom 27. Februar 1962 wird abschließend festgestellt: „Mit Ablauf des 28.02.62 wird der Katastrophendienst für die Truppenteile der Div mit Ausnahme PiBtl 6 beendet sein."[47]

Trauer und Dank

Hamburg trauerte. Am Montag, den 26. Februar 1962, um 17.00 Uhr waren die Glokken aller Kirchen der Stadt zu hören gewesen. Sie hatten zum Trauerakt auf dem Rathausmarkt für die über 300 Opfer der Sturmflut gerufen, und weit über 100.000 waren gekommen. Bürgermeister Dr. Paul Nevermann und Bundespräsident Dr. Heinrich Lübke hatten gesprochen, und natürlich war der Soldaten, des Polizisten und der freiwilligen Helfer gedacht worden, die ihr Leben im Kampf gegen die Flut verloren hatten:

Gedenkmedaille Sturmflutkatastrophe 1962 Hamburg, „Sturmflutmedaille" (Photo PzArtBtl 177)

„Sie haben ihr junges Leben gewagt, damit andere leben sollten", waren die Worte des Bundespräsidenten. „Sie haben ihren Einsatz verloren, dafür aber – wie wir hoffen und glauben – den höchsten Lohn errungen, der zu erringen ist. In ihrem Andenken ehren wir alle, die selbstlos im gleichen Dienst standen und stehen."[48]

Innensenator Helmut Schmidt verleiht die „Sturmflutmedaille" an Soldaten des PzGrenBtl 173 (L) in der Litzmann-Kaserne am 6.12.1962. (Photo PzGrenBtl 163)

Sichtbarer Ausdruck dieser Ehrung wurde die „Gedenkmedaille Sturmflutkatastrophe 1962", die im Laufe des Jahres von den Bundesländern Hamburg, Schleswig-Holstein und Niedersachsen gestiftet und an alle Katastrophenhelfer verliehen wurde.

Darüberhinaus zeichnete der Hamburger Senat im April 1963 zehn Soldaten des Panzerbataillons 174 mit der Hamburgischen Rettungsmedaille aus. Unter der Führung des Chefs der 1. Kompanie, Hauptmann Günter Piepgras, hatten die Stabsunteroffiziere Hans Wölm, Karl-Ludwig Lantow und Klaus Hanssohn, der Unteroffizier Franz Wesseling, die Obergefreiten Georg Meyer und Hermann Schulze sowie die Gefreiten Joachim Woldmann und Dieter Mellin in Moorburg und Hausbruch mit ihren Schlauchbooten lebensgefährliche Rettungsmanöver in einstürzenden Häusern unternommen.[49] Die zehn Soldaten vom Panzerbataillon 174 standen sicherlich für viele andere, deren Namen ungenannt blieben und wohl bleiben werden. Diesen Unbekannten widmete Ruth Götze aus Nürnberg ihr Gedicht „Dem unbekannten Soldaten", das „Die WELT" in ihrer Ausgabe vom 27. Februar 1962 unter den Leserbriefen veröffentlichte:

„Du lächelst, Soldat!
In Deinen Händen trägst Du behutsam ein Stück Leben,
ein kleines, winziges.
Du hast es geborgen aus dem Inferno
des Sturmes und des Wassers.
Um Dich herum geistert der Tod,
zeigt die Vernichtung ihre Spuren.
Nicht die feurigen Reiter des Krieges
hielten ihre Ernte, von Menschen gelenkt,
sondern die tobenden Gewalten des
großen Unbekannten!
Aber Du lächelst auf dem Felde
des Grauens,
und vielleicht fühlst Du Dich zum ersten
Male wohl in Deiner Uniform,
weil Du beschützen und nicht töten
durftest,
weil Du Leben erhalten und nicht zerstören
solltest
...
Du bist zum Bruder geworden,
zum Menschen –
zum Fanal der Humanität!"[50]

Wahrscheinlich fühlten und dachten viele Menschen in der Bundesrepublik und vor allem in Hamburg wie diese Frau im fernen Nürnberg, die von der Opferbereitschaft und Selbstlosigkeit der Bundeswehrsoldaten offensichtlich zutiefst beeindruckt war. Genralleutnant Helge Hansen, zur Zeit Inspekteur des Heeres, war als junger Hörsaaloffizier der Heeresoffizierschule II mit seinem Hörsaal in Wilhelmsburg eingesetzt. Er bestätigt diesen Stimmungsumschwung der Hamburger zur Bundeswehr anhand eigener Erlebnisse:

„Wie Sie wissen, hatte die Bundeswehr in Hamburg einen sehr schweren Start, ich selbst bin ja dort als Rekrut 1957 eingetreten. Das typisch Hanseatische ist eben, daß im Grunde nur der Kaufmann etwas gilt, der tüchtige Kaufmann, der etwas produziert. Da die Bundeswehr für die Hamburger nichts Sichtbares produzierte, sondern nur die sauer erwirtschafteten Steuern der Hamburger Kaufleute aufzuzehren schien, war der Ruf der Bundeswehr entsprechend. Dies jedoch hat sich mit der Hilfestellung der Bundeswehr bei der ersten Flutkatastrophe grundlegend gewandelt.

Als wir damals auszogen, um in Wilhelmsburg und vielen anderen Orten zu helfen, wurden wir beinahe noch beschimpft. ... Ganz anders 1967! Als wir 1967 erneut auszogen, um Schlimmstes zu verhindern – das Ausmaß war nicht vergleichbar mit 1962 – stand alles bereit, um uns mit Werkzeug zu helfen, uns zu verpflegen und zu versorgen, mit einer Liebe, die geradezu unvorstellbar war."[51]

So wurde die Flutkatastrophe 1962 zum Beginn eines wesentlich intensiveren Miteinanders von Ortsteilen und Gemeinden mit „ihren Soldaten". Das Panzergrenadierbataillon 173 (L) verfestigte bereits im Juli 1962 eine Freundschaft zur Stadt Ahrensburg, als es der von der Sturmflut schwer getroffenen Aussiedlerfamilie Kilius, die gerade aus Sibirien gekommen war, mit gespartem Wehrsold in Ahrensburg eine neue Wohnung einrichtete.[52]

2.3. Der Tod des Kommandeurs

Die letzten Worte des Kommandeurs (Rekrutenvereidigung am 7. Juni 1962)

„Soldaten der Panzergrenadierbrigade 17", die Stimme von Bürgermeister Dr. Paul Nevermann klang fest und vernehmlich über den Exerzierplatz der Boehn-Kaserne. „Viele der heute hier angetretenen Soldaten – Offiziere, Unteroffiziere und Mannschaften – haben uns Hamburgern in den Schreckenstagen und -nächten der Sturmflutkatastrophe gezeigt, wie ernst es

Ihnen mit der Verantwortung gegenüber Ihren Mitbürgern ist. Ich wage nicht, mir vorzustellen, wieviel Todesopfer wir zu beklagen gehabt hätten, wenn die Bundeswehr und die Angehörigen der ausländischen NATO-Streitkräfte nicht so tatkräftig geholfen hätten." Der Bürgermeister hielt inne und blickte über die Reihen der angetretenen Soldaten. Er war mit zahlreichen Senatoren und Angehörigen der Bürgerschaft in die Rahlstedter Boehn-Kaserne gekommen, um anläßlich dieser Rekrutenvereidigung der Panzergrenadierbrigade 17 den offiziellen Dank des Hamburger Senats und der gesamten Bevölkerung auszusprechen. Aber er wollte auch etwas sagen zu jener Mauer in Berlin, die jetzt fast schon ein ganzes Jahr die Teilung Deutschlands brutal symbolisierte. Er fuhr fort: „Die Diktatoren müssen wissen, daß wir uns unsere Freiheit auch mit Gewalt nicht nehmen lassen. Sie müssen wissen, daß wir uns gegen jeden Angriff auf unsere Freiheit entschlossen verteidigen werden. Auch Herrn Chruschtschow muß das nun endlich klar werden. Er glaubt seit dem 13. August offenkundig, er könne sich ruhig noch mehr leisten. Er glaubt, es sei uns nicht ernst mit unserer Verteidigungsbereitschaft. Das ist ein fundamentaler Irrtum.

Aber in diesem Irrtum liegt die ganze Kriegsgefahr begründet. ... Wenn jedoch erst einmal der erste Schuß gefallen ist, wo ist dann das Ende? Deshalb muß die Verteidigungskraft der NATO und damit auch der Bundesrepublik so stark sein, daß schon das bloße Spiel mit dem Feuer auch für einen mächtigen Angreifer zum tödlichen Risiko wird. Das ist in unseren Tagen leider noch die stärkste Garantie für den Frieden."[53]

Das Schlußwort der Veranstaltung hatte der Brigadekommandeur, Oberst Eckart Reichel. Er dankte dem Bürgermeister für dessen Worte. Dann wandte er sich an seine Soldaten: „Meine jungen Kameraden, ... Ich nehme Sie nun auf in die große Gemeinschaft der Soldaten der Bundeswehr, die Seite an Seite mit den Verbündeten der Bundesrepublik im Verband der NATO bereit sind, Recht und Freiheit in der Welt zu verteidigen. In diesem Auftrag dienen wir Soldaten unserem Volke und unserem Staate mit Hingabe, weil er sich bemüht, Hort von Freiheit und Kultur für unser großes Vaterland zu sein. Wir gedenken am Ende dieser militärischen Feierstunde dieses großen Vaterlandes, das wir in unserem Herzen nie aufgeben wollen, wir gedenken des ganzen Deutschland!"[54]

Rekrutenvereidigung in der Boehn-Kaserne am 7.6.1962: Oberst Reichel spricht zum letztenmal zu seinen Soldaten. Links im Bild Hptm von Coler, Chef StKp, und OTL Knüpling, Kdr PzBtl 174 (Photo v. Coler)

Wohl keiner der Soldaten , die an diesem 7. Juni 1962 in der Boehn-Kaserne angetreten waren, ahnte, daß die Worte des Kommandeurs auch ein Abschied waren. Es waren die letzten Worte, die Oberst Reichel an die Soldaten der Panzergrenadierbrigade 17 richtete, und er wußte es. Schon bald nach der Vereidigung mußte sich der Kommandeur in ein Krankenhaus begeben.

„Wir dienen in Disziplin!"

„Auch von den Offizieren wußte wohl kaum jemand, wie schlecht es um Oberst Reichel stand", erinnert sich Oberst a.D. Ulrich von Coler, damals Chef der Stabskompanie. Dabei ging es dem Kommandeur schon im Verlauf des Jahres 1961 oft nicht gut. Zum Ende des Jahres hatte er sich untersuchen

Der letzte Geburtstag des Kommandeurs am 20.3.1962
Kommandeure und Offiziere des Brigadestabes vor dem Offizierheim der Boehn-Kaserne:
Obere Reihe v.l.: Mj Breitner, Kdr VersBtl 176, OTL Busch, Kdr PzGrenBtl 173 (L), Mj i.G. Kiene, G3 PzGrenBrig 17
Mittlere Reihe v.l.: OTL Hartmann, Kdr FArtBtl 177, OTL Dr. Will, Kdr PzGrenBtl 172, OTL Knüpling, Kdr PzBtl 174
Untere Reihe v.l.: OTL Armbruster, Kdr PzGrenBtl 171, Oberst Reichel, BrigKdr, OTL Grollmann, stv. BrigKdr
(Photo Brigadearchiv)

lassen und wußte nun, wie es um ihn stand. Doch er ließ sich nichts anmerken und führte seine Brigade weiter – so wie immer. Noch am 20. März 1962 hatte er die Kommandeure und Offiziere des Stabes zu seinem 49. Geburtstag empfangen. Über sein Befinden verlor er allerdings nicht ein Wort."[55]

Oberst Eckart Reichel machte wenig Worte um seine eigene Person. „Wir dienen in Disziplin!" war eine feste Losung in vielen seiner Reden und Ansprachen, und dann sagte er oft: „Bei 'Disziplin' denken wir an die Fähigkeit und innere Bereitschaft zum Gehorsam. Diese Fähigkeit und innere Bereitschaft wird nur der besitzen können, der im eigenen freien Gewissen den Halt sucht, den er als Soldat in jeder Lage benötigt. Diesen Halt in sich selbst findet dann aber am ehesten der, der sich aus innerer Freiheit in Zucht genommen hat. Selbstzucht also ist es, worauf wahre Disziplin beruht."[56]

Diesen Maßstab legte der Kommandeur auch an sich selbst an. „Es wurde ihm sehr schwer, nicht sofort nach Hamburg zurückzufahren und bei seinen Soldaten zu sein, als wir in Österreich die Rundfunkmeldungen von der Sturmflutkatastrophe in Norddeutschland hörten", sagt Elsbeth Reichel, die Witwe des ersten Kommandeurs, die heute wie damals in Hamburg-Nienstedten lebt. „Aber das habe ich nicht zugelassen, denn es war mit seinem Gesundheitszustand nicht zu vereinbaren. Ich hatte auf diesen paar Tagen Urlaub bestanden. Er brauchte sie dringend, und es waren unsere letzten ..."[57]

„Die 17. Brigade ist sein Werk!"

„Wir nannten sie nur "die Lady", denn ihre Haltung bei der Trauerfeier war wirklich beeindruckend", erinnert sich Oberstleutnant a.D. Harro Lueder, damals Hauptmann und Chef der 4. Kompanie im Panzerbataillon 174.[58] Er spricht von der militärischen Trauerfeier für Eckart Reichel, die nur acht Wochen nach der Rekrutenvereidigung an derselben Stelle und vor denselben Soldaten stattfand. Dort, wo der Kommandeur am 7. Juni 1962 gesprochen hatte, stand nun am 2. August sein Sarg, bedeckt mit Dienstflagge und Stahlhelm. Flankiert wurde der Sarg von einer Ehrenwache, die zu gleichen Teilen aus Mannschaften, Unteroffizieren und Offizieren bestand.

Trauerfeier für BrigGen Reichel am 2.8.1962 in der Boehn-Kaserne
Ansprache des Divisionskommandeurs, GenMj Haag *(Photo E. Reichel)*

„Als Kommandeur der 6. Panzergrenadierdivision und als unmittelbarer Vorgesetzter habe ich heute Dank zu sagen für alles, was Brigadegeneral Eckart Reichel in seinem fast 30jährigem Soldatenleben der Gemeinschaft gegeben hat, der er diente, besonders aber für das, was er für die Bundeswehr und als Kommandeur der 17. Hanseatischen Brigade leistete", sagte Generalmajor Werner Haag in seiner Trauerrede. Er selbst hatte mit Generalleutnant Heinz Trettner, dem Kommandierenden General des I. Korps, noch auf dem Krankenbett, am 4. Juli die Beförderung Eckart Reichels zum Brigadegeneral vorgenommen. Er fuhr fort: „In vier Jahren hat er diese Brigade, ihre Brigade, aufgebaut, die Bataillone und Einheiten geformt und durch seine klare, selbstbewußte Führung bereit gemacht für die schwere Aufgabe der Brigade. ... Seien Sie stolz darauf, unter diesem Mann gedient zu haben. ... Die 17. Brigade ist sein Werk! Lassen Sie uns versprechen, daß wir in seinem Sinne dieses Werk weiterführen wollen."[59]

Zu den schwermütigen Klängen des romantischen Trauermarsches B-Moll von Frédéric Chopin trugen die sechs Soldaten den Sarg dann vom Exerzierplatz der Boehn-Kaserne zur Überführung nach Flensburg, wo Brigadegeneral Reichel vier Tage später auf dem Friedhof seiner Heimatstadt die letzte Ruhestätte finden sollte.

Zurück blieb eine große Betroffenheit unter den Soldaten der Panzergrenadierbrigade 17, die ihren Kommandeur „Papa Reichel" sehr verehrt hatten. Nun würde sich das Werk Eckart Reichels bewähren müssen, würde sich zeigen, ob die Vorstellungen von Gehorsam, Disziplin, Kameradschaft und Ritterlichkeit, wie sie der erste Kommandeur stets gefordert und vorgelebt hatte, Bestand haben würden über die Jahre.

Nur eine „Fußnote" der Brigadegeschichte?

An jenem 7. Juni 1962, als der erste Brigadekommandeur der Panzergrenadierbrigade 17 von seinen Soldaten innerlich Abschied nahm, war auch ein 20jähriger Rekrut des Panzerbataillons 174 auf dem Exerzierplatz der Boehn-Kaserne angetreten, der noch nicht ahnen konnte, daß er einmal eine besondere Bedeutung für die Brigade haben würde. Sein Name: Hans-Jürgen Rennack.

Neunundzwanzig Jahre sollten erlebt werden, neun weitere Kommandeure würden kommen und gehen, ehe der damalige ahnungslose Panzerschütze als Oberst und elfter Kommandeur der Panzergrenadierbrigade 17 wiederkehren sollte, um das Werk Eckart Reichels zu übernehmen und zu vollenden. Das konnte Hans-Jürgen Rennack damals freilich alles noch nicht wissen, es ist vielleicht auch nurmehr eine „Fußnote" der Brigadegeschichte, und doch: 33 Jahre später sollte auf diese Weise Eckart Reichels Werk, die „17. Hanseatische Brigade", in erstaunlicher Kontinuität wieder den Anschluß finden an jene ersten Jahre; denn mußte nicht das Wirken des ersten Kommandeurs präsent bleiben im letzten?[60]

Oberst Werner Johannes – der zweite Kommandeur

Nach dem Tode General Reichels übernahm Oberst Werner Johannes das Kommando über die Panzergrenadierbrigade 17. Oberst Johannes kam von der Führungsakademie, an der er Taktiklehrer gewesen war. Er hatte aber vor dieser Verwendung das Panzergrenadierbataillon 171 (ehem. Grenadierbataillon 31) in Itzehoe-Nordoe (vorher Buxtehude) geführt, so daß er mit den Gegebenheiten der Brigade als Kampftruppenverband in der Großstadt Hamburg vertraut war. Oberst a.D. Johannes, der heute in Oberkirch bei Offenburg lebt, erinnert sich, daß er den Dienst in der Boehn-Kaserne in einer weltpolitisch sehr bewegten Zeit antrat: „Als ich im Oktober 1962 das Kommando über die Panzergrenadierbrigade 17 übernahm, steuerte der Konflikt zwischen Cuba, wo seit 1959 eine kommunistisch eingestellte Regierung unter Fidel Castro bestand, und den USA ganz bedrohlich auf einen Weltkrieg zu. Es war bekannt geworden, daß die Sowjets Raketenbasen auf Cuba installiert hatten. Der amerikanische Präsident John F. Kennedy verfügte daraufhin eine Blockade gegen die Insel und gab der US-Marine Schießbefehl. Ein sowjetischer Flottenverband, der auf dem Weg nach Cuba war, steuerte trotzdem auf die US-Schiffe zu."[61] Die „Cuba-Krise" hielt Offiziere, Unteroffiziere und Mannschaften wohl gleichermaßen in Atem. Die Nachrichten wurden aufmerksam im Rundfunk verfolgt. Besondere Alarmmaßnahmen gab es aber offensichtlich nicht, zumal bereits zum 1. April des Jahres die Grundwehrdienstdauer von zwölf auf achtzehn Monate („W 18") erhöht worden war. (Bereits nach dem „Mauerbau" hatte der Bundestag zum 12. September 1961 den Wehrdienst um drei Monate verlängert.) Am 24. Oktober drehten die sowjetischen Schiffe ab, und der sowjetische Ministerpräsident Nikita Chruschtschow ordnete den Abbau und Rücktransport der Raketenanlagen an.

Oberst Werner Johannes, der zweite Kdr der PzGrenBrig 17 (1.10.1962 – 30.9.1965) (Photo „Norddeutsche Rundschau")

„Die Gefahr des Weltkrieges war für's erste gebannt", stellt Oberst a.D. Johannes rückblickend fest, „aber die Unsicherheit der politischen und militärischen Verhältnisse unserer Zeit war uns doch erschreckend deutlich vor Augen geführt worden."

2.4. Zitterpartie „WINTERHEIDE" und andere Aktionen

„Es wird frisch ..."

„... bleibt es auch am Wochenende bei anhaltenden Schneefällen sehr kalt. Die Tiefsttemperaturen erreichen in der Nacht und in den frühen Morgenstunden -20 bis -22°C. Es folgen unsere Empfehlungen für den Kraftfahrer: ..." Feldwebel Heribert Otto stellte das Kofferradio in seinem Dienstzimmer ab, er hatte genug gehört. Mit einem Frösteln blickte er aus dem Fenster in das muntere Schneetreiben in der Graf-Goltz-Kaserne. „Na, das wird ja schön frisch werden", mochte der Feldwebel dabei denken, „der kälteste Winter seit Jahren, und wir fahren zum Zelten nach Bergen-Hohne ..."[62] Feldwebel Otto, damals Rechnungsführer der 2. Kompanie im Panzerbataillon 174, sollte recht behalten – es wurde „frisch"! Der Truppenübungsplatzaufenthalt der Panzergrenadierbrigade 17 in Bergen-Hohne vom 10. bis 23. Februar 1963 mit der abschließenden Divisionsgefechtsübung „WINTERHEIDE" sollte das wohl frostigste Übungserlebnis in den 60er Jah-

„WINTERHEIDE" 1963: Verladung von Mrs Trägern HS 30 und KPz M 47 im Bundeswehr Depot Glinde (Photo Speicher)

ren, wenn nicht sogar in der ganzen Brigadegeschichte werden, eine echte „Zitterpartie".

„Mumm" mit Rum

In der ersten Divisionschronik „10 Jahre 6. Panzergrenadierdivision" heißt es dann später „heroisch":

„Die unter der Leitung des Oberst beim Stabe, Oberst von Salviati, stehende freilaufende Übung 'WINTERHEIDE' verlangt den Soldaten der Brigaden 17 und 18 sowie der Divisionsverbände bei 20° minus viel Zähigkeit und Härte ab. Wer meint, daß der junge Soldat der Bundeswehr nicht den richtigen 'Mumm' habe, konnte sich überzeugen: Fast keine personellen Ausfälle trotz Kälte und Februarschnee!"[63]

Die Realitäten sahen aber wohl doch etwas anders aus. Der „richtige Mumm" war vor allen Dingen das Ergebnis zusätzlicher Rumrationen. So sieht das zumindest Heribert Otto: „Wir froren ganz erbärmlich in unseren Zwei-Mann-Zelten. Zur Verpflegung wurde deshalb Rum ausgegeben. Nur mit diesen zusätzlichen Rumrationen ließen sich die Nächte überstehen. Ich weiß noch, daß ich in einer dieser furchtbaren Nächte als Wachhabender mit meinem Stellvertreter eine ganze Flasche leergemacht habe. Das war zwar ein Wachvergehen, aber bei diesen Temperaturen kam in der Nacht sowieso kein Vorgesetzter mehr

„WINTERHEIDE" 1963: „Morgentoilette" von Soldaten der 5./172 vor dem Tanzsaal „Onkel Nickel" in Ostenholz bei minus 20 °C (!) (Photo Speicher)

vorbei, und heute ist die Sache wohl verjährt, oder?"[64]

Nicht alle Soldaten der Brigade waren in Zeltlagern wie Ettenbostel untergebracht. Stabsfeldwebel a.D. Leander Speicher weiß noch, daß die 5. Kompanie der 172er im Tanzsaal „Onkel Nickel" in Ostenholz untergekommen war, aber das war wohl ein Glücksfall.

Schwarzer Qualm und kalte Füße

Nicht nur für das Personal, auch für das Material wurden der Truppenübungsplatzaufenthalt in Bergen-Hohne und die Gefechtsübung „WINTERHEIDE" zu einem echten Härtetest, den das Material häufig schlechter bestand als das Personal. Stabsfeldwebel a.D. Günter Groß, damals Kompanietruppführer in der Brigadestabskompanie, berichtet: „Der Brigadegefechtsstand lag in Hasselhorst. Von dort

„WINTERHEIDE" 1963: SPz Attrappen des PzGrenBtl 172 bei einem Technischen Halt (Photo Lewald)

starteten wir mit abgeplanten Jeeps zu Aufklärungsfahrten. Überall standen unsere M 47 herum, mit dicken schwarzen Qualmwolken, und wollten nicht mehr weiter. Die Vergaser waren wohl eingefroren. Aber die Grenadiere waren auch nicht zu beneiden, in ihren HS 30 Schützenpanzern. Da die Heizungen nur selten funktionierten, sammelten sich die Besatzungen bei jeder nur möglichen Gelegenheit am Auspuff, um sich dort ein wenig aufzuwärmen."[65]

Die extremen winterlichen Bedingen im Februar 1963 machten das Unternehmen „WINTERHEIDE" zu einer echten Bewährungsprobe für die Soldaten der Brigade und gruben die Erinnerungen an diese Übung erheblich tiefer ein als bei den anderen „Unternehmungen" in diesen Jahren, die so klangvolle Namen wie „FÄHRMANN", „DOORKEEPER", „SCHWANENSEE", „TEUTONE" oder „DREISPRUNG" trugen, um nur einige Beispiele zu nennen.

„Bananenaktion", „Sängerwettstreit" und „Handball-Panzer"

Der harte Winter stellte aber nicht nur die Panzergrenadierbrigade 17 sondern auch die Forstwirtschaft im Hamburger Umland vor erhebliche Probleme. Das Panzergrenadierbataillon 173 (L), als Lehrbataillon der Heeresoffizierschule II immer für „publikumswirksame" Einsätze zu haben, startete deshalb noch vor dem Unternehmen „WINTERHEIDE" seinen in der Chronik des Bataillons als „Bananenaktion" bezeichneten Hilfseinsatz für die Forstwirtschaft. Dem Kommandeur, Oberstleutnant Busch, der als begeisterter Jäger viel Verständnis für die Sorgen der Forstmeister hatte, gelang es in Zusammenarbeit mit dem Tierschutzbund, die großen Mengen an Bananenabfällen aus dem Freihafen kostenlos abfahren lassen zu dürfen. Täglich rollten nun LKW der 173er mit Bananen beladen zur Wildfütterung der Forstämter Reinfeld, Trittau und Celle. Die Forstmeister dankten dem Bataillon, indem sie Teile ihrer Reviere für Ausbildungszwecke zur Verfügung stellten.[66]

Auch publikumswirksam, in jedem Fall aber recht originell, war die Idee des „Sängerwettstreits" im Panzergrenadierbataillon 171. Jede Kompanie stellte dazu einen Chor mit maximal 30 Mitgliedern (3 – 5 Unteroffiziere und 25 – 27 Mannschaften), der dann vor einem „Kampfgericht" aus Vertretern der Gemeinden Breitenburg und Itzehoe ein Volkslied, ein Marschlied und ein Stück nach eigener Wahl zu Gehör bringen durfte. Ganz neu waren die Wettkampfregeln freilich nicht, denn schon im September 1959 war vom Panzergrenadierbataillon 172 in der Sporthalle der Boehn-Kaserne ein solcher Wettkampf ausgetragen worden.

Sieger wurde damals der Chor der 2. Kompanie. Beim Panzergrenadierbataillon 171 kam der militärische Sängerwettstreit wieder zu neuen Ehren und wurde zu einer

Der erste „Sängerwettstreit" beim PzGrenBtl 172 am 22.9.1959: Die Siegermannschaft der 2. Kompanie mit ihrem Chorleiter, OFw Borsch (Photo Brigadearchiv)

Art Tradition, die sich bis in die 70er Jahre gehalten hat. Sieger der ersten beiden Veranstaltungen wurde der Chor der Reserve-Unteroffizieranwärter Kompanie 531 unter ihrem Chorleiter Hauptgefreiter Kuseck.

Das Panzerbataillon 174 sorgte im folgenden Jahr für Schlagzeilen, als es am 27. Februar 1964 erstmalig das Hallenhandballturnier im Wehrbereich I um den sogenannten „Admiral-Rogge-Pokal" gewann. Im gleichen Jahr wurde die Mannschaft auch noch Divisionshandballmeister. Diese Erfolge waren so verwunderlich nicht, denn in der Bataillonshandballmannschaft, die von der „BILD-Zeitung" nur die „Handball-Panzer" genannt wurde, spielten damals „Spitzenkräfte" wie Nationalspieler Jens Ivers und Klaus Hanssohn vom Hamburger Meister HSV oder Günther Warkentin aus der ersten Mannschaft von Vizemeister TuS Alstertal, die im Panzerbataillon 174 ihre Wehrpflicht ableisteten oder zeitverpflichtet waren.

Spielführer Oberleutnant Noffke mit einem Teil der „Handball-Panzer" im Februar 1964
(Photo „Morgenpost")

„Warum spielt man in Rahlstedt gerade Handball?" wollte die „BILD-Zeitung" in ihrer Ausgabe vom 19. Februar 1964 wissen. „Nun, in den Turnschuhen der Bundeswehr ist es verboten, Fußball zu spielen", erklärte Oberleutnant Noffke, Spielführer der „Handball-Panzer" und S2Offizier im Bataillon. Major Franz-Joachim Freiherr von Rodde, der damalige Bataillonskommandeur, ergänzte: „Ich bin zwar kein alter Handballer, das nun gerade nicht, aber Wettbewerb auch im Dienst fördert die Freude an einer Tätigkeit, und dann wollen wir durch den Sport und unsere Teilnahme an der Betriebssportrunde den Kontakt zur Bevölkerung enger gestalten."[67]

Den „Admiral-Rogge-Pokal" gewann die Mannschaft des Panzerbataillons 174 fortan in Serie bis in das Jahr 1970 (Einzige Ausnahme 1966), und auch Divisionshandballmeister wurde sie noch zweimal, nämlich 1965 und 1969.

Das verstärkte Engagement der Einheiten und Verbände im sportlichen oder in anderen, nicht unmittelbar militärischen, Bereichen läßt die Annahme zu, daß die Brigade nach den „wilden" Aufstellungsjahren nunmehr auf dem Weg zu einer ersten Konsolidierung war. Sichtbarer Ausdruck dieser ersten Konsolidierung sollten die Truppenfahnen werden.

3. Zeit der Konsolidierung (1965 – 1970)

3.1. Die Truppenfahnen kommen

„Ein unvergeßliches Erlebnis"

„Nein, das tut mir leid. Major Waltsgott ist heute Morgen nach Münster abgereist." Die Vorzimmerdame des Bataillonskommandeurs im Panzergrenadierbataillon 173 (L) mußte den Anrufer enttäuschen. Erst in der nächsten Woche würde der Herr Major in der Litzmann-Kaserne wieder erreichbar sein, und das gleiche galt für die anderen Bataillonskommandeure in der Panzergrenadierbrigade 17. Überhaupt kein Bataillonskommandeur des deutschen Heeres war von Donnerstag, den 22. April, bis Sonnabend, den 24. April 1965, in seinem jeweiligen Stab erreichbar. „Ja, wußten Sie das denn nicht?" Die Stimme der Vorzimmerdame klang beinahe etwas vorwurfsvoll: „Wir bekommen doch unsere Truppenfahne!"

Veranstaltungshinweis in der „Münsterschen Zeitung" vom 23.4.1965

Und so war es. Im Preußenstadion in Münster fand an diesem letzten Wochenende im April des Jahres 1965 die feierliche Fahnenübergabe der neugeschaffenen Truppenfahnen an Abordnungen von 319 Bataillonen des Heeres[68] statt. Zu den Abordnungen der Bataillone gehörten neben dem jeweiligen Bataillonskommandeur zwei Leutnante, die als Fahnenbegleitoffiziere vorgesehen waren, und ein Feldwebel, der die Fahne tragen sollte. Der vorgesehene Fahnenträger in der Abordnung von Major Klaus Waltsgott war Feldwebel Karlheinz Below, stellvertretender Zugführer in der 5. Kompanie des Panzergrenadierbataillons 173 (L). „Doch, das war schon eine besondere Ehre für mich, daß ich mit nach Münster fahren durfte, um die Bataillonsfahne abzuholen", sagt Karlheinz Below, der bereits 1969 die Bundeswehr verlassen hat. „Mein damaliger Kompaniechef hatte mich vorgeschlagen, weil ich im Bataillon einen guten Ruf als Ausbilder hatte: Hart aber gerecht. Als ich hörte, daß ich die neue Truppenfahne für das Bataillon tragen würde, habe ich mich abends auf der Stube in alte Regimentsgeschichten vertieft. Ich wollte doch wissen, wie die Fahne wohl aussehen würde."[69]

So wie in den „alten Regimentsgeschichten" sahen die neuen Truppenfahnen dann allerdings nicht aus: Sie präsentierten sich vielmehr einheitlich als 1 x 1 m große Bundesdienstflaggen aus schwerem Seidenstoff mit gesticktem Bundeswappen und Goldfranseneinfassung. Den Verband

„Ein Meer von Fahnen" – Einmarsch der neuen Truppenfahnen im Preußenstadion von Münster (Photo Lewald)

kennzeichnet eine Gravur im Fahnenring und ein Fahnenband, letzteres beim Heer in der jeweiligen Waffenfarbe.

Die Fahnenübergabe in Münster hat Karlheinz Below noch gut in Erinnerung: „Besonders eindrucksvoll war der Einmarsch

Feierlicher Empfang für die neuen Truppenfahnen der 6. PzGrenDiv in Neumünster, Hindenburg-Kaserne (Photo 6. PzGrenDiv)

der über 300 Truppenfahnen, die von Fähnrichen und Fahnenjunkern der drei Heeresoffizierschulen getragen wurden. Von einem der Fähnriche erhielt ich schließlich 'meine Fahne'. Dann fuhr der Verteidigungsminister, Kai-Uwe von Hassel, im offenen Wagen an den Abordnungen vorbei, einem Meer von Fahnen. Das alles bleibt ein unvergeßliches Erlebnis für mich."

Das Ende der Aufstellungszeit

Die Truppenfahnen für Bataillone und entsprechende Verbände waren vom Bundespräsidenten am 8. September 1964 „als äußeres Zeichen gemeinsamer Pflichterfüllung im Dienst für Volk und Staat"[70] gestiftet worden. Dr. Heinrich Lübke hatte persönlich die erste Truppenfahne am 7. Januar 1965 in Bonn an das Wachbataillon übergeben. Die Übergabe aller übrigen Fahnen erfolgte dann durch die jeweiligen Inspekteure am Sonnabend, dem 24. April 1965.

Die Stiftung der Truppenfahnen kennzeichnete das Ende der Aufstellungszeit[71] für die Bundeswehr und trug dem Bedürfnis der Truppe nach einem ideellen Feldzeichen Rechnung, das bei feierlichen Anlässen, insbesondere den Vereidigungen, der Bezugspunkt für die Soldaten eines Bataillons sein konnte.

Löwen, Nesselblatt und roter Rand

Die Brigade selbst erhielt keine Fahne. Sie führte aber seit 1963 ein Wappen: Das Verbandsabzeichen. Bereits zum 15. Mai 1963 waren jene Verbandsabzeichen für die Divisionen und Brigaden des Heeres eingeführt worden, die seither als Ärmelabzeichen auf dem linken Oberarm von Rock und Mantel die Zugehörigkeit des Soldaten, der es trägt, zu seiner Division und Brigade deutlich machen.

Verbandsabzeichen der Panzergrenadierbrigade 17: „Holsteinisches Nesselblatt und Schleswiger Löwen mit rotem Rand"

Das Verbandsabzeichen der Panzergrenadierbrigade 17 zeigt daher das silberne Nesselblatt Holsteins mit den Schleswiger Löwen als heraldisch unmißverständliche Aussage über die Zugehörigkeit zu der in Schleswig-Holstein stationierten 6. Panzergrenadierdivision. Der rote Wappenrand kennzeichnet die Hamburger Brigade, doch ist das Rot der Hansestädte im Brigadewappen eher ein glücklicher Zufall, da die Wappenrandfarben Gelb, Rot und

Weiß in einer Division immer den absteigenden Nummern der Brigaden folgen.

Truppenfahnen und Verbandsabzeichen präsentierte die Brigade der Hamburger Öffentlichkeit zum erstenmal am 21. Juni 1966, im Rahmen einer feierlichen Rekrutenvereidigung mit anschließendem Großen Zapfenstreich auf dem Rathausmarkt.

3.2. Die Brigade auf dem Rathausmarkt 1966

Große Herausforderung für den Neuen

„Seit 1. Oktober 1965 hat die Panzergrenadierbrigade 17 einen neuen Kommandeur", konnten die Rahlstedter am 22. Oktober in ihrer Heimatzeitung „DEINE BRÜCKE" lesen. „Oberst Jürgen Schröder (49) hat seinen Arbeitsraum in der Führungsakademie Blankenese geräumt und ist in die Boehn-Kaserne umgezogen!"[72]

Oberst Jürgen Schröder, der dritte Kommandeur der PzGrenBrig 17 (1.10.1965 – 30.9.1967) (Photo Schröder)

Und weiter heißt es in der Heimatzeitung: „Sein Vorgänger Oberst Werner Johannes trat aus Gesundheitsgründen vorzeitig in den Ruhestand, er war durch seine Einführung 'Beste Küche des Monats'-Wahl bei den Soldaten sehr beliebt. (DEINE BRÜCKE berichtete darüber.)"

Die „Wahl der besten Küche des Monats" unter den verschiedenen Truppenküchen der Panzergrenadierbrigade 17 blieb natürlich auch unter dem neuen Kommandeur bestehen, aber viel wichtiger war es für Oberst Schröder, sich zunächst mit den Menschen seiner Brigade vertraut zu machen.

„Ich möchte die Stimmung der Soldaten kennenlernen, um dort Ansatzpunkte für das Tätigwerden zu finden", sagte er dem Redakteur der Heimatzeitung, der den neuen Kommandeur um einen Gesprächstermin gebeten hatte. Und er fügte hinzu: „Meine besondere Aufmerksamkeit ist auf die Unteroffiziere gerichtet, ihre Stellung und ihr Ansehen, um die Weiterentwicklung der Verhältnisse für die Unteroffiziere durch eigene Vorstellungen zu beeinflussen."[73]

Schon im ersten Halbjahr seiner Dienstzeit durfte der neue Kommandeur für die Panzergrenadierbrigade 17 eine militärische Veranstaltung anordnen, die im „nicht militärfrommen Hamburg" als sehr ungewöhnlich betrachtet werden darf und die im Laufe der Brigadegeschichte auch nur zweimal stattgefunden hat (beide Male unter einem Kommandeur mit Namen Schröder): Eine öffentliche Vereidigung mit anschließendem Großen Zapfenstreich auf dem Hamburger Rathausmarkt!

Brigadegeneral a.D. Jürgen Schröder erinnert sich: „Die Vereidigung auf dem Rathausmarkt sehe ich auch heute noch als herausragendes Ereignis meiner Kommandeurzeit bei der Brigade. ... Mein S1 (Stabsoffizier – Anm. d. Verf.) war damals Hauptmann Pawelczyk, der spätere Hamburger Innensenator.

Es ist ganz wesentlich sein Verdienst, die politischen Voraussetzungen für die Veranstaltung geschaffen zu haben. Entscheidend war natürlich die Zustimmung und Mitwirkung des Bürgermeisters Herbert Weichmann, dem auch heute noch nach seinem Tode meine ganze Verehrung gilt."[74]

„Ein sichtbares Zeichen"

Der spätere Innensenator und langjährige Zweite Bürgermeister der Freien und Hansestadt Alfons Pawelczyk bestätigt im Gespräch seine Vermittlerrolle beim Zustan-

Hptm Pawelczyk als Chef 5./173 (L) in Putlos, Sep. 1964 (Photo Pawelczyk)

dekommen dieser für alle Teilnehmer unvergeßlichen Veranstaltung:

„Schon während meiner Zeit als Kompaniechef im Panzergrenadierbataillon 173 (KpChef 5./173 (L) 1960 bis 1964 – Anm. d. Verf.) hatte ich das Gespräch zwischen der Bundeswehr und den politischen Parteien in Hamburg in Gang gebracht. Für die politische Bildung der Soldaten meiner Kompanie aber auch der Offiziere des ganzen Bataillons vermittelte ich Gesprächspartner aus Senat und Bürgerschaft. (Am 18. April 1962 lud beispielsweise der damalige Innensenator Helmut Schmidt das Offizierkorps des Panzergrenadierbataillons 173 (L) zu einem Vortrag mit anschließender Diskussion ein. – Anm. d. Verf.) Professor Weichmann kannte ich persönlich. So kam es schließlich zu jenem Gespräch, in dem ich dem Bürgermeister vorschlug, ein sichtbares Zeichen der Stadt für die Bundeswehr in Hamburg zu setzen. Die jungen Soldaten der Panzergrenadierbrigade 17, die ja eine Schutzfunktion für diese Stadt innehatte – bei der Flutkatastrophe, die gerade vier Jahre zurück lag, war das nur zu deutlich geworden – sollten ihre Vereidigung, heute sagt man 'Gelöbnis', mitten in der Stadt erleben. Dem Bürgermeister gefiel diese Idee außerordentlich gut, und so folgten dann die offiziellen Gespräche mit dem Brigadekommandeur."[75]

„Im Herzen Hamburgs"

„Heute abend sind Sie hier auf dem Rathausmarkt Teilnehmer und Zeugen eines bedeutungsvollen und in der Geschichte Hamburgs ungewöhnlichen Ereignisses. Wir wollen, zum erstenmal auf diesem bedeutsamsten Platze der Stadt, die feierliche Vereidigung junger Soldaten der Panzergrenadierbrigade 17 vollziehen und ihr durch einen Großen Zapfenstreich einen feierlichen Rahmen geben."[76]

Ansprache von Bürgermeister Weichmann auf dem Rathausmarkt am 21.6.1966 (Photo Brigadearchiv)

Hamburgs Bürgermeister Professor Herbert Weichmann hatte die ersten beiden Sätze seiner Ansprache sowohl an die zivilen als auch an die militärischen Zuhörer gerichtet.

Jetzt aber wandte er sich an die 1.100 Rekruten, die an diesem Juniabend auf dem Hamburger Rathausmarkt im Fackelschein ihr Treuegelöbnis oder ihren Diensteid ablegen sollten: „Daß Eid und Zapfenstreich nicht draußen in der Abgeschlossenheit Ihrer Kaserne stattfinden, sondern im Herzen Hamburgs, auf dem Rathausmarkt, das hat seine wohlerwogene Bedeutung. Zehn Jahre nach Aufstellung der ersten Verbände der Bundeswehr soll heute besonders sichtbar und besonders hörbar unterstrichen werden: Sie sind Bürger, auch in Uniform, Sie sind unsere Mitbürger, und die Bundeswehr ist Teil unserer städtischen Gesellschaft."[77]

Die Truppe fährt U-Bahn

Dieser Teil der „städtischen Gesellschaft" war nun, am Dienstag Abend, den 21. Juni 1966 auf dem Rathausmarkt aufmarschiert, insgesamt 2.700 Soldaten der Panzergrenadierbataillone 171, 172, 173 (L) und 162, des Panzerbataillons 174, des Feldartilleriebataillons 177, des Versorgungsbataillons 176 und des Instandssetzungsbataillons 460. Bei Einbruch der Dämmerung waren sie der U-Bahnstation „Rathaus" entströmt, oder aus oliven Bussen geklettert. Drei Sonderzüge der U-Bahn hatten die Rahlstedter Bataillone von Farmsen aus in die Innenstadt gebracht. Die Soldaten aus Wentorf (PzGrenBtl 162) und Itzehoe (PzGrenBtl 171) waren mit den Bundeswehr Bussen gebracht worden.

Um 20.45 Uhr war dann der Rathausmarkt für den Durchgangsverkehr gesperrt, Busse und Straßenbahn umgeleitet worden.

Pünktlich um 21.30 Uhr marschierten das Heeresmusikkorps 6 und die Fahnenkom-

21. Juni 1966 gegen 20.30 Uhr: Der Aufmarsch auf dem Rathausmarkt beginnt. (Photo PzArtBtl 177)

panie ein. Dann hallten Kommandos über den Rathausmarkt: Generalmajor Gerd Niepold, der Kommandeur der 6. Panzergrenadierdivision, meldete Bürgermeister Herbert Weichmann die Paradeaufstellung am Rathausportal. Anschließend schritten Divisionskommandeur und Bürgermeister die Front ab.

Manchem Hamburger war das militärische Zeremoniell auf dem Rathausmarkt offensichtlich suspekt, erinnerte vielleicht an die Übergabe der Stadt durch Generalmajor Wolz an die Briten am 3. Mai 1945, denn

Die Abnehmenden des Großen Zapfenstreiches: v.l. BrigKdr PzGrenBrig 17 Oberst Schröder, Hamburgs Bürgermeister Prof. Weichmann, DivKdr 6. PzGrenDiv Generalmajor Niepold (Photo PzArtBtl 177)

Die Panzergrenadierbrigade 17 auf dem Rathausmarkt *(Photo „Hamburger Abendblatt")*

es gab sehr kritische Leserbriefe im „Hamburger Abendblatt": „Niemals hat Hamburg in seiner Geschichte freiwillig solch eine öffentliche Schau vor seinem Parlament geduldet ..." Und an anderer Stelle hieß es: „Zusammen mit einigen Persönlichkeiten protestiere ich gegen diese militärische Demonstration auf dem Forum der Hamburger Bürger."[78] Abgesehen von einigen „schüchternen Störversuchen" verlief die Veranstaltung aber reibungslos. Oberst Schröder dankte den Hamburgern für ihre Anteilnahme und ihr Interesse mit den Worten: „Wir wollen nicht mehr, als gelegentlich von Persönlichkeiten, die im öffentlichen Leben stehen, bestätigt zu hören, daß unser Dienst Verständnis findet. Wir brauchen das Bewußtsein, vom Vertrauen des Volkes getragen zu werden."[79]

Nach zehn Jahren den Platz im Volk gefunden

Die Nationalhymne beendete gegen 23.00 Uhr den Großen Zapfenstreich und die ungewöhnliche Feier auf dem Rathausmarkt. Bürgermeister Weichmann, der auch den inoffiziellen Ehrentitel „Hamburger Hausbrigade" für die Panzergrenadierbrigade 17 geprägt haben soll, hatte zu Beginn seiner Ansprache auf das zehnjährige Bestehen der ersten Bundeswehrverbände hingewiesen. Zu diesen ersten Verbänden gehörten auch die Panzergrenadierbataillone 171 (ehem. GrenBtl 31), 172 (ehem. PzGrenBtl 3) und 173 (LehrBtl HOS II), sowie das Panzerbataillon 174 (ehem. PzBtl 3). „Diese zehn Jahre ... sind sowohl im historischen Sinne wie auch in der Geschichte einer Armee eine wahrlich nicht lange Zeitspanne", sagte Oberstleutnant Paul Güntner, der Kommandeur des Panzerbataillons 174, anläßlich des Bataillonsappells, der am 3. September 1966 an das zehnjährige Bestehen des Bataillons erinnern sollte.[80] Und er fuhr fort: „Es ist aber die entscheidende Periode für die Zukunft unserer jungen Streitkräfte. ... Die Bundeswehr hat allen Anfangsschwierigkeiten zum Trotz in mühsamer Arbeit ihren Platz im Volke gefunden."

Feldparade des PzBtl 174 auf dem StOUbPlatz Höltigbaum am 3.9.1966 (Photo Dr. Greiner)

Und dem Volke sollte auch etwas geboten werden: Der gepanzerte „Teenager" präsentierte sich in einem „Festprogramm" mit einer Feldparade auf dem Standortübungsplatz Höltigbaum (10.00 Uhr), einer Waffen- und Geräteschau in der Graf-Goltz-Kaserne (bis 11.30 Uhr) und einem Ball des Offizierkorps im Mannschaftsspeisesaal (20.00 Uhr).

Feldparade des PzGrenBtl 173 (L) auf der Rodigallee am 22.10.1966 (Photo PzGrenBtl 163)

Wer allerdings unter wehrkundigen und interessierten Hamburgern „etwas auf sich hielt", der ging am Sonnabend, dem 22. Oktober, zum Lehrbataillon der Heeresoffizierschule in Jenfeld. Die 173er wußten, was sie sich und der Schule zum „Zehnjährigen" schuldig waren, und das hieß: Feldparade auf der Rodigallee! Die Rodigallee wurde abgesperrt, und dann „donnerten" die rund 80 Kettenfahrzeuge des Bataillons, darunter zum erstenmal auch die im September eingeführten Kanonenjagdpanzer (90 mm) des Panzerjägerzuges, „mit bis zu 40 km/h" am Schulkommandeur, Brigadegeneral „Mook wi" Dr. Wulf, „vorbei", wie es in der Chronik des Bataillons etwas martialisch heißt.[81] Aber solche Demonstrationen militärischer Stärke waren im Hamburg des Jahres 1966 offensichtlich noch völlig unproblematisch.

Am Nachmittag trafen sich die Aktiven und Ehemaligen in der Litzmann-Kaserne, die seit dem 12. Mai 1966 allerdings Hanseaten-Kaserne hieß (Der preußische General Karl Litzmann war als „NS-belastet" aus dem Kreis der Namensgeber für Bundeswehr-Kasernen ausgeschieden.), und am Abend fand im Jenfelder „Petershof" der Bataillonsball statt. Es wurde spät, ehe der Ball richtig beginnen konnte, denn vorher mußten noch die „Paradepanzer" verladen werden. Am Montag begann nämlich der „Frankreichfeldzug", wie man im Bataillon sagte, der erste Truppenübungsplatzaufenthalt im Ausland, im südfranzösischen La Courtine.

3.3. Hamburger Soldaten im Ausland

La Courtine 1966: Filzläuse, Ratten, Sandvipern

„Oh, bitte erinnern Sie mich nicht an La Courtine!" Hauptmann Jürgen Gottschlich, zur Zeit des Gesprächs Instandsetzungsoffizier Munition („Feuerwerker") der Panzergrenadierbrigade 17, macht eine abwehrende Handbewegung und ein ziemlich entsetztes Gesicht.

Aber dann erzählt er doch von diesem ersten Truppenübungsplatzaufenthalt seines Bataillons, des Panzergrenadierbataillons 173 (L), im Ausland – vom berüchtigten La Courtine:

„Wir waren nicht die ersten Soldaten der Brigade im Ausland, das waren vielmehr die Kameraden vom Panzerbataillon 174, die bereits im Juli nach England geflogen waren (zum Schießplatz Castlemartin – Anm. d. Verf.). Wir fuhren mit der Eisenbahn nach Frankreich."[82] Mit fünf Transportzügen verlegte das Bataillon am 24. Oktober 1966 für zwei Wochen auf den französischen Grenadierübungsplatz. Frankreich hatte zwar am 11. März des Jahres seine Truppen aus der NATO-Bindung gelöst und auch auf einer Räumung der neun US-Basen im Land bestanden, aber an deutschen Übungstruppen in Frankreich war man dennoch interessiert, vermutlich im Rahmen des Ausgleichs für die französischen Stationierungskosten in Deutschland.

„Das war aber auch 'ne ärmliche Gegend da südlich vom Zentralmassiv," erinnert sich Hauptmann Gottschlich, damals Versorgungsunteroffizier in der 3. Kompanie. „Wir hatten Spielfilme im Super-8 Format von der Ton- und Bildstelle der Bundes-

Mit der Dampflok zum Übungsplatz (Photo Otto)

wehr und einen Projektor aus dem Bataillon mitgenommen, so konnten wir wenigstens Kinoabende im Tanzsaal des Dorfgasthauses veranstalten. Das Lager selbst war in einem schlimmen Zustand, vor uns waren marokkanische Einheiten drin gewesen. Beinahe das halbe Bataillon hat sich damals Filzläuse da unten geholt. In den Matratzen fanden wir später ganze Nester. Da war guter Rat teuer. Die infizierten Kameraden wurden ratzekahl rasiert und mit speziellen Desinfektionsmitteln behandelt. Um den Männern hochnotpeinliche Befragungen durch die Frauen und Freundinnen daheim zu ersparen, ließ unser Chef, Hauptmann Hansen, dienstliche Erklärungen ausstellen, die er auch unterschrieb, und in denen die näheren Umstände der Filzlausinfektion genau erklärt wurden. Ob das alle Frauen in der Heimat von der Treue ihrer Männer überzeugt hat, weiß ich natürlich nicht."

Hptm Hansen, der KpChef der 3. Kompanie im PzGrenBtl 173 (L), mit seinem „Spieß", OFw Deierling, 1966 (Photo Hansen)

Aber nicht nur Filzläuse, Ratten und hochgiftige Sandvipern, auch die französischen Verpflegungseinkäufe und das schlechte Herbstwetter machten den Teilnehmern des „Frankreichfeldzuges" schwer zu schaffen. So hatte man sich Frankreich nicht vorgestellt. Noch einmal Hauptmann Gottschlich: „Mal ganz abgesehen davon, daß die Küche direkt neben einer Abwassersickergrube lag, war das französische Essen einfach nicht unsere Sache.

Es gab nur Weißbrot, Tomaten und Salami, aber zum Glück hatte Oberfeldwebel Deierling ausreichend Marketenderwaren mit. Wir hatten schließlich eine solche Wut auf diese Zustände in La Courtine, daß uns bei Übungen verboten wurde, 'französische Gefangene' zu machen."

Nach einem Fußballspiel gegen die Mannschaft des 126. französischen Infanterieregiments, das die Auswahl der 173er gewann, saß man dann aber doch noch freundschaftlich zusammen und „feierte Sieg und Begegnung", weiß die Bataillonschronik zu berichten. Und dann heißt es weiter: „Als das Bataillon mit letzten Teilen am 15. November wieder in Hamburg eintraf, waren alle Beteiligten dieses 'Good Will – Feldzuges' froh, daß alles vorbei war."[83] Die Nutzungsmöglichkeiten des Übungsplatzes für Schießvorhaben waren wohl nur sehr begrenzt, jedenfalls blieb dieser Aufenthalt in La Courtine der einzige in der Geschichte des Panzergrenadierbataillons 173 (L).

Castlemartin 1966: „Sommerfrische" mit scharfem Schuß

Mit ganz anderen Eindrücken waren dagegen die Teilnehmer des Panzerbataillons 174 und der (ersten) Panzerjägerkompanie 170 vom Truppenübungsplatz Castlemartin in der walisischen Grafschaft Pembrokeshire zurückgekehrt. Am 26. Juli 1966 waren die Soldaten von Celle aus mit Transportflugzeugen vom Typ NORATLAS abgeflogen.

Runde zwei Stunden dauerte der Flug mit der zweimotorigen Propellermaschine nach Brawdy, einem kleinen Militärflugplatz 25 km nördlich des Übungsplatzes.

Transportflugzeuge vom Typ NORATLAS auf dem Militärflugplatz bei Celle am 26.7.1966 (Photo Otto)

Chef der 2. Kompanie im Panzerbataillon 174 war damals Hauptmann Christian Greiner. Oberstleutnant Dr. Greiner, heute Mitarbeiter des Militärgeschichtlichen Forschungsamtes, bezweifelt zwar immer noch, daß die Möglichkeiten des britischen

Übungsplatzes über denen der deutschen Plätze lagen („War doch nur Schulschießen von der Platte aus möglich."), ist aber von der Wichtigkeit des Truppenübungsplatzaufenthaltes im Ausland dennoch überzeugt: „Bereits im November 1960 hatten erste deutsche Verbände auf dem französischen Übungsplatz Mourmelon geübt, und seit Mai 1961 regelte ein deutsch-britisches Abkommen die Nutzung des Truppenübungsplatzes Castlemartin. Diese ersten Möglichkeiten der Bundeswehr, im Ausland zu üben, dienten sicherlich zu einem ganz wesentlichen Teil auch einer Verbesserung der internationalen Reputation der neuen deutschen Streitkräfte."[84]

„The Crazy Tankmen"

Betreuungsfahrten, Tanzabende und gesellige Veranstaltungen aller Art prägten dann auch ganz nachhaltig diesen ersten Übungsplatzaufenthalt von Soldaten der Brigade im Ausland. Die besondere Attraktion waren die Soldaten der bataillonseigenen Beat Band „The Crazy Tankmen", die nahezu jeden Tag in den Tanzlokalen und Jugendclubs der umliegenden Ortschaften Pembroke und Tenby auftraten, selbstverständlich in Uniform.

Anzeige aus dem „West Wales Weekly Observer"

„The Crazy Tankmen" im „De Valence Pavilion" in Tenby am 5.8.1966 mit ihrem Manager, Hptm Wolfgang Gehrke (zivil): v.l. Ortwin Korell, Klaus Giebler, Rolf Rodhorst und Fritz Stommel (Photo PzBtl 174)

In der Lokalzeitung „West Wales Weekly Observer" hieß es am 8. August unter der Schlagzeile „PANZERS' BEAT GROUP": „Visitors to a dance at the Drill Hall, Pembroke, on Wednesday, will have the unusual pleasure of having the dance music supplied by a group of German soldiers. The Beat Group at the function, which will be in aid of the Pembroke Youth Club's Building Fund, will be from the 174 Panzer Battalion from the Castlemartin Camp."[85]

Sogar der Bürgermeister von Pembroke besuchte diesen Tanzabend, läßt sich der Bataillonschronik entnehmen. Abgesehen von der Tatsache, daß der Erlös des Abends einem gemeinnützigen Zweck dienen sollte, nämlich dem örtlichen Jugendverein, wollte der Bürgermeister ganz sicherlich auch einmal eine Beat Formation in deutschen Heeresuniformen sehen, ein für britische Augen wohl nicht ganz alltäglicher Anblick.

Auch britisches Casinoleben: Das Dinner endet in wüsten Spielen! (Photo Dr. Greiner)

„Offiziere vom Teedienst"

Aber auch für deutsche Augen und Ohren gab es da so einige nicht ganz alltägliche Dinge. Dr. Greiner berichtet: „Was mich besonders stark beeindruckte, war das britische Casinoleben, das die fünf oder sechs britischen Übungsplatzoffiziere ganz offensichtlich nur für die deutschen Gäste zelebrierten. Da gab es schweres Silberbesteck und endlose Tafeltische, alles Dinge, die wir aus unserer schlichten Graf-Goltz-Kaserne nicht kannten, und ich weiß noch, wie beleidigt unsere Gastgeber waren, weil wir anfänglich die Teezeiten am Vormittag um 10.00 Uhr und am Nachmittag um 17.00 Uhr nicht einhielten.

Aber wir waren ja auf dem Platz, leiteten die Schießen oder beaufsichtigen die Ausbildung. Das kannten die britischen Offiziere nun wieder nicht. Also teilte unser Kommandeur für jeden Tag einige Offiziere ein, die nichts anderes zu tun hatten, als an der 'Teatime' teilzunehmen, sozusagen 'Offiziere vom Teedienst' ".

Auch bei der Unterbringung kamen Hauptmann Greiner und seine Kameraden in den

Britisches Casinoleben im Merrion Camp, Castlemartin: Fünfter von rechts, Hauptmann Greiner (Photo Dr. Greiner)

„Urlaubsgefühle": Soldaten des PzBtl 174 vor ihren Unterkünften in Castlemartin (Photo Otto)

Genuß britischer Offizierprivilegien. Jedem Quartier war ein „Bursche", ein sogenannter „Waiter" zugeteilt. Noch einmal Dr. Greiner: „Also, das war uns fast ein wenig peinlich. Diese 'Waiters', in der Regel wohl ehemalige Unteroffiziere, wollten unsere Stiefel polieren und die Hemden waschen. Bei den Stiefeln ging das noch ohne Probleme, aber die Hemden wurden nach ersten Erfahrungen nur noch zögernd hergegeben, denn die 'Waiters' kannten offenbar unsere Nylonstoffe nicht, waren nur die englischen Woll- oder Leinenstoffe gewohnt. Jedenfalls ruinierten sie mit ihren Wurzelbürsten nahezu alle Kragen unserer Diensthemden. Unsere Einwände wurden nicht zur Kenntnis genommen, sie hatten eben ihre festen Gewohnheiten. Dazu gehörte auch, jeden Morgen zackig 'Fine weather today, Sir!' zu melden, ganz unabhängig davon, ob es regnete oder stürmte."

Aber das Wetter war für britische Verhältnisse tatsächlich überwiegend „fine" und ließ Urlaubsgefühle aufkommen, wenn man der Bataillonschronik glauben darf. Als das Bataillon am 16. August nach Hamburg zurückkehrte, konnte wahrscheinlich jeder Teilnehmer von drei abwechslungsreichen und interessanten Wochen in Großbritannien berichten. Da auch anderen Panzerbataillonen diese Erlebnisse und Erfahrungen nicht vorenthalten werden sollten, dauerte es sechs Jahre, ehe der Brigade wieder ein Schießplatzaufenthalt in Castlemartin für das Panzerbataillon zugewiesen wurde. Weitere „Englandfahrten" folgten 1977, 1978 und zum letztenmal 1984.

3.4. Frühe Patenschaften und öffentliches Engagement

„Patenkinder stets willkommen"

Aber nicht nur im walisischen Pembroke oder Tenby waren die „Panzermänner" der Panzergrenadierbrigade 17 stets willkommen, auch im schleswig-holstein'schen Bad Oldesloe waren sie gern gesehene Gäste, insbesondere seitdem das Bataillon „Patenkind" der Stadt geworden war:

URKUNDE

DIE STADT BAD OLDESLOE

ÜBERNIMMT MIT DEM HEUTIGEN TAGE

DIE PATENSCHAFT

FÜR DAS

PANZER-BATAILLON 174

SIE HOFFT AUF EINE ENGE VERBINDUNG UND EIN GUTES KAMERADSCHAFTLICHES VERHÄLTNIS ZWISCHEN DEN SOLDATEN DIESES BATAILLONS UND IHREN BÜRGERN

BAD OLDESLOE, DEN 2. DEZEMBER 1967

BÜRGERWORTHALTER

BÜRGERMEISTER

STADTRAT

Patenschaftsurkunde der Stadt Bad Oldesloe (Chronik PzBtl 174)

„Heute ist der Tag der Soldaten in Bad Oldesloe," hieß es im „STORMANER TAGEBLATT" am Sonnabend, dem 2. Dezember 1967. „Die Kreisstadt empfängt ihre Patenkinder vom Panzerbataillon 174 in Rahlstedt. Mit einem Schlag werden die Straßen von Uniformen überschwemmt sein, ein Anblick, wie er sich seit vielen Jahren nicht mehr bot. Denn die Uniform hat sich rar gemacht. ... Heutzutage fällt ja allerdings die Uniform auch nicht mehr so auf wie die bunte Montur vor dem Ersten Weltkrieg, als es noch die Garde und vor allem die Kavallerie ... gab und überhaupt 'der Soldate, der Soldate der schönste Mann im ganzen Staate' war. ... Ob in Uniform oder in Zivil – unsere Patenkinder sollen uns stets in der Kreisstadt willkommen sein."[86]

Der Beschluß des Stadtparlamentes, eine Patenschaft für das Rahlstedter Bataillon zu übernehmen, war bereits am 12. Dezember 1966 gefaßt worden.

Die Idee eines solchen Patenschaftsverhältnisses zwischen einer Gemeinde und einem Truppenteil der Bundeswehr war zu dieser Zeit noch relativ neu. Vorbilder gab es kaum. In der Brigade hatte bisher nur das Panzergrenadierbataillon 171 in Itzehoe Patenschaften für seine Kompanien angestrebt. Die ersten Verbindungen dieser Art waren zwischen Krempe (nördlich Glückstadt) und der 4. Kompanie im März sowie Hohenaspe und der 3. Kompanie im Mai 1967 zustandegekommen. 1968 folgten die Patenschaftsübernahmen Breitenburgs für die 1. Kompanie, Kremperheides für die 2. Kompanie und Heiligenstedtens für die 5. Kompanie.[87]

„Zarte Bande"

Offizielles Ziel dieser Kontakte war es, „das Verständnis zwischen den Bürgern in Uniform und den Staatsbürgern außerhalb der Kaserne zu fördern", wie es im Aufruf von Oldesloes Bürgermeister Barth zum Festakt der Patenschaftsübernahme für die 174er hieß. Über die Art und Weise einer solchen Förderung gab es freilich recht unterschiedliche Auffassungen. Der stellvertretende Kommandeur im Panzerbataillon 174, Oberstleutnant Lueder, der die Patenschaft angeregt hatte, wollte mit seinen Soldaten „an Vergleichsschießen und Schützenfesten teilnehmen ... und unter den jungen Männern Oldesloes für seinen Truppenteil werben",[88] Ältermann Rosch von der Bürgerschützengilde hoffte auch weiterhin auf die tatkräftige Unterstützung von „Pionieren und Panzergrenadieren der befreundeten Bundeswehreinheit", die bereits bei den Erdarbeiten für die neue Halle mit den zwölf Luftgewehrständen mitgebaut hatten[89], Bürgerworthalter Koch freute sich auf „Erbsensuppenessen aus der Feldküche unter dem Dach der neuen Sporthalle"[90], und das „STORMARNER TAGEBLATT" schließlich hoffte auf Manöverbälle, bei denen „vielleicht auch zarte Bande zwischen den Rahlstedter Panzersoldaten und der (vermutlich weiblichen – Anm. d. Verf.) Oldesloer Einwohnerschaft" geknüpft werden könnten.[91]

„Aktion Altenhilfe": Weihnachtsfeier für alte Menschen in der Graf-Goltz Kaserne am 17.12.1965 (Photo PzBtl 174)

„Aktion Altenhilfe"

So unterschiedlich die Motive beim Abschluß dieser ersten Patenschaften auch sein mochten, so ernsthaft waren die Bestrebungen der Soldaten, sich für das Gemeinwohl zu engagieren, um auch in Friedenszeiten öffentliche Anerkennung zu finden. Hier tat sich das Panzerbataillon 174 mit seinen Einsätzen der „Aktion Altenhilfe" hervor.

Durch das Ortsamt Rahlstedt waren dem Bataillon Anschriften alleinstehender älterer Menschen in Rahlstedt vermittelt worden, die zu Weihnachtsfeiern in die Graf-Goltz-Kaserne eingeladen wurden oder auch ganz persönliche Hilfeleistung erfuhren. Einkäufe wurden getätigt, Wohnungen renoviert oder Ausflüge organisiert. Das „Hamburger Abendblatt" berichtete in seiner Ausgabe vom 15. Oktober 1965: „Mit besonderem Vergnügen erzählt ein junger Rheinländer, daß er die Aufgabe hatte, einen Hundertjährigen zu besuchen. Der Kontakt war schnell hergestellt, und der größte Wunsch des alten Herrn und seines

86jährigen Freundes konnte schnell erfüllt werden: Sie suchten einen dritten Mann zum Skat. Diese ungleichen Skatbrüder treffen sich jetzt regelmäßig."[92]

Auch Klaus Giebler, Schlagzeuger und Bandleader der „Crazy Tankmen", stellte den „Shimmy" und den „Shake" und die anderen heißen Rhythmen der Rahlstedter Beat Combo in den Dienst der „Aktion Altenhilfe". In den „mitteilungen für soldaten" vom 10. März 1966 hieß es unter der

„Teen Beat" für „Aktion Altenhilfe": Klaus Giebler am Schlagzeug (Photo Otto)

Schlagzeile „Beat für Altershilfe": „Ihre Musik ist inzwischen so beliebt, daß sie 0,50 DM Eintritt kassieren können. Der Erlös der Abendkasse wird der 'Aktion Altenhilfe' zur Verfügung gestellt."[93]

„Arbeitseinsätze zum 17. Juni"

Beträchtliche Gelder für gemeinnützige Zwecke gab es seit 1965 auch jedes Jahr vom Panzergrenadierbataillon 173 (L).

Lehrbataillon und Schule stellten seither zum 17. Juni einen „Tag des freiwilligen Arbeitseinsatzes" in den Dienst der guten Sache. So hatte das Bataillon bei Deichbauten im Hafen 1965 rund 19.000 DM erarbeitet, die der „Friedlandhilfe" zur Verfügung gestellt werden konnten. 1966 wurde im Elbegebiet Finkenwerder ein „dichter, verfilzter und in Blüte stehender Jungweiden-Wald zur weiteren Verwendung als Faschinen abgeholzt", Erlös rund 10.000 DM für das „Soldatenhilfswerk e.V.", das Hilfswerk „Helfende Hände" und die „Deutsche Gemeinschaft – Liebesgabendienst".

1967 rückte das Bataillon zu Rodungsarbeiten auf der Elbinsel Nessand aus, Erlös auch diesmal rund 10.000 DM für das „Soldatenhilfswerk e.V.".

Bundeswehr hilft beim Kirchenbau in Rahlstedt

Besonders nachhaltig aber hatte sich das Engagement der Rahlstedter Soldaten schon einige Jahre zuvor in der Militärseelsorge ausgewirkt. Da sowohl die nach dem Krieg schnell gewachsene katholische Gemeinde Rahlstedts als auch der evangelische Gemeindebezirk Neurahlstedt bei Aufstellungsbeginn der Bundeswehr noch ohne eigene Gotteshäuser gewesen waren und auch für die Soldaten in der Boehn- und in der Graf-Goltz-Kaserne keine Garnisonskirchen existiert hatten, war der Bau der evangelischen Martinskirche an der Sieker Landstraße im Jahr 1961 und der katholischen Maria-Himmelfahrt-Kirche an der Oldenfelder Straße 1958 bis 1960 ganz maßgeblich von der Bundeswehr unterstützt worden. Pastor i.R. Gustav Preuss, der erste Gemeindepastor der Martinskirche, erinnert sich: „Als ich im Juli 1952 den Gemeindebezirk Neurahlstedt übernahm, wurde mir sozusagen nebenamtlich auch die Betreuung der neuen Grenzschutztruppe in der Graf-Goltz-Kaserne (GSA Nord IV s – Anm. d. Verf.) übertragen. Ich habe dann auch gleich im Juli einen Gottesdienst gehalten, anläßlich der ersten Vereidigung in Hamburg nach dem Kriege. Ich kann mich übrigens noch gut erinnern, daß viele Besucher auch von außerhalb kamen, die wissen wollten, was ich als Pastor wohl zu diesen neuen deutschen Einheiten

Auch eine Form des öffentlichen Engagements: Belastungsprobe mit Kampfpanzer M 48 des PzBtl 174 im neuen Elbtunnel am 15.8.1972 – Die Straßendecke gab nur 0,0025 mm nach.
(Photo „Hamburger Abendblatt")

Pastor Gustav Preuss (Mitte) mit BGS Offizieren und Amtsbrüdern vor der Akademie Sankelmark 1955. Hinten: OTL Jessel, Kdr GSA Nord IVs aus der Graf-Goltz-Kaserne (Photo Preuss)

sagen würde. Nun, ich hatte für meine Predigt Kapitel 16, Vers 14 des 1. Korintherbriefes ausgewählt: 'All Eure Dinge lasset in Liebe geschehen.' Die Betreuung des Grenzschutzes und später auch der Bundeswehr noch im ersten Jahr (1956 – Anm. d. Verf.) verlief dann sehr harmonisch, allerdings war unsere Altrahlstedter Kirche von Anfang an zu klein, um alle Rekruten auf einmal aufnehmen zu können."[95] Als man sich dann entschloß, die Martinskirche zu bauen, ermunterten der erste offizielle evangelische Militärpfarrer in der Boehn-Kaserne, Richard Blonski, und der evangelische Militärdekan Clasen in Kiel Pfarrer Preuss, die Bundeswehr um Mithilfe beim Kirchenbau zu bitten. Noch einmal Pastor i.R. Preuss: „Die Wehrbereichsverwaltung in Kiel übernahm bereitwillig ein Drittel der Baukosten, und im Februar 1961 rückten Pioniere an, um die Ausschachtungsarbeiten vorzunehmen. Ja, und bei der Grundsteinlegung spielte dann das Heeresmusikkorps 6."

Ganz ähnlich verlief auch der Bau der katholischen Maria-Himmelfahrt-Kirche, die ebenfalls als Garnisonskirche genutzt werden sollte. Eine der drei Kirchenglocken wurde sogar der Schutzpatronin der Artilleristen, der Heiligen Barbara, geweiht. Der erste katholische Militärseelsorger für die Soldaten der Panzergrenadierbrigade 17 war seit 1956 Militäroberpfarrer Franz Steverding. Er bestätigt, daß beim Bau der katholischen Kirche sogar die Hälfte der Kosten vom Militärbischofsamt übernommen wurde: „Bedenken Sie, daß bis zu 65% der Wehrpflichtigen Rheinländer und somit katholisch waren. Die kamen dann auch an den Wochenenden, an denen sie nicht heimfahren konnten, oft zur Heiligen Messe. Wir brauchten einfach eine Garnisonskirche."[96]

Und so blieben die Martinskirche und die Maria-Himmelfahrt-Kirche im Vokabular vieler damaliger Soldaten bis auf den heutigen Tag die „Garnisonskirchen" in Rahlstedt.

3.5. „WESER 68": Brigade auf dem Marsch

„17.000 Räder in Richtung Weser"

Bei allem öffentlichen Engagement der Soldaten, ihren gemeinnützigen oder wohltätigen Einsätzen, blieb doch die Einsatzbereitschaft der Einheiten und Verbände oberstes Gebot. Es ist geradezu erstaunlich, daß trotz der hohen Frequenz an Nachtausbildungen, Gefechtsübungen und Truppenübungsplatzaufenthalten in diesen Jahren überhaupt noch Zeit für öffentliches Engagement blieb. Höhepunkte des militärischen Lebens aber waren die „freilaufenden" Großübungen. Das Manöver „HOLD FAST" lag mittlerweile fast acht Jahre zurück, als sich die Panzergrenadierbrigade 17 im Frühjahr 1968 wieder auf ein solches Unternehmen vorzubereiten begann. In der ersten Divisionschronik, „10 Jahre 6. Panzergrenadierdivision", aus dem Jahr 1968, heißt es unter der Überschrift „17.000 Räder Richtung Weser": „Die wichtigste Aufgabe des Jahres, die 'WESER-Übung 68', ist das größte Vorhaben seit dem legendären 'HOLD FAST' vor acht Jahren. Da die hauptsächlichen Übungszwecke – das Überwinden von Gewässern und die bewegliche Kampfführung der Verbände – nördlich der Elbe, im 'Stammrevier' der Division, nicht ausreichend geübt werden können, marschieren die Verbände nach Niedersachsen. 13.000 Soldaten und 4.200 Fahrzeuge aller Art setzen sich nach Süden in Bewegung, um an Weser und Aller geeignetes Gelände und großzügigere räumliche Möglichkeiten zu finden. ... Sieben Tage und sechs Nächte geht es ohne Pause durch. Höhepunkte sind das Übersetzen über die Weser und Aller mit Brückenschlag sowie der Lufttransport eines Panzergrenadierbataillons."[97]

„Ja, genauso war's", erinnert sich Stabsfeldwebel a.D. Wilfried Lohmeyer, als Kompaniefeldwebel der Stabskompanie Panzergrenadierbrigade 17 Teilnehmer an „WESER 68". „Wir waren seit Montag, den 13. Mai 1968, unterwegs, waren die Autobahn A1 bis Bremen marschiert, hatten nördlich Nienburg an der Weser einen Sammelraum bezogen und waren dort auch über die Weser gegangen. Am letzten Übungstag, einem Sonnabend (18. Mai 1968 – Anm. d. Verf.), war es dann soweit: Im Morgengrauen gingen wir bei Hodenhagen über die Aller. Die Straßenbrücke war gemäß Übungslage zerstört, es mußte also eine Pionierbrücke gebaut werden. Zur Sicherung dieses Brückenschlags wurde das Panzergrenadierbataillon 171 mit Hubschraubern, den 'alten Bananen' (Transporthubschrauber VERDOL – Anm. d. Verf.), am jenseitigen Ufer abgesetzt, ein beeindruckendes Bild. Das Vieh auf den Weiden war allerdings hinterher ziemlich verstört. Als erste fuhren die neuen Kanonenjagdpanzer der Panzerjägerkompanie 170 und die HOTSCHKISS des Brigadespähzuges über die Brücke."[98]

„Als der Oberst Regenwasser löffelte"

Die Brigade rollte über die Pionierbrücke bei Hodenhagen auf den Truppenübungsplatz Bergen, wo für den Großteil der Verbände noch ein vierzehntägiger Übungsplatzaufenthalt folgte und sich das militärische Leben wieder normalisierte, insbesondere die Versorgung. „WESER 68" war nämlich auch eine Versorgungsübung, zu der Bäckerei- und Schlachtereikompanien in die Graf-Goltz-Kaserne einberufen worden waren. Von hier aus führte das Versorgungsbataillon 176 die selbsthergestellte „Frischverpflegung" den Einheiten und Verbänden der Brigade zu.

Diese Art der Versorgung wurde sowohl für die Soldaten der Übungstruppe als auch für die Männer des Versorgungsbataillons in vielen Fällen zu einer echten Geduldsprobe. In der Chronik des aufgrund seiner Luftverlastungen besonders hart von den Versorgungsmängeln betroffenen Panzergrenadierbataillons 171 heißt es: „Die Versorgung sieht sich vor handfeste Probleme gestellt: Ein sich unerwartet und innerhalb von wenigen Stunden erneut im Angriff vorwärts bewegendes Bataillon, ständig größer werdende Entfernung zur Truppe und abgebrochene Funkverbindung. ... Als schließlich die Versorgungsstaffel an der Weser steht, wird die Übergangsstelle ... wegen 'Feindeinwirkung' für 24 Stunden gesperrt; guter Rat war teuer. Es wird berichtet, der Truppenverwaltungsbeamte sei mit getarnten Essenkübeln und gelber Kennzeichnung als Flurschadenoffizier über die gesprengten Brücken gefahren ..."[99]

Aber auch dort, wo die Verpflegung die Truppe erreichte, herrschten nicht immer Freude und Zufriedenheit. Stabsfeldwebel a.D. Lohmeyer weiß noch, daß die Wurst „aus der Pelle lief" und der Reis mit dem

Getarnter Feldküchenwagen des VersBtl 176 bei Soltau im Mai 1968 (Photo Janne)

Klappspaten aus den Thermobehältern „gehackt" werden mußte. Selbst mit der Konsistenz der „guten, alten Erbsensuppe" konnte es nicht so weit her sein, wenn man dem damaligen „Spieß" der Stabskompanie glauben darf: „An jener besagten Übergangsstelle über die Weser habe ich den Brigadegefechtsstand mit Erbsensuppe verpflegt. Es regnete in Strömen, und ich sehe noch wie heute unseren stellvertretenden Brigadekommandeur Oberst Relling da im Regen stehen mit dem Suppenteller und löffeln und löffeln. Die Erbsensuppe wurde immer mehr. Der Herr Oberst, der als Ablaufoffizier beim Weserübergang natürlich sehr beschäftigt war, hatte nicht bemerkt, daß er nur noch Regenwasser löffelte."

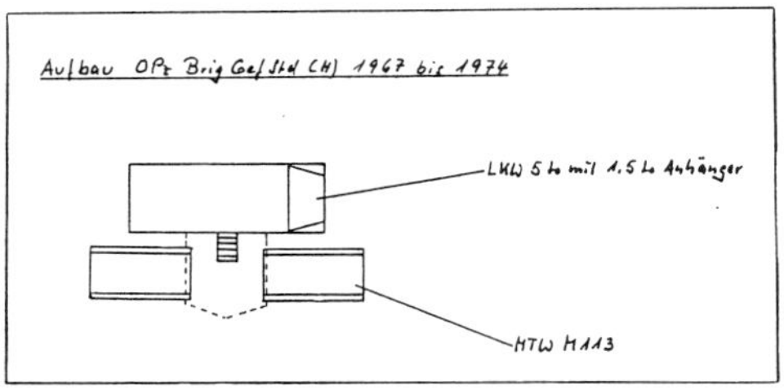

Skizze des Brigadegefechtsstandes in den Jahren 1967 bis 1974 (Chronik StKp PzGrenBtl 17)

Hauptfeldwebel Lohmeyer, der mit einem „SPz-Üb", also einer Schützenpanzerattrappe auf UNIMOG-Fahrgestell, „seine Truppe" versorgte, sah nur eine Lösung für die Probleme mit der Verpflegung: „Dezentrale Versorgung!" Das heißt, es wurde in der Kompanie zusammengelegt und privat eingekauft. Die Stimmung besserte sich zusehends, und beim Versorgungsbataillon wunderte man sich zweifellos über die plötzliche Bedürfnislosigkeit der Stabskompanie.

„Wo sind die Spitzen?"

Vielleicht hatte der Divisionskommandeur, Generalmajor Gerd Niepold, die gutgelaunten weil „dezentral versorgten" Soldaten der Stabskompanie Panzergrenadierbrigade 17 vor Augen, als er später feststellte, die Soldaten seien mit „Schwung und Passion" dabei gewesen. Mit Sicherheit aber meinte er die Panzergrenadierbrigade 17, als er fortfuhr: „Die Leistung der übenden Truppe wird am besten an der Leistung der Panzergrenadiere gemessen, die in dem schwierigen Gelände fast ausschließlich zu Fuß gekämpft haben."[100] General Niepold, der mit einem Hub-

„WESER 68": Ein erschöpfter Kompaniefeldwebel, HFw Lohmeyer von der StKp der PzGrenBrig 17, vor seiner SPZ Üb in Hodenhagen (Photo Lohmeyer)

schrauber über den Marschkolonnen auftauchte und mittels eines großen Lautsprechers übertragener Fragen wie „Zedlik (G3 der Panzergrenadierbrigade 17 – Anm. d. Verf.), wo sind die Spitzen?" das Führungspersonal in Atem hielt, forderte viel von der Truppe.

Für den damaligen Brigadekommandeur, Oberst Curt von Witzendorff, der die Brigade als ihr vierter Kommandeur seit dem 1. Oktober 1967 führte, war „WESER 68" das erste große Manöver mit der Panzergrenadierbrigade 17. Oberst von Witzendorff, Ritterkreuzträger und vor seiner Versetzung nach Hamburg stellvertretender Kommandeur der Panzerlehrbrigade 9 in Munster, ließ sich allerdings so leicht nicht aus der Ruhe bringen.

Der heutige Brigadegeneral a.D. zu „WESER 68": „Unser Divisionskommandeur hatte viele gute Ideen und brachte immer neue Einlagen. Am Ende der 'WESER-Übung' ließ er uns auf dem Truppenübungsplatz Bergen-Hohne in eine Falle marschieren, und als ich meine letzte Reserve, das uns unterstellte Flugabwehrbataillon 6, einsetzte, lachte er nur. Im Grunde genommen aber war das Manöver schon eine ganz gute Vorbereitung auf das, was uns im Herbst 1968 noch bevorstand."[101]

Tschechische Krise deckt Schwächen auf

Der General bezieht sich hier auf den Einmarsch von Truppen des Warschauer Paktes in die Tschechoslowakei am 20. August 1968 zur Niederschlagung des sogenannten „Prager Frühlings", der eine Alarmierung der Brigade zur Folge hatte.

Oberst Curt von Witzendorff, der vierte Kdr der PzGrenBrig 17 und einzige Ritterkreuzträger unter den Brigadekommandeuren der Hamburger Brigade (1.10.1967 – 31.3.1970) (Photo v. Witzendorff)

Noch einmal Brigadegeneral a.D. von Witzendorff: „Die Brigade wurde in erhöhte Alarmbereitschaft versetzt, und ich ließ die Kampfbeladung aufnehmen und in die Bereitstellungsräume ausrücken. Trotz unserer Erfahrungen aus der Übung 'WESER 68' mußte ich aber feststellen, daß wir nicht so schnell auf die Beine kamen. Die Verladung der Einsatzmunition im Depot Glinde dauerte länger, als erwartet. Wir kehrten sogar zum Prinzip kleinerer Kampfgruppen in der Brigade zurück, um wenigstens schon mit Teilen einsatzbereit zu sein. Ich weiß heute nicht mehr so genau, wie lange wir draußen waren, aber die Schwächen unserer schnellen Einsatzbereitschaft waren doch deutlich geworden."

Brigade auf dem Marsch in die 70er Jahre

Die 60er Jahre klangen mit nachhaltigen Veränderungen in Staat und Gesellschaft aus, von denen auch die Bundeswehr erfaßt wurde. Politisch hatte sich bereits im Dezember 1966 in der Großen Koalition der Wechsel der Regierungsverantwortung angekündigt, der dann am 22. Oktober 1969 mit dem ersten sozialliberalen Kabinett unter Willy Brandt als Kanzler auch eintrat. Die neue Ost- und Entspannungspolitik sollte sich nicht nur im Verteidigungshaushalt für die Streitkräfte auswirken. War die Brigade bei „WESER 68" nurmehr auf dem Marsch in ein Manöver mit schwierigen Versorgungsbedingungen und unklarem Ausgang gewesen, so „marschierte" sie jetzt in die großen Veränderungen der 70er Jahre, unter denen für die Bundeswehr im allgemeinen die Rückkehr zur Wehrdienstdauer von 15 Monaten („W 15") ab 1. April 1973 und die Aufhebung des sogenannten „Haar- und Barterlasses" durch Verteidigungsminister Schmidt, für die 6. Panzergrenadierdivision und die Brigade im speziellen eine neue Stationierung von Verbänden der Division im Rahmen einer neuen Heeresstruktur mit an erster Stelle zu nennen sind.

Oberst von Witzendorff stellte in einer Ansprache vor scheidenden Offizieren am 25. März 1970 rückblickend fest: „Wir erlebten die Umrüstung unserer Verbände (Haubitze M 109 G für Feldartillerie- , dann Panzerartilleriebataillon 177 und Kampfpanzer M 48 A2 für Panzerbataillon 174 – Anm. d. Verf.) und die Abschaffung des Z 2 – Soldaten mit spürbar nachteiligen Folgen. Wir mußten uns überlegen, wie wir mit KDV und Angehörigen der APO fertig werden sollten. Im Verlauf der Tschechenkrise wurde uns manche Schwäche unserer schnellen Einsatzbereitschaft deutlich. Wir erlebten auch noch den Beginn der Umgliederung der Division im Zuge der Umstrukturierung des Heeres."[102]

Tödliche Gefahren auch im Frieden

Umgliederung und Umstrukturierung waren die großen Herausforderungen der nächsten Jahre. Mitten in der Umgliederungsphase erschütterten auch noch zwei schwere Unglücksfälle die Angehörigen der Hamburger Brigade, bei denen drei Soldaten ihr Leben verloren. In beiden Fällen waren die Panzergrenadiere aus Rahlstedt betroffen:

Am 11. August 1971 erschoß der Richtschütze eines HS 30 Schützenpanzers mit Übungsmunition versehentlich seinen Kommandanten, den 20jährigen Unteroffizier Rüdiger Knaack von der 3. Kompanie des Panzergrenadierbataillons 172. Die „Morgenpost" berichtete am folgenden Tag unter der Überschrift „Ich erschoß meinen besten Freund!" von dem Unglücksfall, der sich am Rand der Sieker Landstraße, wenige Meter vor der Autobahnüberführung Hamburg – Lübeck ereignet hatte, und zitierte den völlig verzweifelten Richtschützen mit den Worten: „Ich konnte ihn nicht sehen, als er mir vor die Kanone lief. Knaak selbst hatte mir 'Feuer frei' gegeben. Er wollte eine Barriere vor dem Panzer wegräumen – und ich sollte ihm Feuerschutz geben."[103]

Das zweite Unglück ereignete sich am 4. Mai 1972. Auf dem Rückweg vom Truppenübungsplatz Bergen-Hohne prallte der mit 229 Soldaten der 1., 2. und 3. Kompanie besetzte Militärtransportzug auf der eingleisigen Bundesbahnstrecke bei Wintermoor im Kreis Soltau frontal auf einen entgegenkommenden Güterzug. „Ein Fahrdienstleiter der Bundesbahn in Schneverdingen ließ den Sonderzug auf eine eingleisige Strecke", hieß es in der „BILD-Zeitung" vom Freitag, dem 5. Mai 1972, „obwohl ein Güterzug entgegenkam! Er hatte den fahrplanmäßigen Gegenzug vergessen ..."[104] Bei dem Zugunglück kamen der Unteroffizier Klaus Dieter Achtert und der Panzergrenadier Heinrich Breuer von der 3. Kompanie sowie ein Lokführer um's Leben, 30 Soldaten wurden zum Teil schwer verletzt.

Die beiden Unglücksfälle machten auf beklemmende Weise deutlich, daß der Dienst des Soldaten selbst in Friedenszeiten nicht ohne Risiko ist, und Treuegelöbnis oder Eid in letzter Konsequenz auch Verletzung, ja, Tod bedeuten können. Das war zwar keine neue Erkenntnis, aber sie wollte nicht mehr so recht in die neue Zeit der allgemeinen Entspannung passen. Als Organisationspersonal bei den 20. Olympischen Spielen in München und Kiel (August/September 1972) waren die Soldaten der Bundeswehr gelobt worden, aber in Wandsbek hatten sie ja Schützenpanzerwagen dabei, da wirkten sie doch eher störend. Nun ja, wie gesagt, die Brigade war „auf dem Marsch". Marschgeschwindigkeit und Richtung waren fremdbestimmt und nicht immer bekannt, aber im Marschziel, soviel stand fest, würde eine andere, eine neue Brigade 17 eintreffen.

4. Anmerkungen zu Teil II

[1] „Über der Heide stand ein unheilverkündender Rauchpilz ... – Streiflichter von der 'Versuchsübung 1958' der Bundeswehr„ in: „Die WELT" vom 29.9.1958

[2] „Der Bundeskanzler und Minister Strauß beim Manöver" in: „Die WELT" vom 26.9.1958

[3] „Aus'm Panzer aussteigen is nich!" in: „Die WELT" vom 16.9.1958

[4] „Nur der Wechsel ist beständig – 20 Jahre Heereskonzeptionen" GenLt a.D. Siegfried Schulz in: Jahrbuch des Heeres 1977 S. 56

[5] Ebenda

[6] „Deutsches Allgemeines Sonntagsblatt" vom 5.10.1958

[7] OTL a.D. Rolf Stoves, Protokoll eines Gesprächs im Dezember 1992 in Hamburg

[8] OTL a.D. Rolf Stoves, Notizen zur Aufstellung der PzKampfgruppe-A/3. PzDiv(BW) vom 30.12.1992

[9] „Aufstellungsbefehl Nr. 124 (Heer)" vom 28.2.1958 in: 30 Jahre I. Korps 1956 – 1986 S. 167

[10] „Tagesbefehl Kdr 3. PzDiv" vom 30.1.1959 in: Chronik des PzGrenBtl 173 ehem. PzGrenBtl 172 ehem. PzGrenBtl 3 S. 28

[11] Ebenda S. 29

[12] Hauptmann a.D. Dieter-Georg Müller, Protokoll eines Gespräches im Januar 1993 in Hamburg

[13] Generalmajor a.D. Jürgen Schröder, Protokoll eines Gespräches im Dezember 1992 in Hamburg

[14] „Befehl über Umbenennungen im Heer zum 16.3.1959" BMVg FüH III 1 – Az 10-30-35 vom 23.2.1959

[15] Chronik des Lehrbataillons HOS II 1956 – 1965, Chronik Teil 1959

[16] Stabsfeldwebel a.D. Werner Siemers, Protokoll eines Gespräches im Januar 1993 in Hamburg

[17] Chronik Instandsetzungskompanie 170, Zeittafel 1959 – 1982

[18] Quellen: Jägerbataillon 617 (GerEinh) gem. „Übergabeverhandlungen JgBtl 617" von 1966 – 1990
Feldersatzbataillon 178 in: Chronik des FErsBtl 64 (ehem. FErsBtl 178)
Panzergrenadierbataillon 162 in: Chronik PzGrenBtl 162 (JgBtl 162)

[19] „Militärisches 'Tagebuch' Panzerbataillon 184 1956 – 1992" S. 16

[20] Chronik Panzeraufklärungsbataillon 6

[21] OStFw a.D.Roland Hinz (ehem. KpFw der FlaBttr 170), Protokoll eines Gesprächs im November 1992 in Neumünster

[22] „Aufstellungsbefehl Nr.545 (Heer) für PzPiKp 170" vom 15.8.1960 in: Kurzchronik der Panzerpionierkompanie 170

[23] Garnisonsbroschüre Albersdorf von Olt Jochen Pawlack S. 18 f.

[24] „Die Stunde Null auf der Brücke IV" in: „Kieler Nachrichten" vom 22.9.1960

[25] „HOLD FAST! Luftflotten donnern im Tiefflug über Hamburg" in: „BILD-Zeitung" vom 19.9.1960

[26] „'Orange'-Partei hat bereits die Autobahn überschritten" in: „BILD-Zeitung" vom 22.9.1960

[27] StFw a.D. Josef Scheiner, Protokoll eines Gesprächs im Januar 1993 in Hamburg

[28] „'Atombombe' fiel auf Neumünster" in: „Holsteinischer Courier" vom 22.9.1960

[29] „Ueber 1000 Männer fielen vom Himmel" in: „Kieler Nachrichten" vom 22.9.1960

[30] „Kämpfe an allen Manöverfronten" in: „Lübekker Nachrichten" vom 23.9.1960

[31] vgl. Anm.27

[32] vgl. „Gefechtsübung 'HOLD FAST'" in: 30 Jahre I. Korps 1956 – 1986 S. 170

[33] Ebenda

[34] „Ansprache OTL Hildebrand anl. der Übergabe des Btl an OTL Dr. Will" im November 1960 in: Chronik des PzGrenBtl 173 ehem. PzGrenBtl 172 ehem. PzGrenBtl 3

[35] Chronik des LehrBtl HOS II 1956 – 1965, Chronik Teil 1960

[36] GenMj a.D. Felix Heinrich Beckmann, Protokoll eines Gesprächs im Januar 1993

[37] 6. PzGrenDiv -G3-, Divisionstagebuch über die Flutkatastrophe im Februar 1962 S. 1 Bundesarchiv/Militärarchiv AktenNr. BH 8-6/402

[38] „Ein Soldat sah die Sturmflut voraus" in: „Wandsbeker Zeitung" vom 4.4.1974 S. 3

[39] Ebenda

[40] „Der 'Mann der Stunde'" in: „Hamburger Abendblatt" vom 14.2.1987

[41] 6. PzGrenDiv -G3- , Div Tagebuch Flutkatastrophe 1962 S. 3

[42] Ebenda S. 6

[43] „Tagesmeldung 6. PzGrenDiv -G3- vom 211200 A feb" in: 6. PzGrenDiv -G3- , Div Tagebuch Flutkatastrophe 1962 S. 17

[44] StFw Herbert Ahl, Protokoll eines Gesprächs im Januar 1993 in Hamburg

[45] 6. PzGrenDiv -G3- , Div Tagebuch Flutkatastrophe 1962 S. 13

[46] 6. PzGen Div -G3- , „Anlagen zum Tagebuch 'Flutkatastrophe' – Eingänge", Anlage 49a

[47] 6. PzGrenDiv -G3- , Div Tagebuch Flutkatastrophe 1962 S. 28

[48] Ansprache des Bundespräsidenten Dr. h.c. Heinrich Lübke anl. des Traueraktes für die Opfer der Sturmflut-Katastrophe am 26.2.1962 in: „Informationen für die Truppe – Hefte für staatsbürgerliche Bildung und psychologische Rüstung" 1962

[49] „Rettungsmedaillen für elf Männer" in: „Hamburger Abendblatt" vom 10.4.1963
Anm.: Der „elfte Mann" war der Zivilist Johannes van Gool.

[50] „Die große Sturmflut" – Leserbriefe in: „Die WELT" vom 27.2.1962 S. 5

[51] GenLt Helge Hansen in einem Brief an den Verfasser vom 14.1.1993

[52] „Ganz heimlich wurde die Wohnung eingerichtet" in: „Hamburger Abendblatt" vom 5.7.1962

[53] „Verteidigung der Freiheit", Ansprachen von Bürgermeister Dr. Nevermann und Oberst Reichel
Gehalten vor Soldaten der Panzergrenadierbrigade 17 in Hamburg-Rahlstedt bei der Rekrutenvereidigung am 7. Juni 1962
herausgegeben von der Staatlichen Pressestelle des Senats S. 7 f.

[54] Ebenda S. 9

[55] Oberst a.D. Ulrich von Coler, Protokoll eines Gesprächs im Oktober 1992 in Travemünde

[56] „Verteidigung der Freiheit" S. 5

[57] Elsbeth Reichel, Protokoll eines Gesprächs im November 1992 in Hamburg

[58] OTL a.D. Harro Lueder, Protokoll eines Gesprächs im Januar 1993

[59] Trauerrede von Generalmajor Werner Haag anl. der militärischen Trauerfeier für den verstorbenen Brigadegeneral Eckart Reichel am 2.8.1962
Protokoll einer Tonbandaufzeichnung im Besitz von Frau Reichel

[60] Oberst Hans-Jürgen Rennack, Protokoll eines Gesprächs im Januar 1993

[61] Oberst a.D. Werner Johannes, Protokoll eines Gesprächs im November 1992

[62] Fw d.R. Heribert Otto, Protokoll eines Gesprächs im Januar 1993 in Hamburg

[63] 10 Jahre 6. Panzergrenadierdivision 1958 – 1968 S. 23

[64] vgl. Anm 62

[65] StFw a.D. Günter Groß, Protokoll eines Gesprächs im Januar 1993 in Hamburg

[66] Chronik des Lehrbataillons HOS II 1956 – 1965, Chronik Teil 1963

[67] „Handball-Panzer" in „BILD-Zeitung" vom 19.2.1964

[68] Hans-Peter Stein, Symbole und Zeremoniell in deutschen Streitkräften vom 18. bis zum 20. Jahrhundert
Herford 1986 S. 36 f.

[69] Karlheinz Below, Protokoll eines Gesprächs im Januar 1992 in Hamburg

[70] vgl Anm. 68

[71] 30 Jahre I. Korps 1956 – 1986, Zeittafel 1955 – 86 S. 247

[72] „Neuer Kommandeur: Oberst Jürgen Schröder" in: „DEINE BRÜCKE" 14. Jahrgang – Nr. 42 vom 22.10.1965

[73] Ebenda

[74] Brigadegeneral a.D. Jürgen Schröder, Brief an den Verfasser vom 11.11.1992

[75] Bürgermeister a.D. Alfons Pawelczyk, Protokoll eines Gesprächs im Januar 1993 in Hamburg

[76] Herbert Weichmann, Von Freiheit und Pflicht – Auszüge aus Reden des Bürgermeisters der Freien und Hansestadt Hamburg, Hamburg 1969 S. 56 ff.

[77] Ebenda

[78] „Die Meinung der Leser" in: „Hamburger Abendblatt" vom 20.6.1966

[79] „Hamburger Abendblatt" vom 22.6.1966

[80] „10-jähriges Bestehen des Btl – 3. Sept. 1966", Redemanuskript von OTL Güntner in: Chronik PzBtl 174 Teil B Jahrgänge 1965 – 1970

[81] Chronik des LehrBtl HOS II 1956 – 1965, Chronik Teil 1966

[82] Hauptmann Jürgen Gottschlich, Protokoll eines Gesprächs im Dezember 1992 in Hamburg

[83] Chronik des LehrBtl HOS II 1956 – 1965, Chronik Teil 1966

[84] OTL Dr. Christian Greiner, Protokoll eines Gesprächs im Januar 1993

[85] „PANZERS' BEAT GROUP" in: „West Wales Weekly Observer" vom 8.8.1966
in: Chronik PzBtl 174 Teil B Jahrgänge 1965 – 1970

[86] „Rundherum im Kreise" in: „STORMARNER TAGEBLATT" vom 2.12.1967

[87] Chronik JgBtl 512, JgBtl 391, PzGrenBtl 171, GrenBtl 31 1956 – 1993 S. 29 f.

[88] „Oldesloes Patenkind: Panzerbataillon 174" in: „STORMARNER TAGEBLATT" vom 13.

[89] „Das gibts nur einmal ..." Festschrift 1966 der Bürgerschützengilde von 1627 e.V. Bad Oldesloe S. 7

[90] ‚Aufruf zum Festakt der Patenschaftsübernahme von Bürgermeister Barth und Bürgerworthalter Koch"
in: Chronik des PzBtl 174, ehem. PzBtl 3 S. 91

[91] „Rundherum im Kreise" in: „STORMARNER TAGEBLATT" vom 2.12.1966

[92] „Junge Soldaten helfen alten Menschen" in: „Hamburger Abendblatt" vom 14.10.1965

[93] „Beat für Altershilfe – 'Crazy Tankmen' vom Panzerbataillon aus Hamburg-Rahlstedt auf Wochen ausgebucht" in: +...mitteilungen für den soldaten ...+, Aktuelle Information des Bundesministers der Verteidigung – Pressereferat – vom 10.3.1966

[94] Chronik des LehrBtl HOS II 1956 – 1965 Chronik Teil 1965

[95] Pastor i.R. Gustav Preuss, Protokoll eines Gesprächs im Januar 1993

[96] Pfarrer i.R. Franz Steverding, Protokoll eines Gesprächs im Februar 1993

[97] 10 Jahre 6. Panzergrenadierdivision 1958 – 1968 S. 37 f.

[98] StFw a.D. Wilfried Lohmeyer, Protokoll eines Gesprächs im Februar 1993 in Hamburg

[99] Chronik JgBtl 512, JgBtl 391, PzGrenBtl 171, GrenBtl 31 1956 – 1993 S. 31

[100] 10 Jahre 6. Panzergrenadierdivision 1958 – 1968 S. 38

[101] Brigadegeneral a.D. Curt von Witzendorff, Protokoll eines Gesprächs im November 1992

[102] „Ansprache anläßlich der Verabschiedung von Kommandeuren der 6. PzGrenDiv" in Wentorf am 25.3.1970

[103] „Ich erschoß meinen besten Freund!" in: „HAMBURGER Morgenpost" Nr. 185/23. Jg vom 12.8.1971

[104] „Bahnbeamter vergaß den Gegenzug" in: „BILD-Zeitung" vom 5.5.1972

III.
Geschichte der Panzergrenadierbrigade 17
1970 – 1993

1. Umgliederung und Neubeginn (1970 – 1973)

1.1. Umzüge und Umbenennungen (Heeresstruktur III)

„Panzerkrieg in Wandsbek"

„Dumpf dröhnend, kettenrasselnd wälzt sich eine olivgrüne Panzerschlange durch die Oktaviostraße in Wandsbek. Vor dem ersten Schützenpanzer marschiert ein Soldat, von Zeit zu Zeit aufmerksam die Ketten des ihm in fünf bis zehn Meter Abstand folgenden Panzers beobachtend. ... Ein Blick zur Seite, er erkennt den Mann, der

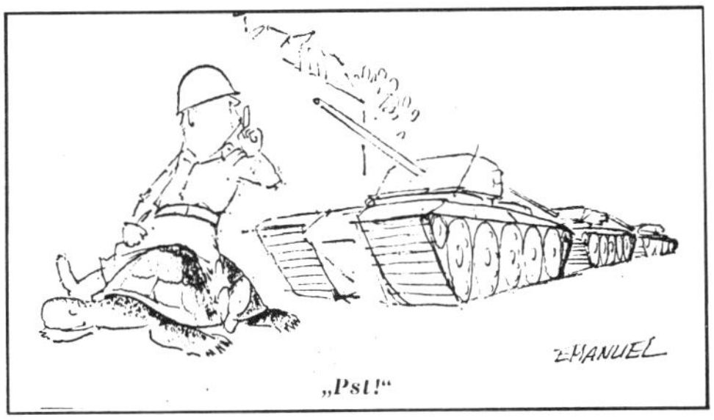

„Panzerkrieg in Wandsbek"
(„Hamburger Abendblatt" vom 15.5.1969)

dort, vor seiner Villa stehend, argwöhnisch die Panzerbewegungen überwacht. ... Kaum ist die Oktaviostraße passiert, sitzt der Soldat, der vorher 'per pedes' die Panzer angeführt hat, auf seinen Panzer auf, und der olivgrüne Panzerwurm setzt sich, etwas lauter rasselnd als zuvor, in Bewegung.

Munter, Geschwindigkeit 20 km/h, geht es durch die dichtbesiedelten Wohngebiete Rahlstedts. ... Hier ist ja auch keine Villengegend. Hier wohnen 'nur' Familien mit Kindern, die sind sowieso Lärm gewohnt. Niemand nimmt Anstoß an der Bundeswehr. ..."[1] Mit diesen Zeilen begann im Mai 1969 ein Leserbrief an das „Hamburger Abendblatt", in dem ein junger Leutnant aus der 4. Kompanie des Panzergrenadierbataillons 173 (L) seiner ganzen Verärgerung über die zunehmende Verständnislosigkeit von Kasernenanwohnern der Hanseaten-Kaserne für die Notwendigkeiten des militärischen Ausbildungsbetriebes „Luft gemacht" hatte. Der sogenannte „Panzerkrieg in Hamburg-Wandsbek"[2] war voll entbrannt. Aus der Hanseaten-Kaserne aber führte der Weg zum Standortübungsplatz Höltigbaum oder zum Güterbahnhof Wandsbek nun einmal zwangsläufig durch dichtbesiedelte Wohngebiete und das seit 1959. Umschichtige Fahrtrouten durch die Bezirksamtsbereiche Wandsbek und Mitte, wie sie im jährlichen Wechsel seit 1966 praktiziert wurden, waren für alle Beteiligten nur eine halbe Lösung. Auch das Projekt einer eigenen Autobahnauffahrt für die Hanseaten-Kaserne erwies sich schließlich als undurchführbar. So wurde schon zum Ende des Jahres 1968 immer häufiger von einer Verlegung des Panzergrenadierbataillons 173 (L) gesprochen.

Verladebetrieb der Panzergrenadierbrigade 17 auf dem Güterbahnhof Wandsbek 1966: Kampfpanzer M 47 rollen auf Flachwagen der Bundesbahn.
(Photo Otto)

Gerüchte – was ist daran wahr?

„Gerüchte, nichts als Gerüchte!" heißt es dazu in der Chronik des Panzergrenadierbataillons 173 (L) 1968, aber es scheint doch beschlossene Sache zu sein, daß die 173er nach Jenfeld in die Lettow-Vorbeck-Kaserne umziehen werden. Das „Hamburger Abendblatt" hat auch das passende Schlagwort parat: „Panzertausch": „Die Aktion 'Panzertausch' läßt sich natürlich nicht von heute auf morgen bewerkstelligen, ... Sie soll, wie der Bundestagsabgeordnete Carl Damm dem Hamburger Abendblatt mitteilte, mit einer ersten Tauschaktion im Herbst 1970 beginnen. Dann sollen 88 Kettenfahrzeuge des Panzergrenadierbataillons 173 von der Hanseaten-Kaserne in die Bose-Bergmann-Kaserne in Wentorf verlegt werden. Für die Von-Estorff-Kaserne und die Boehn-Kaserne mit ihren nahezu 100 Panzern bestehen ganz ähnliche Pläne."[3]

Im Panzergrenadierbataillon 173 (L) reagiert man zunächst noch mit Spottversen auf die sich teilweise widersprechenden Meldungen:

„Die Häuser sollen sich schon biegen,
in Beschwerdebriefen steht's geschrieben.
Von Abendblatt und Bild berichtet
– Gewähr für Wahrheit, nicht erdichtet –
man will das Bataillon verlegen ...
Den Hamburgern käm's sehr gelegen. ..."[4]

Doch im Frühjahr 1970 werden die Gerüchte zur Gewißheit: Im Rahmen der Umgliederung des deutschen Heeres und der Verlegung der Panzergrenadierbrigade 16 aus Flensburg in die neuen Standorte Lübeck, Wentorf und Elmenhorst soll auch der „Panzerkrieg in Wandsbek" durch einen Umzug des Lehrbataillons sein Ende finden. Zur Verlegung der Flensburger Brigade heißt es im Buch der Panzergrenadierbrigade 16 „30 Jahre im Dienst für den Frieden 1958 – 1988": „Das neue sicherheitspolitische Konzept der NATO mit der Vorneverteidigung hinterläßt auch in der Panzergrenadierbrigade 16 seine Spuren. Es macht die Verlegung der Brigade vom Raum nördlich des Nord-Ostseekanals in den Süden Schleswig-Holsteins erforderlich."[5]

1970 – ein „etwas unruhiges Jahr"

Aber nicht nur das Panzergrenadierbataillon 173 (L) mußte die Brigade verlassen. Anläßlich der Brigadeübergabe von Oberst Curt von Witzendorff an Oberst Horst Wenner am 3. April 1970 stellte der Divisionskommandeur der 6. Panzergrenadierdivison, Generalmajor Dr. Karl Schnell, in seiner Ansprache fest: „Unsere 6. Panzergrenadierdivision lebt in einem etwas unruhigen Jahr: ... Verlegung der Panzergrenadierbrigade 16, Aufstellung des Heimatschutzkommandos 13 und Wechsel von drei Brigadekommandeuren und nahezu 20 Bataillonskommandeuren innerhalb von 12 Monaten. ... Im Zuge der Umorganisation verlassen die Brigade 17 das Panzergrenadierbataillon 162 in Wentorf und die Panzerjägerkompanie 170, die beide zur Brigade 16 treten. Das Grenadierbataillon 171 wird ebenfalls noch im Laufe des Jahres die Brigade 17 verlassen, um zusammen mit dem Grenadierbataillon 161, dem leichten Pionierbataillon 537 sowie der Panzerjägerkompanie 160 den Stamm für das Heimatschutzkommando (in Eutin – Anm. d. Verf.) zu bilden."[6]

Die „Umorganisation" der Panzergrenadierbrigade 17 wurde zur Aufgabe des neuen Kommandeurs, Oberst Horst Wenner. Der naturverbundene Humanist war vorher im Führungsstab der Streitkräfte (FüS IV 2) gewesen. Als er am 1. April 1971 befördert wurde, hatte die Brigade nach fast neun Jahren wieder einen General an ihrer Spitze. Genaugenommen war General Wenner der erste Bundeswehroffizier mit „Gold" auf den Schulterklappen, der in der Boehn-Kaserne Dienst tat, denn Brigadegeneral Reichel (vgl II. 2.3.) war wegen seiner Krankheit nicht mehr in den Dienst zurückgekehrt.

Heeresstruktur III – Großverbände für den Heimatschutz

Mit der Abgabe des Panzergrenadierbataillons 171 in Itzehoe an das Heimatschutzkommando 13 begann für die Panzergrenadierbrigade 17 am 1. April 1970 die Umgliederung. Der Aufbau der Heimatschutzkommandos war ein ganz wesentlicher Be-

Brigadegeneral Wenner, der fünfte Kdr der PzGrenBrig 17 (1.4.1970 – 31.10.1972), mit seinem S1StOffz, Major Zumkley, am Sportplatz der Boehn-Kaserne im Sommer 1972 (Photo Wenner)

standteil der neuen Heeresstruktur und geschah aus der Erkenntnis, daß „ein Angreifer die rückwärtigen Gebiete sofort in seine Operationsführung einbeziehen würde. Die zunehmende Zahl sowjetischer Luftlande-Divisionen und die steigende Panzerüberlegenheit des Warschauer Paktes zwangen zu dieser Folgerung."[7] Deshalb erhielt die Heimatschutztruppe, die sich bisher auf weitgehend ortsfeste Sicherungskompanien und regional verwendbare Jägerbataillone gestützt hatte, nunmehr bewegliche Großverbände, das heißt Heimatschutzkommandos mit zwei Jägerregimentern zu je zwei Jägerbataillonen, sowie Kampfunterstützungs- und Versorgungstruppen. Aus dem Panzergrenadierbataillon 171 wurde ein solches Jägerbataillon, das Jägerbataillon 391 mit dem neuen Standort Putlos. In der Brigade kam die Bataillonsnummer 171 ein Jahr später zu neuen Ehren und zwar durch die Umbenennung des mobilmachungsabhängigen Jägerbataillons 617, dessen Gerät zwischenzeitlich in die Lettow-Vorbeck-Kaserne verlagert worden war.

Weitere Merkmale der Heeresstruktur III waren die Umgliederung von zwei Panzergrenadierdivisionen in Jägerdivisionen (2. und 4.) und die Bildung von Panzerregimentern (für I. Korps: PzReg 100). Die Brigade wurde hiervon aber nicht berührt.

Abschied und Neubeginn

Mit einem feierlichen Appell in der Hanseaten-Kaserne nahm das Panzergrenadier-

„Abschiedspostkarte" des PzGrenBtl 171 anl. der Umbenennung zum 1.4.1970
(aus: Sonderausstellung zur Bataillonsgeschichte)

bataillon 173 (L) am 15. Juni 1971 Abschied von der Panzergrenadierbrigade 17 und der Heeresoffizierschule II. Hamburg ging mit dem Lehrbataillon eine seiner besten militärischen Adressen verloren. „Neues Lehrbataillon sollte das Panzergrenadierbataillon 172 in der Boehn-Kaserne werden", erinnert sich Oberst a.D. Wilhelm Marx, damals Kommandeur der 172er.

Einer der letzten großen Auftritte des PzGrenBtl 173 (L): „Horner Heimatwoche im September 1970" Verteidigungsminister Schmidt begrüßt die Fußballmannschaft des Lehrbataillons anläßlich eines Wohltätigkeitsspiels am 6.9.1970.
(Photo PzGrenBtl 163)

„Vier Monate später, am 1. Oktober 1971, wurde deshalb das Bataillon in Panzergrenadierbataillon 173 umbenannt. Dann kam aber doch alles ganz anders."[8]

In der Tat: Im Rahmen der Neuordnung der Offizierausbildung der Bundeswehr wurden die Heeresoffizierschulen zur „Offizierschule des Heeres" in Hannover zusammengefaßt und die Hochschulen der Bundeswehr eingeführt. Hamburg wurde sozusagen für den Verlust von HOS II und Lehrbataillon mit der Errichtung der Bundeswehr Hochschule in Douaumont- und Hanseaten-Kaserne entschädigt (Studienbeginn zum 1. Oktober 1973).

JgBtl 172 „badet" seine MTW M 113 (Tiefwatübung) im Sommer 1972. (Photo Lewald)

Ein neues Lehrbataillon sollte es in Hamburg also nicht mehr geben. Das ehemalige Lehrbataillon war fortan das Panzergrenadierbataillon 163 in der Panzergrenadierbrigade 16. So kam es dann doch noch zu einer Art „Panzertausch", denn die Lücke bei der Panzergrenadierbrigade 17 schloß das ehemalige Panzergrenadierbataillon 163 in Lübeck, auch ein traditionsreicher Verband, der als Grenadierbataillon 26 ab 1. März 1958 in der Boehn-Kaserne aufgestellt worden war (aus Grenadierbataillon 31 und Grenadierbataillon 11). Das Bataillon war mit Mannschaftstransportwagen M 113 ausgerüstet und wurde das Jägerbataillon der Brigade. Die Umbenennung in Jägerbataillon 172 geschah ebenfalls zum 1. Oktober 1971. An die Stelle der (ersten) Panzerjägerkompanie 170 trat die vormalige Panzerjägerkompanie 180 in Bad Segeberg (– in einer mit dem Kampfpanzer M 48 ausgerüsteten Panzerbrigade war eine Panzerjägerkompanie mit Kanonenjagdpanzer 90 mm entbehrlich –), so daß sich der Befehlsbereich der Brigade jetzt auch auf die Standorte Bad Segeberg

Vorerst keine Raketen mehr in der Brigade: Die neue Panzerjägerkompanie 170 in Bad Segeberg ist einheitlich mit 17 Kanonenjagdpanzern 90 mm ausgerüstet. (Photo Stümke)

und Lübeck erstreckte. In Lübeck war seit dem 1. Oktober 1969 außerdem noch die Panzerpionierkompanie 170 stationiert, und zwar in der Trave-Kaserne (vormals Artillerie-Kaserne).

„Alles im Leben ist Abschied"

Mit der Auflösung des Versorgungsbataillons 176 im September 1972 zugunsten einer selbständigen Nachschubkompanie 170 (ehem. 4./176) in der Lettow-Vorbeck-Kaserne und einer selbständigen Instandsetzungskompanie 170 (ehem. 3./176) in der Graf-Goltz-Kaserne endete die Umgliederung der Brigade.

Eine Abschiedsaufnahme des Stabes Versorgungsbataillon 176 vor dem Stabsgebäude in der Lettow-Vorbeck-Kaserne am 30.9.1970
(Über dem Eingang das inoffizielle Wappen des Bataillons)
Vordere Reihe (v.l.):
OFw Petreck (ErkGrFhr), Mj Schmitt (S3 u. stv. Kdr), OTL Rahnenführer (Kdr), OFw Schlegel (S1Fw), OFw Janne (S3Fw „alt")
Hintere Reihe (v.l.):
HFw Gröning (MatNachwFw), HFw Böckmann (TOffz), Fw Niehusen (S3Fw „neu"), Olt Kempf (S1/S2), Fw Beckmann (TVB), SU Barth (MatNachwUffz), Hptm Zerbe (Fahrschulltr)
(Photo Janne)

Das Versorgungsbataillon 176 wurde somit nur dreizehn Jahre alt. „Alle Unteroffiziere, die durch die Auflösung betroffen sind, werden im Raum Hamburg untergebracht", heißt es in der Chronik der Instandsetzungskompanie 170 unter dem Datum 1. Oktober 1972. Teile der 1. Kompanie wurden in die Nachschubkompanie 170 integriert. Die 2. Kompanie des Versorgungsbataillons blieb als Sanitätskompanie 170 zunächst eine Geräteeinheit, um später in das Sanitätsbataillon 6 in Itzehoe eingegliedert zu werden.

„Alles im Leben ist Abschied", hatte Generalmajor Dr. Schnell anläßlich der Verabschiedung Oberst von Witzendorffs im April 1970 gesagt. Und dann hatte er hinzugefügt: „Aber jeder Abschied ist ein Neubeginn. Ein Neubeginn für diejenigen, die bleiben, aber auch für den, der Abschied nimmt."[9]

Inzwischen hatten viele von der Brigade Abschied genommen, nicht zuletzt auch er selbst, und es war die Aufgabe seines Nachfolgers, Generalmajor Franz Josef Schulzes, nun auch den Brigadekommandeur, Brigadegeneral Horst Wenner, zu verabschieden, der noch im selben Monat, da die Umgliederung abgeschlossen war, das Kommando abgab, um Chef des Stabes im I. Korps zu werden. So wurde die Übergabe der Panzergrenadierbrigade mit anschließendem „Hubertusbiwak" in der Boehn-Kaserne am 10. November 1972 der eigentliche Schlußpunkt der großen Umgliederung.

Jetzt würden sie sich also zusammenraufen müssen, die „neuen" und die „alten" Einheiten und Verbände der Brigade, der neue Kommandeur, Oberst Gerwin Schröder, und sein Stab, die Panzergrenadiere und der MARDER, das neue Waffensystem im Panzergrenadierbataillon 173 (Den ersten MARDER der Brigade erhielt die 3. Kompanie des Panzergrenadierbataillons 173 am 26. April 1973 und „taufte" ihn auf den Namen „Grautvornix".).

Daß das am Anfang alles nicht so leicht war, macht eine Ballade deutlich, die der Kommandeur des „neuen" Jägerbataillons 172, Oberstleutnant Ulrich von Coler, an-

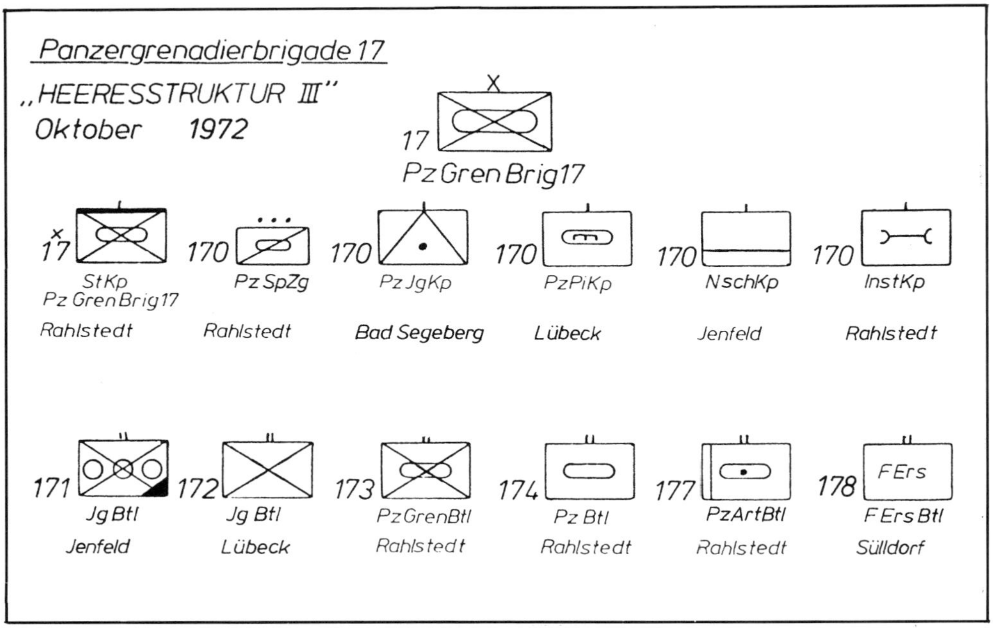

Verbände und Einheiten der Panzergrenadierbrigade 17 nach Abschluß der Umgliederung anl. der Einnahme Heeresstruktur III

läßlich des Abschiedsabends der Offiziere für General Wenner vortrug. Hier ein Auszug:

„In Hamburg droben, in einer Ecken,
wo die Offiziere der Brigade stecken,
weit ab von Pionieren und Jägern
und anderen militärischen Lägern,
da thront der mächtige Zar der Brigade,
ein Herrscher nicht nur von Gottes Gnade.

Oftmals hat man es von dort vernommen,
es sei aus dem sünd'gen Lübeck
gekommen:

„... wo die Offiziere der Brigade stecken" – Brigadestab 1972
(aus: „Balladen und Lieder der PzGren-Brig 17 1970 – 1972" von OTL v. Coler)

'Die Wartung und Pflege der Autos war schlecht,
die Ausbildung hier und da auch nicht recht,
die Leut' von der NEC gingen baden,
Panzer bei Unfällen verursachten Schaden.' ..."[10]

Im Jahresausbildungsbefehl für 1973 stand aber bereits ein Vorhaben, das „Neu" und „Alt" zusammenschweißen und eine erste Bewährungsprobe für die Panzergrenadierbrigade 17 nach der Umgliederung werden sollte: Der Truppenübungsplatzaufenthalt in Baumholder vom 22. Mai bis 4. Juni 1973.

1.2. Truppenübungsplatzaufenthalt Baumholder 1973 – Die neue Brigade auf dem Prüfstand

Auszüge aus einer Artikelserie von Hans G. Stark in der „Wandsbeker Zeitung" vom 21. 7. bis 16. 8. 1973

Vom ersten bis zum letzten Tag des Truppenübungsplatzaufenthaltes in Baumholder begleitete der „Abendblatt"-Redakteur Hans G. Stark die Soldaten der Panzergrenadierbrigade 17. „Ich wollte dem Leser der 'Wandsbeker Zeitung' einmal verdeutlichen, was eigentlich so alles geschieht, wenn Bundeswehrkolonnen ausrücken, und wie der 'Soldat 73' so denkt und fühlt", erinnert sich Hans G. Stark heute an seine Zeit in Baumholder, „und ich muß sagen, daß mich die Offenheit der Bundeswehr, die Bereitwilligkeit der Offiziere, dieses Vorhaben zu unterstützen, wirklich begeistert hat. Der damalige S1 Stabs- und Presseoffizier der Brigade, Major Clamor von Trotha, der mir von seiner Hospitanz beim „Hamburger Abendblatt" her bekannt war, hat mich begleitet und mir Tür und Tor geöffnet."[11]

So entstand die Artikelserie in der „Wandsbeker Zeitung", die mit ihren Originalüberschriften und einigen Originalphotos im folgenden Kapitel auszugsweise wiedergegeben werden soll:

Eine kleine „Stadt" zieht um – 3.300 Panzergrenadiere fuhren zur „Aktion Baumholder"[12]

Eine laue Frühlingsnacht Ende Mai im Hunsrück. Über den sanften Hügelketten wölbt sich ein dunkler Himmel. Nur vereinzelt blinken Sterne durch die Wolkendecke. Grillen zirpen, von fern ertönt der klagende Ruf eines Käuzchens. Aber die friedliche Stille ist nur Schein. Plötzlich zerreißt blauweißes Licht die Dunkelheit. Wie Geisterfinger tasten Scheinwerfer über das Gelände. Vier Sekunden, fünf Sekunden – Büsche und Baumgruppen erscheinen schemenhaft aus der Schwärze der Umgebung. Da, auf 800 Meter ist ein grauer Gegenstand in gleissende Helligkeit getaucht. Dann bricht die Hölle los. Stählerne Rohre speien Flammen. Kanonenjagdpanzer haben das Feuer eröffnet. (...)

Die Soldaten im Innern der Panzer-Ungetüme merken nichts von der Faszination des Feuerwerks, das nur Begleiterscheinung ist. Sie haben dem Augenblick entgegengefiebert, in dem sie den Hebel betätigen mußten, der den ersten scharfen Schuß aus der 90-Millimeter-Bordkanone auslöste. Angestrengt beobachten sie den Weißlicht-Strahl, stellen die Zieleinrichtung nach, warten auf das nächste Kommando. In dieser engen Umgebung voller harter Kanten und einem Gewirr von Handrädern, Griffen und Knöpfen muß jede Bewegung genau sitzen.

Die nächtliche Szene spielt sich auf dem Truppenübungsplatz Baumholder in Rheinland-Pfalz ab. Ihre Akteure sind Soldaten der Panzergrenadierbrigade 17, Hamburgs Hausbrigade. Zum erstenmal ist dieser Großverband aus seinen Kasernen

Eine „kleine Stadt" zieht um: Kfz der NschKp 170 sind zur „Aktion Baumholder" in der von-Estorff-Kaserne aufgefahren. (Photo NschKp 170)

in Rahlstedt, Jenfeld, Bad Segeberg und Lübeck geschlossen über 700 Kilometer vom Standort entfernt in die Gegend zwischen Kaiserslautern und Idar-Oberstein verlegt worden. Ein Unternehmen, dessen Ausmaß sich der Bürger kaum vorstellen kann.

Eine Panzergrenadierbrigade zu verlegen, das kommt etwa dem Umzug einer 40.000-Einwohner-Stadt mit sämtlichem Mobiliar gleich. Zwar gehören „nur" 3.300 Soldaten dazu, aber einschließlich der 534 Radfahrzeuge und 206 Kettenfahrzeuge sowie der übrigen Ausrüstung war eine Last von 18.000 Tonnen (360.000 Zentner) zu transportieren.

Der Vergleich mit einer Stadt ist nicht so abwegig, wie es auf den ersten Blick erscheinen mag. Zu einer Brigade gehören nämlich ebenso Verwaltungsbeamte wie Pfarrer beider Konfessionen. Sie verfügt über acht Großküchen, ein Krankenhaus, mehrere Einzelhandelsgeschäfte (Kantinen) und Werkstätten, deren Ausrüstung manchem Großbetrieb, etwa der Kraftfahrzeugbranche, Ehre machen würde. Der Kraftstoffverbrauch während des 14tägigen Übungsplatzaufenthaltes betrug etwa 350.000 Liter. Damit könnten ungefähr 75 Mittelklassewagen eine Rallye rund um die

Die Duschen der „kleinen Stadt" in Baumholder ... (Photo Stark)

Erde fahren. Wo immer auch der Transport hingegangen wäre – die Einheit könnte überall ihre Zelte aufschlagen, hat alles Verfügbare, um eine bestimmte Zeit auf sich allein gestellt zu existieren. Unter den 50 Tonnen Ersatzteilen zum Beispiel befand sich alles vom Panzermotor bis zur kleinsten Dichtung.

Während der beiden Übungswochen verzehrten die Soldaten 70 Tonnen an Verpflegung, die Hektoliter Bier nicht eingerechnet, mit denen sie an freien Abenden in den Kantinen den roten Staub von Baumholder hinunterspülten.

Organisieren gehört zum Alltag der Truppe

Auch der Laie kann ahnen, welch genau ausgeklügelte Planung notwendig war, um das Unternehmen reibungslos abrollen zu lassen. Aber Organisieren gehört zum Alltag bei einer Truppe, die gehalten ist, mit möglichst geringem Aufwand den größtmöglichen Erfolg zu erzielen, die stets einsatzbereit sein, sich aber im öffentlichen Leben möglichst wenig störend bemerkbar machen soll. (...)

Brigadekommandeur Oberst Gerwin Schröder bereitet das Organisieren und Improvisieren keine Schwierigkeiten. Diese

Stabsrahmenübung „KLEINER WECHSELSCHRITT" während des TrÜbPl Aufenthaltes in Baumholder: Brigadegeneral Poeppel, Div Kdr 6. PzGrenDiv, läßt sich vom BrigKdr der PzGrenBrig 17, Oberst Schröder, in die Lage einweisen. (Photo Stark/„Hamburger Abendblatt")

Fähigkeit hatte ihm schließlich schon bei den Olympischen Spielen in München internationale Anerkennung eingebracht, als er zeigte, was mit einigen tausend Soldaten unter guter Führung erreichbar ist. Diesmal ging es freilich nicht um Hilfsdienste für eine internationale Sportveranstaltung, diesmal sollten junge Menschen für den Fall ausgebildet werden, der nie eintreten darf. (...)

Tage werden nach Zentimetern gezählt[13]

„Wie lange sind Sie schon Soldat?" Der junge Gefreite grient. „Da muß ich erst nachrechnen", meint er, und fügt hinzu: „Ich kann Ihnen aber gleich sagen, wie lange ich noch dabeibleiben muß." Spricht's und holt ein zusammengerolltes Zentimetermaß aus der Hosentasche, wie Mutter es früher benutzte, als sie noch selbst schneiderte. Ein kurzer Blick: „Noch 36 Tage."

Das Gespräch im Bundeswehrdepot Glinde wird unterbrochen, denn die Essenpause ist zu Ende. Schwere Motoren dröhnen, Lastautos, vollbepackt mit Material, rollen auf flache Waggons, Panzerketten rasseln. (...) Mit der Präzision eines Uhrwerks geht die Verladung der Stabs- und Versorgungskompanie des Panzergrenadierbataillons 173 aus der Boehn-Kaserne weiter. (...) Nach knapp einer Stunde ist die meiste Arbeit getan. Obwohl die wenigsten der jungen Soldaten schon einmal mit solch einer Aufgabe betraut worden waren, klappte alles wie am Schnürchen. Kein lautes Wort, keine „Anpfiff" („Sie Weihnachtsmann" oder dergleichen). (...)

„Bis hierher und nicht weiter", sagte der Lokführer

Nachdem die Personenwaggons für die Mannschaften vor die Güterwagen rangiert sind, hat der Zug eine Länge von 560 Metern bekommen. Er wird zunächst von einer 5.000-PS-Diesellok, später von Elektro- und Dampfloks gezogen. Für 19 weitere Züge beginnt ebenfalls eine Reise ins Ungewisse, bei der zwar das Ziel bekannt ist, die jeweilige Strecke jedoch das Geheimnis der Bundesbahn bleibt. Schließlich handelt es sich bei dem Transport einer ganzen Brigade um einen Sonderauftrag, der keine Fahrpläne durcheinanderbringen darf; freilich auch um ein Sondergeschäft. Denn die Bundeswehr ist bei der Bundesbahn ein Kunde wie jeder andere. Sie muß für die Verlegung nach Baumholder tüchtig in die Tasche greifen. (...)

In den Abteilen haben es sich die Soldaten gemütlich gemacht. Verpflegungskartons dienen als Tisch, auf dem Skat gedroschen wird. Andere plündern ihre Tagesration oder haben sich „langgemacht". Noch immer gilt der Soldatengrundsatz: „Iß, wenn du was hast, schlafe, wenn es die Zeit erlaubt, denn wer weiß, wann beides wieder möglich ist."

Ein Einschuß in der Fensterscheibe. Hat jemand den fahrenden Zug beschossen?
(Photo Stark/„Hamburger Abendblatt")

Der Zug rollt in die Nacht hinein. Irgendwo und irgendwann hat es einen Schlag gegen eines der Zugfenster gegeben. Aber erst am frühen Morgen fällt es einem der Soldaten auf: Eine der Scheiben zeigt ein Muster wie ein Spinnengewebe. Ein Geschoß, so scheint es, dessen Energie nicht groß genug war, das doppelte Glas von außen zu durchdringen. Hat ein Irrer den Zug beschossen? Ein Soldat erinnert sich: „Da wurde doch neulich auf diese Weise ein Mord begangen." Hat sich der Schütze von dem Fernsehkrimi anregen lassen?

Nach 22 Stunden rollt der Zug in den Bahnhof von Baumholder ein. (...) Oberst Gerwin Schröder steht auf dem Bahnsteig, registriert erfreut das pünktliche Eintreffen. Das war keineswegs bei allen Zügen so.

Auf einem der Transporte „nahm" die Lok einen Trekker mit, der auf den Gleisen stehengeblieben war. In einem Fall entgleiste ein Güterwaggon. Der Lokführer eines dritten Zuges schließlich sagte: „Bis hierher und nicht weiter", stieg von seiner Maschine und ließ den Zug stehen. Aber schuld hatte nicht er, sondern offensichtlich mangelhafte Organisation bei der Bundesbahn. Eine E-Lok darf – noch dazu unter solch außergewöhnlicher Belastung – nur sechs Stunden ununterbrochen fahren, im Höchstfall zehn Stunden. Diese Grenze war erreicht. So mußte erst aus der nächsten größeren Stadt eine neue Lok herbeitelefoniert werden. Resultat: Die Panzergrenadierbrigade 17 konnte erst einen Tag später mit wichtigen Übungen beginnen. „Das kostet Steuergelder", meint der Brigadekommandeur ärgerlich. Für jeden Tag auf dem Übungsplatz müssen stattliche Gebühren entrichtet werden. (...)

„Spz (kurz)" HOTSCHKISS des PzSpZg 170 bei Schulschießübungen in Baumholder (Photo Stark)

Ein Reh stoppt das Gefechtsschießen[14]

Jede Minute, ob Tag oder Nacht, muß daher ausgenutzt werden, um das Ausbildungsziel zu erreichen. Trotzdem nimmt Oberstleutnant Ulrich von Coler, Kommandeur des Jägerbataillons 172, in Kauf, daß sich das Gefechtsschießen einer seiner Kompanien verzögert. Genau im Zielgebiet äst nämlich eine Ricke (weibliches Reh). Waidmann von Coler hat sie in seinem Feldstecher zum Greifen nahe, kann deshalb genau beobachten, wie sich das Tier durch nichts stören läßt. Weder die Detonationen, die von einer anderen Schießbahn herüberhallen, noch das Geknalle von G-3-Geschossen, die auf ein Ziel daneben gerichtet werden, können es vertreiben.

So erhält denn ein Soldat den ungewöhnlichsten Befehl seiner bisherigen Laufbahn: Er muß ins Vorfeld, nicht um irgendeinen bösen Feind zu bekämpfen, sondern um die schußfeste Ricke aus dem Gefahrenbereich zu „bitten".

Urlaub für die Wehrübung geopfert[15]

(...) Auf Schießbahn 19 schnappt ein Rekrut im Grase liegend nach Luft. Ein Sanitäter beugt sich über ihn. Beim Abschießen einer Übungs-Gewehrgranate war ihm das G3 in die Magengrube gefahren. Aber es ist nichts weiter passiert. „Der Soldat muß mit Gewehr und Gerät so vertraut sein, daß er jeden Griff im Schlaf beherrscht – deshalb geht es auch nicht ohne Drill." Ein Oberfeldwebel stellt dies fest, und er fügt hinzu, daß diese Notwendigkeit von den meisten eingesehen wird. (...) Die straffe Ordnung (...) empfinden manche zumindest in der ersten Zeit als Einschränkung ihrer persönlichen Freiheit. Aber es gibt trotzdem eine ganze Anzahl von Bürgern, die sich freiwillig eine Uniform verpassen lassen. Unter diesen Wehrübenden in Baumholder waren auch Wandsbeker.

Ulrich Hars, 33 Jahre, leitet das Betriebslabor bei der Reichhold-Chemie in Wandsbek. Als Soldat hat er die Uniform eines Leutnants der Reserve an. Der Chemiker ist ein gefragter Spezialist für die ABC-Abwehr. (...) Dr. Uwe Bernzen (34) ist Justitiar bei der Hamburger Bürgerschaft, außerdem Beisitzer in der Kammer für Wehrdienstverweigerer. Zu Hause am Moorredder in Volksdorf warten Frau und vier Kinder gespannt darauf, wie Vaters Abenteuer beim Bund ausgehen wird.

Panzergrenadier Dr. Bernzen steht mit fünf Kameraden, den Stahlhelm mit Tarnnetz auf, vor der angetretenen 5. Kompanie des Panzergrenadierbataillons 173. Hauptmann Hartmut Perschau spricht von Leistungswillen und gutem Beispiel für Wehrfreude und Einsatzbereitschaft.

Glückwünsche zur Beförderung: Hptm Perschau, KpChef 5./173, hat Dr. Bernzen soeben zum Gefreiten befördert. (Photo Stark)

Die sechs Männer erhalten ihre Beförderungsurkunde zum Gefreiten der Reserve. Zu ihnen gehören auch noch der Gerichtsreferendar Michael Deiwick (26) aus Hamburg, der Bauingenieur Walter Hundehege (38) aus Meppen, der Verwaltungsbeamte Joachim Zahl (28) aus Oldenburg, Peter Klempin (34), Verwaltungsrat aus Lübeck, und der Student am Meteorologischen Institut Freiburg, Rüdiger Schott (29). Die Praxis entsprach im wesentlichen ihren Erwartungen, wenngleich es auch Überraschungen gab. „Am meisten habe ich mich über das absolut abstrakte Feindbild gewundert. Keine ideologische Färbung, nichts von einem möglichen Gegner im Osten", berichtet Gefreiter Deiwick, der für die Wehrübung seinen Urlaub geopfert hat.

Mit 20 Jahren verantwortlich für ein Millionen-Objekt[16]

„Grautvornix" steht vorn auf dem Schützenpanzerwagen. Er ist mit anderen MARDERN des Panzergrenadierbataillons 173 auf einem leichten Vorderhang in Stellung gegangen. „600, LKW, Querfahrt von links – Feuer!" tönt es aus dem Kopfhörer. Der kleine Turm über der Besatzung dreht sich schnarrend, dann dröhnt dreimal ein kurzes Bellen der 20-Millimeter-Bordmaschinenkanone durch das Fahrzeug. Dicht unter dem Horizont zeichnen die Brand- und Sprenggranaten weiße Wölkchen in den grüngrauen Hintergrund. Getroffen!

Der Panzerkommandant, ein Unteroffizier, lächelt zufrieden. Man merkt ihm an, daß er stolz ist auf sein technisches Reich, umgrenzt von einem Mantel aus grauem Stahl. Die Schalttafel vor ihm gleicht der einer automatischen Bandstraße in einem Industriewerk. Viel Elektronik und vollendete Präzision, eine Optik, die das Gelände klar und deutlich wie in einem Breitwand-Kino erscheinen läßt. Auf 800 Meter mit Hilfe dieser Zieleinrichtung eine Bierflasche vom Pfosten zu schießen, ist mit einer sorgfältig justierten Kanone durchaus möglich.

Ein MARDER kostet gefechtsmäßig ausgerüstet gut eine Million Mark. Die Verantwortung für dieses kostspielige Waffensystem trägt der Kommandant. Er ist 20 Jahre jung. „Wo sonst gibt es das?" Der Oberfeldwebel, der diese Frage rein rhetorisch stellt, ist über zehn Jahre älter.

Der erste scharfe Schuß eines SPz MARDER der PzGrenBrig 17 am 27.5.1973 in Baumholder (Photo Brigadearchiv)

Mehr Verständnis ...

Er würde es sich noch einmal überlegen, sinniert er, wenn er wieder vor die Wahl gestellt würde, Berufssoldat zu werden. In dem langen Gespräch kommt heraus, daß diese Zweifel mehr im Gefühlsbereich angesiedelt sind als in den aufgezählten Nachteilen gegenüber einem Zivilberuf. (...) „Natürlich stehen dem allen auch Vorteile gegenüber (...)", sagt er, „aber überlegen Sie doch einmal, welche Stellung und welches Ansehen wir in der Gesellschaft haben." Diese Worte legen, so scheint es, eine wunde Stelle bloß. Nicht etwa, daß sich Offiziere und Unteroffiziere jene Zweckideologie zurückersehnen, die in dem Liedtext „ ... der Soldate ist der erste Mann im Staate" ihren Ausdruck fand. Aber ein wenig mehr Verständnis der Bundeswehr gegenüber, etwas weniger unsachliche Kritik, wie sie hier und dort anklingt, wünschen sie sich doch. (...)

Ist das Verhältnis des Bürgers zur Bundeswehr gestört? Was die Panzergrenadierbrigade 17 angeht, kann dies mit Sicherheit niemand behaupten. Soldaten, die im Rahlstedter Jugendpark freiwillig den Schmutz unachtsamer Spaziergänger wegräumen, Bundeswehrangehörige, die einen Spielplatz für Kinder bauen, Biwaks, bei denen die Brigade Gästen aus allen möglichen Bereichen Einblick in ihr Leben gewährt, die Skala positiver Öffentlichkeitsarbeit ließe sich weiter ergänzen.

Operation geglückt![17]

Die Panzergrenadierbrigade 17 ist längst wieder in ihren Kasernen. Einige Soldaten, die in Baumholder dabeiwaren, sind inzwischen schon wieder in ihrem Zivilberuf tätig. Was bleibt, ist die Erinnerung an zwei Wochen harten Dienstes. Brigadegeneral Hans Poeppel bescheinigte der Brigade, sie habe die zur Verfügung stehende Zeit voll genutzt. (...) Ihr Aufenthalt auf dem Truppenübungsplatz Baumholder war nicht zuletzt ein Prüfstein, ob die gestellten Aufgaben unter veränderten Bedingungen erfüllt werden können. Die Verkürzung der Wehrpflicht von 18 auf 15 Monate stellte die Führung vor Probleme (...) Wie sieht es damit in der Praxis aus? „Der Ausbildungserfolg war gut. Wir haben unter der gegenwärtigen Ausbildungssituation herausgeholt, was für uns erreichbar ist." Brigadekommandeur Oberst Gerwin Schröder spricht diese Anerkennung mit Genugtuung aus. (...) Daß kein Unfall den Erfolg dieses Riesenunternehmens Baumholder trübte, ist auf Können, Disziplin, aber auch auf ein bißchen Glück zurückzuführen, das auf die Dauer nur der Tüchtige hat.

2. Die Jahre der Etablierung (1973 – 1980)

2.1. Neue Freundschaften

Die „Ära Schröder"

Am 10. November 1972 hatte der gebürtige Berliner Oberst Gerwin Schröder („Olympia-Schröder") das Kommando über die Panzergrenadierbrigade 17 übernommen. Fast acht Jahre sollte er Brigadekommandeur bleiben und damit länger als jeder andere Kommandeur die Geschicke der Hamburger Hausbrigade lenken. In einem Rückblick auf diese lange Zeit stellte das „Hamburger Abendblatt" in seiner Ausgabe vom 7. Juni 1979 – Gerwin Schröder war zu diesem Zeitpunkt bereits über drei Jahre Brigadegeneral (Beförderung am 27. Oktober 1975) und damit der dritte amtierende Kommandeur der Brigade im Generalsrang – anerkennend fest: „Die Kontakte der Brigade mit Verwaltung, Bürgervereinen, Freiwilligen Feuerwehren, Polizei und anderen Institutionen sind in der nun schon fast sieben Jahre andauernden 'Ära Schröder' wesentlich enger geknüpft worden. Längst empfinden die Rahlstedter Bürger auch die Bundeswehr nicht mehr als Fremdkörper, obwohl 350 zwischen Wohngebieten stationierte Panzer und 750 Radfahrzeuge wegen ihres Lärms sicherlich nicht geeignet sind, Sympathien zu erwerben."[18]

Menschlich gesehen

Chef der Hausbrigade

Wenn heute nachmittag der neue Kommandeur, Oberst Gerwin Schröder die Panzerbrigade 17 übernimmt, wird ein weit über die Bundeswehr hinaus bekannter Mann als Hausherr in der Rahlstedter Boehn-Kaserne einziehen. Vor einigen Wochen erst war der 49jährige Berufsoffizier durch Robert Lembke beim „heiteren Beruferaten" als Angehöriger einer „Berufssparte" vorgestellt worden, die es noch nie zuvor gegeben hatte: Auf das Kommando des Leiters des „Bundeswehr-Arbeitsstabes zur Unterstützung der Spiele der 20. Olympiade in München" hatten 25 000 Soldaten des Heeres, der Luftwaffe und der Marine gehört.

Für den gebürtigen Berliner — stets freundlich und verbindlich — war diese organisatorische Sonderaufgabe nicht nur eine mit Freude übernommene und übrigens auch bestandene Bewährungsprobe, sondern darüber hinaus auch lehrreich. Organisation wird weiterhin zu den Aufgaben des neuen Chefs der „Hamburger Hausbrigade" zählen. Fünfmal verwundet, war er nach dem Kriege kurze Zeit im Landesarbeitsamt Schleswig-Holstein in Kiel tätig, bevor er zum Bundesgrenzschutz und schließlich 1956 zur Bundeswehr ging.

Frau Erika freut sich mit ihrem Mann über die neue, hübsch am Stadtrand in Berne gelegene Wohnung. Während der älteste Sohn schon als Oberleutnant und Starfighter-Pilot bei der Bundeswehr ist, besucht der jüngere noch die zehnte Klasse des Meiendorfer Gymnasiums. Ein kleines Problem muß der begeisterte Segler noch lösen: Für sein Boot, das jetzt auf dem Starnberger See schaukelt, muß er einen neuen Liegeplatz suchen — am liebsten in Lübeck oder auf dem Plöner See. hgs

Brigadegeneral Gerwin Schröder, der sechste Kdr PzGrenBrig 17 (1.11.1972 – 31.3.1980) („HA" v. 10.11.72)

Der „Bürgerverein Oldenfelde"

„Gerwin Schröder war ein Kommandeur, der es wie kein anderer verstand, um das Verständnis seiner Nachbarn zu werben und auf sie Rücksicht zu nehmen", stimmt Hansjürgen „Hanni" Schult, der langjährige Vorsitzende des „Bürgervereins Oldenfelde" sofort zu, und er fährt fort: „In seiner Zeit gewann die Panzergrenadierbrigade 17 durch ihr starkes öffentliches Engagement besonders in Rahlstedt viele neue Freunde, die ihr bis heute die Treue halten."[19]

Zu diesen treuen Freunden gehört der „Bürgerverein Oldenfelde", der als „Oldenfelder Interessengemeinschaft (OIG)" bereits 1924 gegründet worden war. Erstes gemeinsames Projekt von Brigade und Bürgerverein wurde der Bau des Kindergartens am Massower Weg, von dessen 120 Plätzen einige auch für Soldatenkinder bestimmt waren. Schon im März 1968 hatte der Bürgerverein mit der Panzergrenadierbrigade 17 Verbindung aufgenommen, um über die Möglichkeiten der Bundeswehr zur Unterstützung dieses Projektes zu beraten. Ein „Förderkreis Kindergarten" wurde gegründet, um den finanziellen Grundstock für den Bau zu schaffen.

Hansjürgen („Hanni") Schult, der „heimliche Bürgermeister von Oldenfelde„ (Photo Wütschner)

Auch Spenden wurden gesammelt. Am 20. Dezember 1973 schließlich berichtete Hans G. Stark in der „Wandsbeker Zeitung": „Voraussichtlich noch zwischen den Feiertagen wird auf einem 4.900 Quadratmeter großen Grundstück am Massower Weg in Oldenfelde mit dem Bau eines Kindergartens begonnen. Aber nicht der Staat ist Bauherr und Initiator der lang ersehnten Einrichtung ... sondern eine Gemeinschaft von Bürgern. Ein Musterbeispiel, was geschaffen werden kann, wenn alle Möglichkeiten entschlossen und tatkräftig genutzt werden. ... Danach werden die 460.000 Mark aufgebracht vom Kirchengemeindeverband (120.000 Mark), aus der Soldatenkirchensteuer (200.000 Mark), von der Jugendbehörde (36.000 Mark) und vom Wehrbereich (über 100.000 Mark). Einen wesentlichen Beitrag wird die Bundeswehr durch aktive Arbeit leisten: Pioniere der Panzergrenadierbrigade 17 werden mit schwerem Gerät anrücken. ..."[20]

Aus den Kirchensteuermitteln der Soldaten unterstützte der rührige evangelische Militärpfarrer in der Boehn-Kaserne, Helmut Rösel (1971 – 1983), aber nicht nur den Bau des Oldenfelder Kindergartens, sondern er richtete auch einen eigenen Kindergarten des militärischen Seelsorgebereichs mit 30 Plätzen in der Timmendorfer Straße ein, der im Februar 1975 eröffnet wurde.

„Die Vier Aufrechten"

Nachdem der Bau des Kindergartens in Oldenfelde so erfolgreich in die Wege geleitet worden war, löste sich der „Förderkreis Kindergarten" aber nicht etwa auf, sondern formierte aus seinen Mitgliedern den Bund der „Vier Aufrechten", die sich fortan für Spiel, Sport und Spaß immer wieder zusammenfanden. „Die Vier Aufrechten", das waren die Freiwillige Feuerwehr Oldenfelde-Siedlung, die zweite Wachabteilung der Feuerwache Wandsbek (später die Wachabteilung der Feuerwache Sasel),

Das Wappen der „Vier Aufrechten" auf einer Einladungskarte zum „Ball der Vier Aufrechten"

die „Altliga Barmbek-Uhlenhorst" und das Panzergrenadierbataillon 173.

„ 'Die Vier Aufrechten' entwickelten sich zu einer echten Institution im gesellschaftlichen Leben Rahlstedts", erinnert sich Peter Wilhelm, der amtierende Wehrführer der Freiwilligen Feuerwehr Oldenfelde-Siedlung, und er zählt die „berühmten" jährlichen Veranstaltungen des Bundes mit dem markanten Namen auf: Die „Oldenfelder Festspiele", den „Ball der Vier Aufrechten" und seit 1978 die „GRAUE-LAUS-Turniere", an denen neben den „Vier Aufrechten" auch Mannschaften der „Interessengemeinschaft Ortskern Rahlstedt (IGOR)", der Polizei und anderer Verbände und Einheiten der Panzergrenadierbrigade 17 teilnahmen.[21] „Für Nichteingeweihte zur Aufklärung", so apostrophierte die „Wandsbeker Zeitung" im Januar 1979 eine Information ihrer Leser: „ 'GRAUE LAUS' eine Rahlstedter Spezialität, ist ein Kartenspiel. Sein Schöpfer – in der Begrüßungsrede (anläßl. des Turniers 1979 – Anm. d. Verf.) vom Kommandeur des Panzerbataillons 174, Oberstleutnant Richard Nessel, als 'Ur-Vater' bezeichnet – ist der CDU-Bürgerschaftsabgeordnete Dr. Joachim-Christian Becker. Ob der als Globetrotter bekannte Politiker die 'GRAUE LAUS' aus fernen Landen eingeschleppt hat, bleibt ein Geheimnis."[22]

Der „Förderkreis Grünes Zentrum Berner Au"

Beim nächsten Vorhaben des Bürgervereins, der Erhaltung und Gestaltung eines Parkgeländes an der Stargarder Straße, wurde die Panzergrenadierbrigade 17 von vorneherein fest mit eingebunden:

Am 2. Juni 1975 konstituierte sich im Offizierheim der Boehn-Kaserne der „Förderkreis Grünes Zentrum Berner Au". Am Förderkreis beteiligt waren der „Bürgerverein Oldenfelde" und die Freiwillige Feuerwehr Oldenfelde-Siedlung, die Panzergrenadierbrigade 17 und das Panzergrenadierbataillon 173 sowie der Sport Club „Condor". Später kamen dann noch der „Bürgerverein Farmsen" und der Farmsener Turnverein hinzu. Der Eigeninitiative des Förderkreises ist es weitgehend zu verdanken, daß ein brachliegendes Geländestück in den „Bürgerpark Oldenfelde" umgestaltet wurde. Aber auch die Verwirklichung der „Sportanlage Wiesengrund", ein seit vielen Jahren „auf Eis" liegendes Wunschprojekt umliegender Schulen und Sportvereine, wurde nicht zuletzt mit Hilfe des Förderkreises durchgesetzt.

Anläßlich der Fertigstellung des ersten Teilabschnittes berichtete die „Wandsbeker Zeitung" am 14. Oktober 1976: „In der Tat

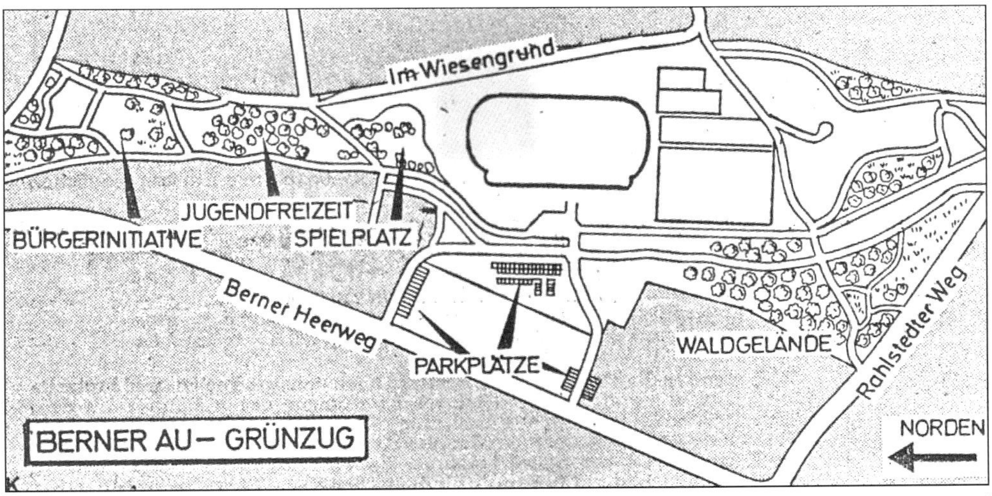

Der „Grünzug Berner Au" mit „Bürgerpark" (Bürgerinitiative) und Bezirkssportanlage „Wiesengrund" („Wandsbeker Zeitung" v. 23.12.1976)

schienen die Schwierigkeiten unüberwindlich zu sein. Doch die ersten bürokratischen Hürden wurden mit Elan genommen. So konnte denn Brigadegeneral Gerwin Schröder seine Bergepanzer statt auf den Standortübungsplatz Höltigbaum auf dem künftigen Parkgelände an der Stargarder Straße üben lassen, indem sie dort Gestrüpp rodeten und die Flächen planierten. ... Nun, nachdem der erste Abschnitt des sich auf 15.000 Quadratmeter von der Stargarder Straße bis zum Rahlstedter Weg erstreckenden Geländes fertiggestellt ist, rüstet sich der Förderkreis schon wieder zu neuen Taten. So müßte der Rodelberg am Rahlstedter Weg so umgestaltet werden, daß die Abfahrt genau in entgegengesetzte Richtung verläuft. 'Wieder ein prächtiges Übungsprojekt für Bergepanzer', sagt Hansjürgen Schult augenzwinkernd."[23]

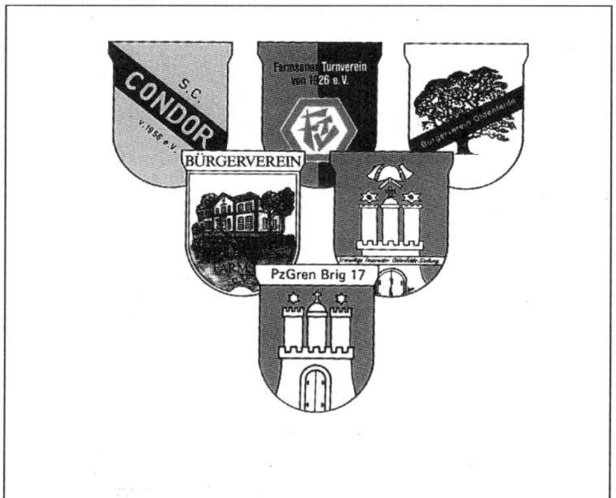

Träger des Förderkreises: SC Condor, Farmsener TV, PzGrenBrig 17, Bürgerverein Oldenfelde, Bürgerverein Farmsen, Freiwillige Feuerwehr Oldenfelde-Siedlung (Briefkopf)

Wenn auch die Verwirklichung der Bezirkssportanlage in Oldenfelde nicht nur Zustimmung fand („Protest gegen Sportzentrum" in „Blickpunkt Rahlstedt" vom 25.11.1976) und der Einsatz von Bergepanzern des Panzergrenadierbataillons 173 im „Bürgerpark Oldenfelde" von vorgesetzten Dienststellen zunehmend weniger toleriert wurde, so feierten dann doch alle Beteiligten vom 15. bis 17. Mai 1977 „mit Begeisterung" das erste „Maifest an der Berner Au".

Sogar Hamburgs Bürgermeister Hans-Ulrich Klose und der Bundestagsabgeordnete Alfons Pawelczyk ließen es sich nicht nehmen „vorbeizuschauen", und „mit Blick auf Brigadegeneral Gerwin Schröder und Oberstleutnant Peter Zumkley sprach der Bürgermeister seine Freude darüber aus, daß hier Soldaten und Bürger in Zivil an einem Strang ziehen", hieß es im „Wochenblatt" vom darauffolgenden Montag. „Dabei erwähnte er", so das „Wochenblatt" weiter, „daß er in dieser Brigade Reserveleutnant geworden sei."[24]

Bürgermeister und Leutnant der Reserve

In der Tat war Hans-Ulrich Klose der einzige Erste Bürgermeister der Hansestadt, der – wenn auch „eher zufällig" – in der Hausbrigade „gedient" und den Dienstgrad Leutnant erworben hatte, und zwar im Rahmen von Kurzwehrübungen für „weiße Jahrgänge" in den Jahren von 1967 bis 1969. In einem Brief vom November 1992 schildert der heutige Vorsitzende der Sozialdemokratischen Bundestagsfraktion Erinnerungen aus seiner Zeit in der Panzergrenadierbrigade 17:

„Ich war in den Jahren 1966 ff. Jugendstaatsanwalt in Hamburg und hatte sozusagen von Amts wegen mit jungen Wehrpflichtigen zu tun, die sich – wie hieß das? – 'unerlaubt von der Truppe entfernt' hatten. ... Irgendwann landeten solche Fälle, wenn mein Buchstabe an der Reihe war, bei mir auf dem Tisch bei der Staatsanwaltschaft in Hamburg. ... Ich hatte ein gewisses Verständnis für die subjektive Lage dieser jungen Soldaten – Junge Männer, zumeist aus Nordrhein-Westfalen, die schrecklich unter Heimweh litten und deshalb häufig zu spät vom Wochenende in die Kasernen zurückkamen – , was dazu führte, daß ich mehr als einmal von dem amtierenden Richter im Strafmaß überboten wurde. Der immer gleich lautende Kommentar des Richters: 'Naja Herr Staatsanwalt, Sie haben ja nicht gedient.'

Irgendwann war es mir zuviel. Also habe ich mich bei dem Kommandeur der damaligen HOS in Wandsbek, General Wulff –

Ein „Prost" auf den neuen Innensenator und Leutnant der Reserve: Hans-Ulrich Klose besucht die Panzergrenadierbrigade 17 in Bergen am 15.11.1973. Außerdem im Bild: v.l. OTL Söder, Kdr PzGrenBtl 173, GenMj Poeppel, DivKdr 6. PzGrenDiv, und Oberst Schröder, der BrigKdr PzGrenBrig 17 (Photo Stark)

bei den Soldaten 'Knubbenwulff' genannt – angemeldet, um mit ihm über einen Kurzzeit-Dienst bei der Bundeswehr zu verhandeln; gedacht hatte ich an ein bis zwei Wochen. Aber dieser General war von besonderer Qualität (was ich wirklich so – positiv – meine). ... Er bestärkte mich so sehr in meinen Überlegungen, den Dienst bei der Bundeswehr kennenzulernen, daß ich mich unversehens in einer vollständigen Kurz-Ausbildung (fünfmal einen Monat mit abschließender Prüfung) für weiße Jahrgänge wiederfand.

„Bildliche Blasen"

„Nun will ich im Nachhinein nicht idealisieren oder romantisieren. Nicht alles, was ich als '17er' kennengelernt habe, hat mir gefallen. Wenn ich mich z.B. an unsere erste Nachtübung mit dem arglos klingenden Namen 'Gewöhnen an die Dunkelheit' erinnere oder an einige der längeren Märsche, bei denen man schmerzhaft lernt, wie schwer ein Gewehr und wieviel schwerer ein Maschinengewehr werden kann, dann bekomme ich (bildlich) noch heute Blasen. Aber das gehört halt dazu – wenn schon, denn schon."

In einem abschließenden Resumee kommt Hans-Ulrich Klose aber trotz der „bildlichen Blasen", die ihm seine Erinnerungen verursachen, zu positiven Bewertungen der Ausbilder und des militärischen Dienstes:

„Die Ausbilder – überwiegend sehr junge, modern und demokratisch denkende Offiziere; der Dienst – kein dröhniger Kommiß, sondern zweckmäßige Ausbildung in kurzer Zeit. ... Fazit: Geschadet hat mir der Dienst sicher nicht; im Gegenteil: Ich habe

– intensiver, als es sonst möglich gewesen wäre – eine Institution kennengelernt, die für unser Land wichtig war und ist:

Die Bundeswehr, das Verteidigungsinstrument des demokratischen Staates nach außen, treu gegenüber der Verfassung und fest verankert im Bündnis. Dieses Kennenlernen war wichtig für mich in meiner damaligen Funktion, es hilft mir auch heute."[25]

Abgeschlossen hat der damalige Jugendstaatsanwalt Klose seine insgesamt fünf Monate bei der Panzergrenadierbrigade 17 mit einer Offizierprüfung und der Beförderung zum Leutnant der Reserve.

Reservisten und Freunde der PzGrenBrig 17 in Bergen am 15.11.1973: Rahlstedts Ortsamtsleiter Rolf Mietzsch (mit „Schiffchen") und Innensenator Hans-Ulrich Klose. Rolf Mietzsch wurde nach Abschluß seiner fünften Wehrübung beim PzGrenBtl 173 am 1. Dezember 1973 zum Leutnant d.R. befördert. (Photo Stark)

Bürgermeister „in betont ziviler Haltung"

Aber auch der Vorgänger von Hans-Ulrich Klose im Amt des Ersten Bürgermeisters, Peter Schulz, darf – obgleich „ungedient" – ein Freund der Brigade genannt werden. Mehrmals besuchte der fünfte Bürgermeister der Freien- und Hansestadt in seiner Amtszeit (1971 – 1974) die Panzergrenadierbrigade 17. Anläßlich seines letzten Besuchs in der Boehn-Kaserne am 8. Januar 1974 trugen ihm die zu einer Gesprächsrunde geladenen Soldaten „viele Wünsche" vor. Das „Hamburger Abendblatt" berichtete:

„In betont ziviler Haltung": Bürgermeister Schulz im Gespräch mit Soldaten der PzGrenBrig 17 am 8.1.1974. In der Bildmitte Oberst Schröder, der BrigKdr (Photo Stark/„Hamburger Abendblatt")

„In betont ziviler Haltung, mal auf einem Tisch sitzend, mal lässig angelehnt, plauderte der Bürgermeister in der Rahlstedter Boehn-Kaserne mit uniformierten Bürgern aller Dienstgrade. Prompt wurde er mit dem alten Wunsch nach verbilligten Fahrten mit öffentlichen Verkehrsmitteln konfrontiert."[26]

In dieser Frage machte der Bürgermeister allerdings keinerlei Versprechungen. „Wenn Schorsch Leber das bezahlen würde", so Bürgermeister Schulz, „könnte darüber diskutiert werden." Wie so oft fehlte also das Geld, um die Wünsche der Soldaten zu erfüllen

„Eine ganz große Sache": Patenschaft für Alsterdorfer Anstalten

Vielleicht waren es auch diese Erfahrungen mit den unerfüllten Wünschen, die Soldaten der Panzergrenadierbrigade 17 veranlaßten, zu Beginn des Jahres 1974 eine Patenschaft für die Pflegebefohlenen der Alsterdorfer Anstalten zu übernehmen, denn hier gab es auch viele unerfüllte Wünsche. Beim Brigadeball 1973 war die Patenschaft bekanntgegeben und der Ball ganz in den Dienst der guten Sache gestellt worden. Der Gesamterlös des Balls von 7.500 Mark wurde als „Patenschaftseinstand" den Alsterdorfer Anstalten übergeben.

Lothar Schulz, der Pressesprecher der „Evangelischen Stiftung Alsterdorf", wie die Anstalten sich jetzt nennen, ist auch heute noch dankbar für die damalige Initiative der Bundeswehr in Rahlstedt: „Ausschlaggebend für das Zustandekommen dieser Patenschaft war die Zusammenarbeit des Brigadekommandeurs Oberst Schröder mit dem damaligen Vorstandsvorsitzenden der Anstalten, dem Rechtsanwalt Herbert W. Samuel, für den 'Volksbund Deutsche Kriegsgräberfürsorge e.V.'."[27] Lothar Schulz, der 1974 das Engagement der Brigade als Pressesprecher des Diakonischen Werkes mitverfolgte, bewertet damals wie heute die Patenschaft „als eine ganz große Sache": „Sie müssen bedenken, zu jener Zeit kümmerte sich absolut niemand in Hamburg um uns, wir waren eben eine geschlossene Anstalt. Da kam die Panzergrenadierbrigade 17 und drückte uns den Schlüssel in die Hand, mit dem wir nach draußen konnten. Die Brigade hatte im wahrsten Sinne des Wortes eine Schlüsselfunktion für uns und unseren Zugang zum Gemeinwesen."

Viele gemeinsame Aktivitäten folgten, bei denen sich zunächst der Panzerspähzug 170 und später das Panzerbataillon 174 mit Ideenreichtum und Hilfsbereitschaft zu den eigentlichen Trägern der Patenschaft in der Brigade entwickelten.

Modelleisenbahn vom PzSpZg 170 für die Alsterdorfer Anstalten am 22.4.1974; Hinter der Eisenbahn: Verwaltungsleiter Budnick und OLt Hammerschmidt, der Zugführer des PzSpZgs 170
(Photo Stark/„Hamburger Abendblatt")

„Mehrmals waren Bewohner der Alsterdorfer Anstalten zu Gast in der Graf-Goltz-Kaserne in Rahlstedt", heißt es in der Ausgabe Nr. 1 1982 von „WIR HELFEN", der früheren Zeitschrift der Alsterdorfer Anstalten. „Zu erwähnen sind auch die zahlreichen Geldspenden ... oder die mit viel persönlichem Einsatz durchgeführten Sportfeste für Körperbehinderte. ... Mehrfach haben wir in 'WIR HELFEN' über das soziale Engagement dieser Bürger in Uniform berichtet. Viele gute Taten wurden durch die Medien des In- und Auslandes lobend erwähnt ..."[28] So zum Beispiel die sogenannten „Rennen am Goltz-Ring", Veranstaltungen, die Spaß, Unterhaltung und guten Zweck auf geradezu ideale Weise verbanden.

Rennfieber am „Goltz-Ring"

„Tja, die Autorennen, das war meine Idee", Oberstabsfeldwebel Karl-Heinz Warnholz, S1 im Panzerartilleriebataillon 177, lacht. Begonnen hatte alles auf einem Dachboden in der Boehn-Kaserne im Dezember 1973, ausgerechnet in der Zeit der „Energiekrise" und der „autolosen Sonntage". Damals war Karl-Heinz Warnholz noch Oberfeldwebel und „Spieß" des Panzerspähzugs 170: „Die Jungs vom Spähzug hatten sich eine 'CARRERA-Bahn' aufgebaut, um sich über die langen Bereitschaftswochenenden und die hohen Benzinpreise hinwegzutrösten. Auf dem Dachboden, wo die CARRERA-Autochens rasten, war immer Stimmung, und da kam ich auf die Idee: Hieraus könnte man was machen!"[29]

Gesagt, getan: Jedes Jahr rasten fortan auf immer größeren Miniaturrennbahnen in immer aufwendigeren Turnieren die Mini-Flitzer um die Wette. Das gesammelt Startgeld – 5 Mark waren pro Teilnehmer für „Start und 'rennmäßige Verpflegung' " zu entrichten – wurde den Alsterdorfer Anstalten gespendet. Als Karl-Heinz Warnholz 1975 Kompaniefeldwebel der 3. Kompanie

Rennfieber am „Goltz-Ring": Alida Fischer, Moderatorin der „SCHAUBUDE", gibt den Startschuß mit einer P1 (Photo PzBtl 174)
Außerdem im Bild (v.l.) OTL Nessel (Kdr Btl 174), HFw Tomm (S3Fw PzBtl 174), Schlagersänger Tony Holiday („Tanze Samba mit mir"), BrigGen Schröder (BrigKdr PzGrenBrig 17) und Marie-Luise Nessel.

im Panzerbataillon 174 wurde, nahm er die Rennbahn mit. So wurde aus dem „Rennen auf dem Spähzug-Ring" das „Rennen am Goltz-Ring". Höhepunkt der Veranstaltungen wurde das Rennen im März 1977, das in Ausschnitten sogar im ZDF übertragen wurde.

Die „SCHAUBUDEN"-Moderatoren Alida Fischer und Carlo von Tiedemann waren gekommen, und Regisseur Jürgen Roland, selbst Oberleutnant d.R., hatte seine Uniform angezogen und die „Rennleitung" übernommen.

Das „Rennen am Goltz-Ring" 1977 war das letzte. Hauptfeldwebel Warnholz wußte, Steigerungen waren nun nicht mehr möglich, und so verschenkte er die riesige CARRERA-Bahn an die Alsterdorfer Anstalten.

„Später dann, in den 80er Jahren, wurde es ruhiger um die Patenschaft", stellt Lothar Schulz bedauernd fest. „Unsere Zivildienstleistenden in den Anstalten machten Schwierigkeiten, wenn die Soldaten auftauchten, und wir wollten keine Konfrontation." So wandte sich das Engagement der Soldaten der Panzergrenadierbrigade 17 verstärkt anderen Freunden zu, beispielsweise der Landesgruppe der Reservisten in Hamburg.

„Preis-Schießen um den Weihnachtsbraten"

Die „Landesgruppe Hamburg im Verband der Reservisten der Bundeswehr" hatte schon 1967 damit begonnen, sich durch ihren „Militärischen Mannschaftswettkampf um den Wanderpokal der Innenbehörde der Freien und Hansestadt Hamburg" unter aktiven Soldaten, Reservisten und Gästen einen Namen zu machen. Der erste Wettkampf war von dem damaligen Hauptmann d.R. Franz Abel als Nachtfahrt nach Karte und Kompaß angelegt worden. Am 22. April 1967 fand dann zum erstenmal der Militärische Mannschaftswettkampf in der Form statt, in der er sich bis auf den heutigen Tag erhalten hat, als militärsportlicher

Vergleich von Mannschaften der Bundeswehr, der Polizei und des Bundesgrenzschutzes im Sturm-, Maschinengewehr- und Pistolenschießen, im Handgranatenzielwurf und Hindernislauf und in „kniffligen Fragen aus dem Bereich der Taktik und der Staatsbürgerkunde".

Noch heute unterstreicht der langjährige Landesvorsitzende des Reservistenverbandes Oberst d.R. Franz Abel die gute Zusammenarbeit der Reservisten und der Panzergrenadierbrigade 17: „Nur mit der personellen und logistischen Unterstützung durch die Brigade konnten wir den Mannschaftswettkampf und auch unsere andere große Veranstaltung, das 'Preisschießen um den Weihnachtsbraten', überhaupt machen. Dabei war es traditionell so, daß die 173er den Mannschaftswettkampf unterstützten und die 174er das Preisschießen."[30]

„Ich könnt' se fressen", die kessen Politessen ..." – 16. Militärischer Mannschaftswettkampf um den Wanderpreis der Innenbehörde" am 12.6.1982: Wettkampfteilnehmerinnen der Polizeischule Alsterdorf auf der StOSchießanlage Höltigbaum (Photo Abel)

Das „Preisschießen um den Weihnachtsbraten", von den Teilnehmern schlicht „Gänseschießen" genannt, war auch eine Erfindung von Franz Abel. Bei diesem seit dem 12. Dezember 1970 als Jahresabschlußveranstaltung der Hamburger Reservisten angelegten Preisschießen mit anschließendem Feldempfang, zu dem in den 80er Jahren regelmäßig weit mehr als 2.000 Gäste erschienen, konnten immer über 400 tiefgefrorene Gänse, Puter und Enten „erschossen" werden.

Die Preise wurden aus dem Beitragsaufkommen des Reservistenverbandes finan-

11. Militärischer Mannschaftswettkampf 1977: Meldung der Wettkampfmannschaften und unterstützenden Teile der PzGrenBrig 17 durch Oberst d.R. Abel an Brigadegeneral Schröder (Photo Abel)

ziert, so daß der Gesamterlös aus den Nenngeldern wohltätigen Zwecken („Weißer Ring", Altersheime, u.a.) gestiftet werden konnte. „Ziel war aber auch, die Verbindung zwischen Aktiven und Ehemaligen zu erhalten, Freundschaften zu vertiefen und ganz klar zu zeigen: 'Kuckt 'mal Freunde, wir Reservisten können das noch!' " betont Oberst d.R. Abel am Ende unseres Gesprächs.

Die neuen Freundschaften und Verbindungen, von denen hier nur kurz und ausschnittsweise berichtet wurde, waren für die Soldaten der Panzergrenadierbrigade 17 weitere Schritte auf dem Weg zu einer gesellschaftlichen Etablierung in Hamburg und im Umland. „Doch um es gleich vorweg zu nehmen", konstatierte das „Hamburger Abendblatt" in seiner Reportage „20 Jahre Bundeswehr" am 12. November 1975: „Das Geburtstagskind ist ... kräftig und gesund. Die Bundeswehr wird heute von allen demokratischen Parteien unseres Staates bejaht, hat die gesellschaftspolitische Anerkennung erreicht, und so ein gesundes Selbstvertrauen und ein normales Selbstverständnis gefunden."[31]

2.2. Zum erstenmal nach Kanada

„Sprung nach Kanada"

„Ein Sprung mit 3.444 Mann über den großen Teich nach Kanada wird die erste größere Aufgabe des neuen Kommandeurs des Panzerartilleriebataillons 177, Oberstleutnant Heribert Klose, sein. ... Das Panzerartilleriebataillon 177 wird die erste Hamburger Einheit sein, die zu einer Übung nach Kanada fliegt. Der weite Weg ist notwendig, weil die Übungsplätze in der Bundesrepublik zu klein und zu eng sind.. ..." Mit diesen Informationen irritierte die „Wandsbeker Zeitung" am 20. März 1975 ihre Leser.[32] Denn ein „Sprung mit 3.444 Mann über den großen Teich" wäre nicht bloß eine „größere Aufgabe" für den Kommandeur eines Artilleriebataillons gewesen. Hätte es sich doch um die Verlegung fast einer gesamten Brigade gehandelt. Tatsächlich aber waren es 264 Soldaten des Panzerartilleriebataillons 177 und 79 Artilleristen der 4. Batterie des Panzerartilleriebataillons 185 in Boostedt, die sich am 7. Mai 1975 mit der Bundesbahn nach Köln und von dort mit Luftwaffen-Transportern vom Typ BOEING 707 auf den Weg machten, um als erste Soldaten der Panzergrenadierbrigade 17 den kanadischen Truppenübungsplatz Canadian Forces Base (CFB) Shilo in der Provinz Manitoba zu betreten.

Transporter vom Typ BOEING 707 auf dem Rollfeld des Flughafens von Winnipeg (Photo PzGrenBtl 173)

„Hausarrest" für's Vorkommando

„Also, ganz so stimmt das nicht!" widerspricht Stabsfeldwebel Gerd Bein von der Hamburger Standortkommandantur. „Die ersten Soldaten der Brigade in Kanada waren wir, die Männer vom Vorkommando. Wir waren schon am 25. März 1975 'rübergeflogen, um das Gerät und die Unterkünfte zu übernehmen und alles für die Ankunft des Bataillons vorzubereiten."[33] Die Soldaten des Vorkommandos waren Hauptmann Kirchhoff, der S4Offizier, Hauptfeldwebel Schimmelpfennig, der Instandsetzungszugführer, die Oberfeldwebel Hansen von der 1. Batterie und Bein von der 2. Batterie, sowie Feldwebel Reichardt von der 3. Batterie.

Als das Vorkommando in Kanada eintraf, herrschte dort allerdings noch tiefster Winter, ein ungewöhnlich strenger Winter obendrein, mit Temperaturen bis minus 40° Celsius. Da war also erst 'mal nichts zu machen, alle Soldaten mußten im Lager bleiben. Noch einmal Stabsfeldwebel Bein: „Blizzards, also schlimme Schneestürme, tobten um das Camp, und uns wurde verboten, die Quartiere zu verlassen. Das war beinahe wie Hausarrest, aber es war einfach zu gefährlich bei diesen Schneestürmen draußen. Unsere einzige Aufgabe in den ersten vierzehn Tagen war das dreimalige tägliche Essenfassen. Dazu wurden wir von einem Bus an den Quartieren abgeholt und anschließend wieder abgesetzt."

Es gab aber für das Vorkommando außer Schneeschippen ohnehin nichts zu tun, denn wegen der Witterungsverhältnisse waren die Ersatzteile und das Zubehör noch nicht eingetroffen. Ungeduldig wartete man auf den Frühling. 1975 begann erst die dritte Nutzungsperiode für die Bundeswehr in Kanada – der deutsche Übungsbetrieb in Shilo war am 1. April 1973 angelaufen –, und es gab also noch viel zu erkunden und entdecken.

„90 Kilogramm Akten für den Bataillonsstab"

„Schlagartig kam in der zweiten Aprilwoche der Sommer", erzählt Gerd Bein weiter, „und der Schnee schmolz binnen drei Tagen. Jetzt konnten wir uns daran machen, die Geschütze und Fahrzeuge zu entmotten, denn am Ende einer Übungsperiode wurde – und wird ja wohl auch noch heute – das gesamte Gerät über den Winterzeitraum einer Kurzzeitkonservierung unterzogen. Bis unser Bataillon dann kam, hatten wir noch reichlich Zeit, uns umzusehen, und ich muß sagen, die Gastfreundschaft war unglaublich. Ich glaube, alle deutschstämmigen Familien in Manitoba haben sich förmlich darum gerissen, uns deutsche Soldaten einzuladen, um uns Land und Leute zu zeigen."

Am 8. Mai traf das Panzerartilleriebataillon 177 in Kanada ein. In der Bataillonschronik heißt es dazu:

Für den Überflug der Masse des Bataillons waren der Kommandeur und sein Stellvertreter, Major Mein, zu Flugzeugältesten bestimmt worden. Weitere Regelungen betrafen das persönliche Gepäck, die verbotene Einfuhr von Obst und Gemüse, ... Darüberhinaus war festgelegt, daß der Bataillonsstab nur 90 kg Akten mitführen durfte, die Batterien jedoch 120 bzw 130 kg (1./). Ob diese Beschränkung als Erleichterung im doppelten Sinne oder als Erschwerung des Dienstbetriebes aufgefaßt wurde, ließ sich nicht mehr ermitteln. ... Trotzdem trafen in Kanada nur begeisterte Artilleristen ein."[34]

OFw Bein, FeuerleitFw der 2./PzArtBtl 177, mit seinem Feuerleit-MTW auf der Schießbahn BERLIN (Photo Bein)

Der katholische Militärpfarrer geht verloren ...

Begleitet wurden die Rahlstedter Artilleristen vom evangelischen Militärpfarrer Helmut Rösel und seinem katholischen Amtsbruder Karl-Heinz Vössing. Militärpfarrer Vössing „hatte sich mit einem Krad mobil gemacht", heißt es in der Chronik der 177er, „um auch die letzten Soldaten im Gelände zu erreichen." Bereits am dritten Tag des Truppenübungsplatzaufenthaltes verschwand der Geistliche plötzlich spurlos in den Weiten der kanadischen Prärie, angesichts der Ausdehnung des Übungsplatzes „nicht ganz ungefährlich", wie der Bataillonschronist feststellt. Doch Militärpfarrer Vössing hatte Glück: „Kurz vor Einbruch der Dunkelheit konnte der Pfarrer geborgen werden. Welcher Schutzengel dem erfolgreichen Suchtrupp den Weg gewiesen hat, war für die Rahlstedter Barbarajünger auch fernab der Heimat keine Frage. Das Vertrauen in die Schutzheilige war denn auch so groß, daß man dem motorisierten Tatendrang des Pfarrers nicht etwa durch

Verordnungen ein Ende setzte; nein – ganz im Gegenteil: Ab sofort gehörte ein Funkgerät SEM 35 zu seinem Gepäck."[35]

„Keine Artilleristen in der Platzkommandantur"

Am 20. Mai kehrte das Bataillon zurück. Der Bataillonschronist (und Kommandeur der Jahre 1982 bis 1986) Oberstleutnant Dirk von Grone stellte später fest: „Dieser einzigartige Übungsplatz ist der Artillerie trotz größter Ausbildungserfolge leider nicht erhalten geblieben. Die Truppe hat Gedanken und Überlegungen zur ersatzlosen Streichung dieser Möglichkeit nie richtig erfahren."[36] Allerdings wurde die Eignung des kanadischen Truppenübungsplatzes für die Artillerie nicht nur positiv beurteilt. „Fairerweise sollte aber auch erwähnt werden, daß es für die Beobachter in der kanadischen Prairie von Shilo sehr schwierig war, und daß nur mit der dritten Ladung geschossen werden durfte", gibt Stabsfeldwebel Bruno Reich, damals Zugführer in der 2. Batterie, zu bedenken. „Ursprünglich sollte gemäß Sicherheitsbefehl sogar nur mit der zweiten Ladung geschossen werden, aber das konnten wir mit unseren damaligen Analogrechnern gar nicht umsetzen, das ging also überhaupt nicht. Ganz offensichtlich saßen keine Artilleristen in der Platzkommandantur."[37]

Shilo 1978: Die 4. Kp des PzGrenBtl173 mit unterstelltem Panzerzug des PzBtl 184 auf der Schießbahn BERLIN am 10.6.1978 (Photo Stümke)

Wie auch immer – Shilo 1975 blieb der einzige Aufenthalt des Bataillons in Kanada. Der nächste Verband der Panzergrenadierbrigade 17 in Shilo war drei Jahre später (25. Mai bis 16. Juni 1978) das Panzergrenadierbataillon 173 unter der Führung von Oberstleutnant Zumkley.

Begeistert äußerte sich Oberstleutnant Peter Zumkley nach der Rückkehr des Bataillons gegenüber der „Morgenpost": „Der Aufenthalt in Kanada brachte bessere Kameradschaft und bessere Dienstauffassung, obwohl von morgens 4.30 Uhr bis 22 Uhr geübt wurde. In Shilo wurden die Soldaten perfekt ausgebildet."[38]

Die „Panzermänner" vom Panzerbataillon 174 kamen erst im Juni 1985 in den Genuß dieser „perfekten Ausbildung", nachdem das Bataillon auf den Kampfpanzer LEOPARD umgerüstet worden war (ab 21. Dezember 1982). Letzter Truppenübungsplatzaufenthalt von Teilen des Panzergrenadierbataillons 173 und des Panzerbataillons 174 in Shilo war im Mai 1991.

„Kinderfest" beim Panzerartilleriebataillon 177

Aber das Jahr 1975 war für die Rahlstedter Artilleristen nach der Rückkehr aus Kanada noch lange nicht „gelaufen". Im November folgten noch ein Truppenübungsplatzaufenthalt in Munster-Süd, eine Mobilmachungsübung und die Teilnahme an der multinationalen Artilleriegefechtsübung „BEAT BLOW". Auch Bataillonsball, „Tag der Angehörigen" und „Kinderfest" standen bevor.

Das sogenannte „Kinderfest" wurde seit Mitte der 60er Jahre zusammen mit dem

„Kinderfest" anläßlich des 15jährigen Bataillonsjubiläums der 177er am 29.6.1974 in der Boehn-Kaserne: Das „Kinderkönigspaar Dirk und Barbara" wird im geschmückten „Kübel" nach Hause gefahren. (Photo Stark)

„Bürgerverein Rahlstedt" in der Boehn-Kaserne veranstaltet. 1975 gehörte es bereits zum Jahresprogramm des Bezirks und fand gleich zweimal statt. Einmal am 13. September als Kinderfest des Panzerartilleriebataillons 177 und des „Bürgervereins Rahlstedt" und dann am 29. September als „Aktion Ferienspaß" des „Hamburger Abendblatts" (Motto: „Achten Sie auf den Schmetterling!") und der Panzergrenadierbrigade 17. „Das Angebot in der Kaserne war so groß", berichtete die „Wandsbeker Zeitung" am 18. September 1975 unter der Überschrift „Spaß für 2.000 Kinder", „daß die Kinder vielfach nicht wußten, wo sie anfangen sollten. Von der Diskothek über die Grillwürstchenparty, Jeepfahrten, Ringewerfen, Schlauchbootschaukeln, Reiten, Fahrradturnier, ... bis hin zu Kakao, Kuchen und Limonade 'eine runde dufte Sache' ..."[39] Das Kinderfest am 29. September wurde dann eine Party der Superlative: 12.000 Kinder zählte das „Hamburger Abendblatt" in der „guten, alten Boehn-Kaserne". Daß soviele Eltern ihre Kinder in die Obhut der Soldaten gaben, war doch eigentlich ein gutes Zeichen und ein Vertrauensbeweis für die Panzergrenadierbrigade 17. Ein anderes Zeichen dieses Vertrauens und der Anerkennung sollte das zweite feierliche Gelöbnis auf dem Rathausmarkt am 1. Dezember 1977 werden.

2.3. Die Brigade auf dem Rathausmarkt 1977

Glocken zum Gebet

„Kein Regisseur hätte das besser arrangieren können. Ich hatte eben den Befehl 'Helm ab zum Gebet' gegeben, als in die feierliche Stille auf dem Rathausmarkt hinein die Glocken der St.-Petri-Kirche die volle Stunde schlugen – 21.00 Uhr. Keine Autos, keine Busse, keine Fußgänger waren zu hören, nur das Flackern der Fackeln und die Glocken von St. Petri. Ich muß sagen, das war ein ergreifender, ein bewegender Moment für mich und wahrscheinlich für die allermeisten der angetretenen Soldaten und der rund 5.000 Zuschauer."[40]

Senator Peter Zumkley, Bevollmächtigter der Freien und Hansestadt beim Bund, tritt an das Fenster seines Büros im ersten Stock des Hamburger Rathauses und blickt hinaus in das trübe Grau dieses Januartages 1993 auf den Rathausmarkt, dorthin, wo sich vor mehr als fünfzehn Jahren die eben beschriebene Szene abgespielt hat. Damals an jenem 1. Dezember 1977, einem Donnerstag, war Oberstleutnant Zumkley der Führer der Paradeaufstellung beim feierlichen Gelöbnis mit anschließendem Großen Zapfenstreich auf dem Hamburger Rathausmarkt, für den Kommandeur des Panzergrenadierbataillons 173 eine nicht eben alltägliche Aufgabe. Auch die Anstrengungen der letzten beiden Wochen waren noch nicht vergessen: Vierzehn Tage im Biwak auf dem Truppenübungsplatz Bergen lagen hinter den Soldaten der Brigade, bei Regen und eisigem Wind. Nun also Paradeaufstellung, Gelöbnis und Großer Zapfenstreich – stärker konnten die Gegensätze kaum sein.

Zum zweitenmal in der Geschichte der Hansestadt

„Das Wort 'Zapfenstreich' führt uns in die Lager der Landsknechte und Hochblüte der Reiterei zurück", heißt es in einer Presseinformation des S1Stabsoffiziers, Oberstleutnant Hans Grohmann, die anläßlich der Pressekonferenz der Brigade am 23. November 1977 an Hamburger Journalisten verteilt wurde. „Zu einer festgesetzten Abendzeit ging der 'Profos' – Offizier vom Wachdienst – durch die Schenken und 'strich' den Zapfen des Schankfasses, d. h. er schlug mit einem Stock den Zapfen in das Faß hinein, um es zu verschließen. Damit war der Befehl gegeben, den Ausschank einzustellen, und die Soldaten hatten sich ins Quartier zu begeben."[41]

Auch für die 1.800 Soldaten der Panzergrenadierbrigade 17 hatte das aus dem mittelalterlichen Landsknechtsritual entwickelte Zeremoniell letztlich keine andere Bedeutung. Der Große Zapfenstreich beendete das feierliche Gelöbnis von 700 Rekruten[42] auf dem Rathausmarkt und war für die Sol-

Großer Zapfenstreich auf dem Rathausmarkt am 1.12.1977: Die Abnehmenden v.l. Konteradmiral Wolfgang Benzino, Befehlshaber im Wehrbereich I, Generalmajor Hans Poeppel, DivKdr 6. PzGrenDiv, Hans-Ulrich Klose, Erster Bürgermeister HH, Brigadegeneral Gerwin Schröder, BrigKdr PzGrenBrig 17
(Photo Schröder)

daten das Signal, in ihre Kasernen in Hamburg-Rahlstedt, Hamburg-Jenfeld und Lübeck zurückzukehren.

„Sehen Sie, es war schon etwas Besonderes, daß die Brigade im nicht militärfrommen Hamburg so etwas machen konnte", Senator Zumkley ist an seinen Schreibtisch zurückgekehrt und hat eine alte Photographie in die Hand genommen. „Immerhin war es elf Jahre her, daß Bürgermeister Professor Weichmann zum ersten- und bis zum Dezember 1977 auch einzigenmal in der Geschichte der Hansestadt den Rathausmarkt für diese militärische Zeremonie zur Verfügung gestellt hatte (vgl II. 3.2.). Aber Hans-Ulrich Klose war auch ein Freund der Brigade, hatte selbt dort Wehrübungen geleistet. Er hat seine Zustimmung zu der Veranstaltung sicher gerne gegeben."

Bürgermeister Klose nutzte denn auch seine Ansprache an Teilnehmer und Gäste des Gelöbnisses, die Soldaten zu mehr „demokratischer Solidarität" anstelle bloßer „Kameraderie" zu ermahnen: „Bei aller Freiheit, die unsere demokratische Ordnung dem einzelnen für seine politischen Überzeugungen bietet ... , ist es doch notwendig, einen Korpsgeist neuer, moderner Art zu entwickeln, dessen Inhalt ... Sie ge-

Der Hamburger Rathausmarkt am 1. Dezember 1977 um 20.26 Uhr (Photo „Hamburger Abendblatt")

genüber allen politischen Extremen eine besondere Besonnenheit und den notwendigen gelassenen Abstand gewinnen läßt."[43]

Noch vor dem Bürgermeister hatte der Brigadekommandeur gesprochen, Worte des Dankes an Hamburg und seine Bürger. Fünf Jahre führte General Schröder mittlerweile die „Hausbrigade", was seiner Feststellung „Wir Soldaten fühlen uns wohl in dieser Stadt." besonderen Nachdruck verlieh. An die Rekruten gewandt fuhr er fort: „Wir alle wissen, daß mancher im Grundwehrdienst Opfer bringen muß. ... Sie, meine jungen Kameraden, nehmen diese Opfer auf sich, weil Sie im Grunde spüren, daß das Land, in dem wir leben, Ihren Einsatz zu Recht erfordert."[44]

„Trommelwirbel und Posaunenklänge"

Dann folgten Gelöbnis und Zapfenstreich. Zwar hatte nicht alles so minutiös vorgeübt werden können wie 1966, als man auf dem Exerzierplatz der Boehn-Kaserne den Rathausmarkt mit seinen Pavillons, der U-Bahnstation und dem Straßenverlauf nachgebildet hatte, aber An- und Abmarsch der 1.800 Soldaten mit U-Bahnen und Bussen verliefen doch mindestens ebenso glatt und reibungslos. Vielleicht waren die alten Organisationsbefehle vom Juni 1966 noch vorhanden gewesen. Ein großes Aufgebot an Polizei- und Feldjägerkräften hatte den Rathausmarkt abgesperrt und half bei der Abwicklung. Immerhin wurden 5.500 Besucher gezählt, darunter „viele Senatoren, Generäle, Konsuln und Politiker".[45]

„Trommelwirbel und Posaunenklänge verhallen im Wind", schließt der Bericht im „Hamburger Abendblatt" am 2. Dezember 1977. „Ein großer Abend geht zu Ende. Ein Abend, wie ihn die Stadt erst zum zweitenmal in der Nachkriegsgeschichte erlebt hat. Vielleicht lassen sich die Abstände verkürzen. Denn Hamburg ist mit mehr als 10.000 Soldaten nach Koblenz zweitgrößte Garnison der Bundesrepublik. 'Heimliche Hauptstadt der Bundeswehr' wird die Hansestadt auch genannt."[46]

Dieser Wunsch des damaligen „Abendblatt"-Redakteurs Jürgen Eckardt (heutiger stellvertretender Chefredakteur) sollte sich nicht erfüllen. Nie wieder ist die Brigade auf dem Rathausmarkt angetreten, obgleich auch in den folgenden Jahren die Verbundenheit mit Hamburg immer wieder in Hilfseinsätzen oder öffentlichem Engagement unter Beweis gestellt wurde. Nur ein Jahr später rückte die Brigade aus, um in Hamburg S-Bahn-Strecken freizuschaufeln oder im Kreis Stormarn abgeschnittene Ortschaften zu befreien. Bei diesen Einsätzen gegen meterhohe Schneewehen waren die Helfer in ihren Bergepanzern und geländegängigen LKW sehr willkommen, öffentliche Gelöbnisse aber wurden in den 80er Jahren zunehmend zu einem Reizthema. Die Veranstaltung auf dem Rathausmarkt 1977 verlief noch völlig störungsfrei. Nur wenige Jahre später hätten lautstarke Protestkundgebungen eine ähnliche Zeremonie vermutlich nicht mehr zugelassen. So blieb es also bei zwei öffentlichen Gelöbnissen der Panzergrenadierbrigade 17 auf dem Rathausmarkt; beide aber sind bei Teilnehmern und Zuschauern bis heute unvergessen.

2.4. Schneekatastrophe 1979

Pinguine tanzen in der Boehn-Kaserne

„Schneechaos", „Katastrophenalarm", „weiße Hölle", sind einige der bildhaften Schlagworte, die schnell fallen, wenn Soldaten aus den Einheiten und Verbänden der 6. Panzergrenadierdivision, die in das winterliche Drama des Jahreswechsels 1978/79 ausrücken mußten, auf das Thema „Schneekatastrophe" zu sprechen kommen. Ehemalige Angehörige der Panzergrenadierbrigade 17 allerdings werden dann auch von tanzenden Pinguinen, einem ganzen Pinguin-Ballet, dem Eskimo Ole und allerhand anderen ganz erstaunlichen Dingen erzählen. Ein unvoreingenommener Zuhörer wird sich unwillkürlich fragen, wie weit die Panzergrenadierbrigade 17 im Katastropheneinsatz wohl herumgekommen sein mag. Oder er wird in

Rechnung stellen, daß mittlerweile ja über dreizehn Jahre seit jenem Katastrophenwinter in Schleswig-Holstein vergangen sind, und manche Erinnerungen vielleicht nur noch den Wahrheitsanspruch mythischer Legenden haben. In jedem Falle werden also Zweifel bleiben. Und doch spinnen jene 17er, die von den tanzenden Pinguinen erzählen, kein Soldatengarn. Es hat sie tatsächlich gegeben! Sie tanzten sogar in der Boehn-Kaserne! Die tierischen Frackträger waren Teil einer furiosen Rock-Revue, die Hamburgs Szenengröße Udo Lindenberg in der Mehrzweckhalle Nr. 14 der Boehn-Kaserne am 17. Januar 1979 vor rund 2.000 Soldaten der Panzergrenadierbrigade 17 gratis und kostenfrei aufführte, um damit Dank zu sagen für den Einsatz der Brigade während der Schneekatastrophe. Und „Panik-Udo" war nicht allein gekommen. Er hatte die aus seinen Songs sattsam bekannten Phantasiegestalten „Rudi Ratlos" und „Elli Pirelli", die „Rockröhren" Ulla Meinecke und „Sexy Hexy" Ingeburg Thomsen, „Altrocker" Eric Burdon und eben auch das Pinguin-Ballet mitgebracht. Gemeinsam wollte man mit der sogenannten „Dröhnland-Symphonie" den im „Grönland-Einsatz" durchgefrorenen Soldaten ordentlich einheizen.

Ein solches Spektakel hatte das alte „Exerzierhaus 13" aus der Wehrmachtszeit mit Sicherheit noch nie erlebt. Die Schneekatastrophe machte es möglich und – Karl-Heinz Warnholz, der kreative „Spieß" der 3. Kompanie im Panzerbataillon 174. Oberstabsfeldwebel Warnholz erinnert sich: „Ende 1978 suchte die Lindenberg-Mannschaft zur Vorbereitung der 'Rock-Revue '79' eine große und vor allem kostengünstige Halle zum Vorüben. Man wandte sich auch an uns in der Graf-Goltz-Kaserne, und ich konnte den Kommandeur, Oberstleutnant Nessel (auch „Sir Richard von Höltigbaum" – Anm. d. Verf.), überzeugen, die Mehrzweckhalle unentgeltlich zur Verfügung zu stellen. Dafür erklärte sich Lindenberg bereit, kostenlos ein Konzert für das Panzerbataillon 174 zu geben.

Brigadegeneral Gerwin Schröder mit Udo Lindenberg und Elli Pirelli im Offizier Kasino der Boehn-Kaserne am 17.1.1979: Udo freut sich; endlich hat auch er ein echtes Panzerbarett der Bundeswehr.
(Photo Heydasch)

Dann kam die Schneekatastrophe, und wir machten aus der vereinbarten Gratisvorstellung in der Graf-Goltz-Kaserne das große Dankeschön für die ganze Brigade in der Mehrzweckhalle der Boehn-Kaserne. Für Udo Lindenberg war das gleichzeitig die Generalprobe seiner Deutschland-Tournee. Die Show, bei der übrigens Peter Zadek Regie führte, war ein riesiger Erfolg. Die Soldaten tobten."[47]

„Dröhnland auf dem Boehn-Land"

In jedem Fall muß der Geräuschpegel ein „riesiger" gewesen sein, denn im „Hamburger Abendblatt" vom 18. Januar 1979 heißt es unter einer typischen Hans G. Stark Überschrift („Lindenbergs Dröhnland auf dem Boehn-Land"): „Schon bald griff, wer in der Nähe der Lautsprecher saß, verstohlen nach den Ohrstopfen, mit denen sich Artilleristen und Panzerschützen gegen den Abschußknall zu schützen pflegen."[48] Und das soll schon etwas heißen in einer Zeit, da es viele Soldaten noch als Zeichen der „Verweichlichung" ansahen, Knallschaden-Prophylaxe zu betreiben.

Als heimliche Lindenberg-Fans entpuppten sich auch Rahlstedts Ortsamtsleiter und Leutnant d.R. Rolf Mietzsch sowie Brigadegeneral Gerwin Schröder, die angeblich begeistert mit den Fingern geschnippt haben sollen.

Anschließend gab Udo Lindenberg einen Empfang im Offizier Kasino der Boehn-Kaserne. Hier kamen sich „Panikorchester" und Offizierkorps näher. General Schröder, immer noch ganz im Banne der „Dröhnland-Symphonie" („Der Junge is ja janich mal schlecht, wa?") schenkte Udo ein Panzerbarett. Das Barett war nämlich der große Renner in Sachen Anzugsordnung der Bundeswehr zu Beginn des Jahres 1979. Die neue Kopfbedeckung war erst im November des Vorjahres für alle Truppengattungen eingeführt worden. Bis dahin hatte es die „Bundeswehr-Baskenmütze" nur für die Panzer-, Jäger- und Fallschirmjägertruppe gegeben. Jetzt aber wurde es „korallen- oder bordeauxrot" und „dunkelblau" auf den Soldatenköpfen. Die klassischen Kopfbedeckungen zum Dienstanzug des deutschen Heeres, „Schiffchen" und „Schirmmütze", verschwanden.

Ganz gleich aber ob Schirmmütze oder Barett getragen wurde, Udo muß die militärische Gepflogenheit mit der Kopfbedekkung irgendwie gefallen haben, denn fortan wurde er nie mehr ohne Hut gesehen.

„Ihre Silvesterparty ist gelaufen ..."

Die „Dröhnland-Symphonie" mit den tanzenden Pinguinen war allerdings nur das kuriose Finale des Katastropheneinsatzes der Brigade, der für viele Soldaten mit einer telephonischen Alarmierung am Silvesterabend begonnen hatte. Einer von diesen Soldaten war Feldwebel Fred Kreuzmann, Fahrlehrer der bataillonseigenen Fahrschule im Panzerbataillon 174. Er erzählt: „Es war am Sonntagabend gegen 20.00 Uhr. Ich hatte bereits meinen Smoking an und wollte eben los, Ziel Silvesterparty im CCH, da klingelte das Telephon. Ich sagte noch zu meiner Frau: 'Elke, laß es klingeln!' Aber wie Frauen eben so sind, sie hatte den Hörer schon in der Hand. Mein damaliger Chef war dran, Hauptmann Bruder. Der sagte nur trocken: 'Ihre Silvesterparty ist gelaufen, Kreuzmann. Wir haben STURMVOGEL 2 (Katastrophenalarm für Norddeutschland – Anm. d. Verf.), kommen Sie man schnell in die Kaserne.' Tja, da war meine Silvesterparty tatsächlich gelaufen."[49]

Feldwebel Kreuzmann zog den Smoking aus und die Panzerkombi an und fuhr zu

Katastropheneinsatz am 1.1.1979: LKW der 1./174 auf dem Marsch zwischen „Schneemauern"
(Photo Stark)

seiner Kompanie in die Graf-Goltz-Kaserne. „So schlimm sahen die Straßen in Hamburg eigentlich nicht 'mal aus", stellt Fred Kreuzmann, der letzte „Spieß" der 4. Kompanie im Panzerbataillon 174, rückblickend fest. „Aber die Schneestürme tobten ja wohl vor allem in Schleswig-Flensburg und Nordfriesland."

Bei der 1. Kompanie waren mittlerweile etwa 60 Soldaten eingetroffen, die sich nach kurzer Lageinformation durch den Kompaniechef auf Abruf bereitzuhalten hatten. Gegen Mitternacht kam schließlich der Einsatzauftrag.

Am Güterbahnhof Moorfleet drohten die Schneemassen den gesamten Zugverkehr zum Erliegen zu bringen. Das hieß also Schneeschippen für die Soldaten. „Aber nicht bloß schippen", wirft Hauptfeldwebel Kreuzmann ein, „geschaufelt wurde, bis Montag Abend. Und ich fuhr die Arbeitskommandos hin und her."

Durchbruch mit Bergepanzern

Als Feldwebel Kreuzmann und seine Männer ausrückten, war rund ein Dutzend Soldaten des Panzerbataillons schon seit Stunden unterwegs. Es waren die Besatzungen der drei Bergepanzer des Bataillons, eines Feldarbeitsgerätes (FAG) und zweier geländegängiger LKW unter Führung des S4Offiziers, Hauptmann Brandt, die bereits am Sonntagnachmittag nach Boostedt beordert worden waren.

In Boostedt wurde von der Panzerbrigade 18, der alle Kräfte, die nördlich der Elbe zum Einsatz kamen, unterstellt worden waren, eine „Einsatzgruppe" aus über 30 Bergepanzern, FAG und LKW zusammengezogen. Dieser Verband wurde von Oberstleutnant Schultze-Rhonhof, dem Kommandeur des Panzerbataillons 183, geführt und hatte den Auftrag, die Notstromaggregate des Stromversorgungsunternehmens „Schleswag" aus Rendsburg zu holen, um sie im Schlepptau der Panzer nach Schleswig zu bringen, denn die Stromversorgung an der Ostküste war völlig zusammengebrochen.[50]

„Na ja, zuerst einmal mußten wir ja nach Boostedt kommen", erinnert sich Stabsfeldwebel Ulrich Bauer, der damalige Instandsetzungszugführer im Panzerbataillon 174. „Das hat schon 'mal runde fünf Stunden gedauert. Bei minus 18° Celsius und einem unglaublichen Schneesturm rollten wir über den Ring 3 und die Autobahn A7 nach Norden. Um 21.00 Uhr waren wir in der Rantzau-Kaserne in Boostedt. Dort wurde mit den anderen gekoppelt, und vielleicht eine Stunde später ging es dann wieder los, Ziel Schleswig."[51]

Die „Einsatzgruppe Schultze-Rhonhof" wagte den Durchbruch nach Schleswig. Er sollte zehn Stunden dauern. Das „Hamburger Abendblatt" widmete den „Helden von Schleswig" in der Ausgabe vom 4. Januar 1979 einen eigenen Bericht: „Hauptfeldwebel Ulrich Bauer (30) aus Wedel ... steuerte den Spitzenkoloß durch den Blizzard, den Kopf in der offenen Luke. ... Kopf und Schultern im eisigen Wind, den restlichen Körper im warmen Bergepanzer – so bestanden auch die anderen beiden Panzerfahrer, Unteroffizier Klaus-Peter Everding (23) und Hauptgefreiter Michael Schneegans (23), sowie die drei Kommandanten Fahnenjunker Jens-Peter Eggert (21) und die Unteroffiziere Roland Scharf (20) und Alfred Klein (24) den härtesten Test ihres Lebens. ... Am Silvester Nachmittag waren sie durch das Tor der Rahlstedter Kaserne gefahren ... Die Männer der ersten Stunde sind gestern im Katastrophengebiet abgelöst worden. Nach 85 Stunden Einsatz ..."[52]

Einmalig: Strafzettel für Panzer

Die Einsätze an der „Schnee-Front" aber gingen weiter noch bis zum Ende der ersten Januarwoche 1979. Dabei kam es allerdings auch zu unerfreulichen Erlebnissen für die eingesetzten Soldaten. Die Chronik des Panzerartilleriebataillons 177, das mit Teilen am Bahnhof Altona Schnee räumte, berichtet von „unkameradschaftlichem Verhalten" des Bundesbahnpesonals: „Höhepunkt war die Anzeige der Bahnpolizei gegen den Fahrer eines MTW M 113 (Mannschaftstransportwagen –

Anm. d. Verf.), der im Halteverbot stand, um Schaufeln etc. ausladen zu lassen. ... Erst energisches Einschreiten der Vorgesetzten machte den Weg für Vergünstigungen in der Eiswüste frei, die für Bahnangestellte selbstverständlich waren."[53]

Trotzdem waren die Soldaten der Brigade auch während der zweiten Schneekatastrophe vom 14. bis 18. Februar 1979 wieder unverdrossen im Einsatz, schaufelten Bahn- und Gleisanlagen auf den Bahnhöfen Langenfelde, Altona, Eidelstedt, Berliner Tor und auf dem Hauptbahnhof frei. „Spätestens als drei Bergepanzer vom Panzerbataillon 174 von der Rahlstedter Graf-Goltz-Kaserne zur Köhlbrandbrücke nach Waltershof beordert wurden, mußte deutlich werden: Bei der zweiten Schneekatastrophe seit Jahresbeginn hat es auch Hamburg erheblich erwischt!" stellt das „Hamburger Abendblatt" am 15. Februar fest. Außer den bereits im „Schnee-Einsatz"erprobten Bergepanzern der 174er waren auch 20 Bundeswehr-Busse zur Unterstützung des Hamburger Verkehrsverbundes (HVV) unterwegs, und zahlreiche Sanitätsfahrzeuge aus den Hamburger Einheiten standen abrufbereit. Ganz so dramatisch wie im Januar waren die Einsätze aber nicht mehr.

„Eisige Schaufel", „Feuerteufel" und „Kanonenklau"

Keine Frage, die Schneeschaufel war das Symbol der Hilfseinsätze im Katastrophenwinter 1979. Es gab sie zwar nicht als Anstecknadel oder auf eine „Schneemedaille" geprägt, aber immerhin von der Bundesbahn als „Eisige Schaufel" mit Dienstsiegel und Widmung für eine Gruppe von Soldaten aus Hamburger Einheiten, die zu einer Besichtigung des Bahnhofs Langenfeld eingeladen worden waren.

Aber auch nach Beendigung der Katastropheneinsätze kamen die Soldaten der Panzergrenadierbrigade 17 im Frühjahr 1979 nicht aus den Aufregungen heraus. So brannte in der Boehn-Kaserne die Mehrzweckhalle Nr. 12 in der Nacht vom 18. auf 19. Februar 1979 vollständig nieder, eine Nacht nach dem sensationellen Udo Lindenberg-Konzert.

Ein Zusammenhang zur „Dröhnland-Symphonie" konnte allerdings nicht nachgewiesen werden. In der Graf-Goltz-Kaserne hingegen wurde am 8. oder 9. März eine vollständige Kanone gestohlen.

„Gewichtiges Beutestück" („WELT" v. 14.3.1979)

Es handelte sich bei dem Geschütz zwar „nur" um ein Museumsstück, ein Schiffssignal-Geschütz des Jahres 1811 aus dem Museum für Hamburgische Geschichte, aber peinlich war die Sache in jedem Falle. Denn auch wenn es sich bei dem Diebstahl ganz offensichtlich nicht um einen terroristischen Akt handelte, so warf der Vorfall angesichts des stolzen Gewichts der Kanone von drei Zentnern doch gewisse Sicherheitsfragen auf und war vor allem Inhalt zahlreicher spöttischer Zeitungsberichte: „Kanonenklau im Kasino" in „Hamburger Abendblatt" vom 14. März, „Bundeswehr ließ sich Kanone klauen" in „Morgenpost" vom 14. März, „Welcher 'Kraftprotz' klaute Kanone (150 Kilo) aus Hamburger Kaserne?" in „BILD" vom 14. März und „Gewichtiges Beutestück" in „WELT" vom 14. März. Doch dieser Spott ließ sich „wegstecken", denn im Grunde genommen gab es im zwanzigsten Jahr des Bestehens der Hausbrigade „praktisch keinerlei Probleme zwischen den Hamburgern und ihren Soldaten", wie die „Wandsbeker Zeitung" anläßlich des Brigadejubiläums in ihrer Ausgabe vom 20. September 1979 feststellte. Und der Titel Hausbrigade stand auch nicht mehr in Anführungszeichen.

3. „Brigade 80 – Kleiner aber feiner" (1980 – 1982)

3.1 Neue Truppenteile, neue Namen (Heeresstruktur IV)

Grillwürstchen für den Verteidigungsminister

Mit einem festlichen Brigadebiwak in der Boehn-Kaserne hatte die Panzergrenadierbrigade 17 am 29. September 1979 ihr zwanzigjähriges Bestehen gefeiert. Über 600 zivile Gäste waren erschienen, um bei Erbsensuppe und Grillwürstchen an Lagerfeuern, beim „Springbrunnen" (Feuerlöschteich) oder im Tanzzelt des Heeresmusikkorps mit den Soldaten der Hausbrigade zusammen diesen Tag zu verbringen. Der Brigade standen in den kommenden Jahren wieder einmal große Veränderungen bevor, obgleich die letzte Umgliederung des Heeres (vgl. III. 1.1.) erst acht Jahre zurücklag. An der Form des Brigadebiwaks aber wollte man festhalten. Im „Befehl Nr. 1" für den „Gästeabend PzGrenBrig 17" heißt es: „Die Anordnung der Einrichtungen des Feldbiwaks der Brigade hat sich in den vergangenen Jahren bewährt, sie wird daher für den Gästeabend am 29. September 1979 weitgehend beibehalten."[54] General Wenner hatte das Brigadebiwak 1972 eingeführt, das in nahezu unveränderter Form bis 1992 Bestand haben sollte.

Zum Brigadebiwak 1979 war sogar Verteidigungsminister Dr. Hans Apel (seit 15. Februar 1978 im Amt) erschienen, der als Hamburger ein besonders gutes Verhältnis zur Panzergrenadierbrigade 17 entwikkelte („Bei denen habe ich mich immer wohlgefühlt!").

Brigadebiwak am 29.9.1979 (20 Jahre PzGrenBrig 17) in der Boehn-Kaserne: Ehrengast General van Daalen, Kdr 43. NL PzGrenBrig, übergibt General Schröder einen holländischen Offiziersäbel. Minister Apel ist begeistert.
(Photo Stark/„Hamburger Abendblatt")

Daß der Verteidigungsminister sich die Zeit nahm, bei Grillwürstchen und Erbsensuppe zu plaudern, machte deutlich: Hans Apel blieb trotz der Herausforderungen seines Bonner Amtes Hamburger, pflegte hier seine Freundschaften weiter und „hatte das Ohr an der Truppe".

Aus dem Tagebuch des Ministers: „Schluß mit dem Basteln"

Herausforderungen gab es viele in seiner Amtszeit. Noch nicht ganz ein Jahr im Amt, am 6. November 1978, hatte der Verteidigungsminister entschieden, Feld- und Territorialheer in eine neue, vierte Heeresstruktur umzugliedern, an der seit Mitte der 70er Jahre gearbeitet wurde. Auch die folgenschwere Entscheidung in der Diskussion um die sogenannte NATO-Nachrüstung stand unmittelbar bevor, mit der die Frage nach einer Modernisierung der speziell für den europäischen Einsatzraum bestimmten amerikanischen Kernwaffensysteme (PERSHING I) beantwortet werden sollte. In seinem „Politischen Tagebuch von 1978 bis 1988" mit dem Titel „Der Abstieg" stellte Dr. Hans Apel später die Dramatik der Situation dieser Jahre aus der Sicht des damaligen Verteidigungsministers dar. Zur neuen Heeresstruktur heißt es u.a.:

„Seit Jahren basteln viele hundert Offiziere unter Leitung des Generalinspekteurs an einer neuen Wehrstruktur, an dem Versuch, viele Aufgaben des Heeres, der Luftwaffe und der Marine gemeinsam zu erledigen ... Seit geraumer Zeit schneidert sich auch das Heer unter der Leitung seines Inspekteurs eine neue Heeresstruktur. ... Aber diese Reformansätze sind nicht aufeinander abgestimmt, sie sind im Rahmen unserer Finanzplanung nicht finanzierbar, und sie nehmen zu wenig Rücksicht auf die Interessen der Soldaten. ..."[55]

Klare Entscheidungen waren also erforderlich. In einer Klausurtagung am 19. und 20. März 1978 faßte der Minister erste Entschlüsse: „Das kann so nicht weitergehen. Es muß Ruhe in der Truppe einkehren. ... Ich weiß, was ich will. ... Die Medien sind über meine Entscheidunen erstaunt. Sie müssen zur Kenntnis nehmen, daß es eine neue Wehrstruktur nicht geben wird. Die Pläne zur Heeresstruktur 4 müssen neu konzipiert werden. Sie sind in der vorgelegten Form nicht zu bezahlen. ..."[56]

Heeresstruktur IV – vier Kampftruppenbataillone in der Brigade

Und doch war eine Erhöhung der Kampfkraft in den Heeresverbänden erforderlich. In der „Geschichte und Chronik" des I. Korps aus dem Jahr 1986 wird festgestellt: „Die seit Anfang der siebziger Jahre stark zunehmende Bedrohung des Nordatlantischen Verteidigungsbündnisses durch Land-, Luft- und Seestreitkräfte des Warschauer Paktes in Mittel- und Osteuropa (1974 unterhielt der Warschauer Pakt 1.260.000 Soldaten mit 22.300 Kampfpanzern sowie 7.400 Kampfflugzeugen auf dem Gebiet der DDR, CSSR, Polen und in den drei westlichen Militärbezirken der SU ...) zwangen die Bundesrepublik Deutschland, Präsenz, Kampfkraft und Führungsfähigkeit in den Verbänden des Heeres angemessen zu erhöhen."[57]

Die Brigade in der neuen Heeresstruktur („Brigade 80") konnte aber aufgrund fehlender Haushaltsmittel nur im vorhandenen Heeresumfang verwirklicht werden, das heißt die Kampfkraftsteigerung in den Brigaden durch jeweils ein zusätzliches Bataillon ging zu Lasten der Personal- und Materialstärke in vorhandenen Einheiten und Verbänden. Die in mehreren Modellen erprobte neue Brigade sollte durchweg über eine Panzerjäger-Raketenkompanie, eine Panzerpionierkompanie, eine Instandsetzungs- und eine Nachschubkompanie verfügen; Panzerbrigaden drei Panzerbataillone und ein Panzergrenadierbataillon, Panzergrenadierbrigaden drei Panzergrenadierbataillone und ein Panzerbataillon haben; beide Brigadetypen ein Panzerartilleriebataillon mit 18 Panzerhaubitzen. Die Vorteile der verkleinerten Bataillone und Kompanien (Panzerkompanie nur noch 12 Kampfpanzer statt 17, Panzergrenadierkompanien nur noch 11 Schützenpanzer statt 16) sollten in einer „beweglicheren Gefechtsführung", „rascher Schwerpunktbildung" und „höheren Führerdichte" zu finden sein.[58]

Das doppelte Bataillon

Die Überführung der Brigade in diese komplizierte neue Heeresstruktur wurde die Aufgabe des siebten Kommandeurs, Oberst Jörn Söder. Der sportliche, ausgesprochen jugendlich wirkende Offizier hatte die Brigade am 21. März 1980 von General Schröder übernommen, unter dem er noch als Oberstleutnant Kommandeur des Panzergrenadierbataillons 173 gewesen war (1972 bis 1974). Mit Brigadegeneral Schröder, der in das Hauptquartier der NATO nach Brüssel verabschiedet wurde, um dort als Generalmajor stellvertretender Chef des Stabes und Leiter der Stabsabteilung Personal und Verwaltung zu werden, verließ der letzte „kriegsgediente" Offizier die Panzergrenadierbrigade 17.

Auch bei seinen zivilen Mitarbeitern war General Schröder sehr beliebt, hier bei der Verleihung der Verdienstmedaillie der Bundesrepublik Deutschland an die langjährige Vorzimmerdame (seit 1.10.1958) des Brigadekommandeurs, Sonja Weidemann, am 16.6.1977. (Photo Stark)

Oberst Söder übernahm das Kommando in der schwierigen Folgezeit des „NATO-Doppelbeschlusses" (13. Dezember 1979) und sah deshalb in der Öffentlichkeitsarbeit einen echten Schwerpunkt. Aber zunächst mußte die Brigade die neue Struktur einnehmen. Zum 1. April 1981 begann die Aufstellung des vierten Kampftruppenbataillons. Die neuen Bataillone, die im Frieden nicht vollständig aufgestellt sein sollten, trugen heereseinheitlich die Endnummer 1. So kam es bei der Panzergrenadierbrigade 17 zu einer „doppelten Hausnummer", denn ein Bataillon mit der Nummer 171 gab es ja bereits: Das mobilmachungsabhängige Jägerbataillon 171 in der Lettow-Vorbeck-Kaserne (vgl. III. 1.1.).

Vergnügt erinnert sich Generalleutnant Söder, heute „Deutscher Militärischer Vertreter im Militärausschuß der NATO" in Brüssel, an dieses Kuriosum, das die neue Struktur der Brigade bescherte:

„Unser Jägerbataillon 171 wurde bei der Umgliederung vom Führungsstab schlicht vergessen, dabei war das ein recht großer 'Verein', mit zehn Schützenpanzern HS 30, sechs Panzermörsern und 36 Jägergruppen. Ich habe mir das erstmal angekuckt und mich amüsiert. Irgendwann rief dann General Storbeck, der zuständige Stabs-

Menschlich gesehen

Glück in Hamburg

Von heute an hören 3226 Soldaten der Panzergrenadier-Brigade 17 auf das Kommando von Oberst Jörn Söder. Seine knappe Befehlsstimme ist einigen noch vertraut, denn bis 1974 hatte der 45jährige zwei Jahre lang das Panzergrenadier-Bataillon 173 geführt. Ein Wiedersehen, das doppelte Freude auslöst: bei denen, die ihn von damals kennen, und bei ihm selbst. „Das nennt man Glück, Brigadekommandeur zu werden und dann auch noch in Hamburg."

Mit Söder kehrte ein Offizier an die Elbe zurück, dessen Werdegang große Erfahrungen signalisiert: deutsche, englische und amerikanische Generalstabsausbildung; Leiter der deutschen Heeresverbindungsorganisation in den USA; Referent für Rüstungsplanung im Verteidigungsministerium.

Das brachte gewisse „Rekorde" im Privatleben: zehn Wohnungen in 13 Ehejahren ... „Wie man umzieht, haben wir gründlich gelernt", sagt Frau Jenny, gebürtige Flensburgerin und charmante Gastgeberin. Die vor kurzem wieder bezogene Wohnung von damals am Volksdorfer Grenzweg blitzt und blinkt schon wieder. Sohn Björn hat — einschließlich Vorschulzeit — mit seinen sieben Jahren schon vier verschiedene Schulen besucht. Neben seiner Muttersprache hat er dabei auch Englisch gelernt.

Sein Vater liebt die Natur — möglichst mit Wasser dabei. Er war ein guter Wettkampfschwimmer und Hockeyspieler. hgs.

Oberst Jörn Söder, der siebte Kdr PzGrenBrig 17 (1.4.80 – 31.3.82) („HA" v. 21.3.1980) abteilungsleiter beim Führungsstab des Heeres an, man habe ihm erzählt, es gebe da zwei Bataillone mit der Nummer 171 in Hamburg, das sei doch wohl ein Witz. Na, da mußte ich ihm das bestätigen."[59]

Zwei Bataillone mit der gleichen Nummer konnte und durfte es natürlich nicht geben. Umbenennung und Ausgliederung der seit 1960 zur Brigade gehörigen Reservisteneinheit (vgl. II. 1.3.) waren deshalb zu erwarten. Noch einmal Generalleutnant Söder: „Das versuchte ich natürlich zu verhindern, denn unsere langjährigen Reservisten wollten nicht woanders üben. Hier waren über die Jahre Bindungen entstanden, die erhalten bleiben mußten. Ich habe sogar Verteidigungsminister Apel eingeschaltet, der bei der Brigade oft zu Gast war, und auch helfen wollte. Der Minister 'meldete' uns dann von Zeit zu Zeit den Stand der Dinge." Der aber blieb unklar, zumindest in der Zeit von Oberst Söder. Mit der Versetzung des Kommandeurs (1. April 1982) schlug dann aber später doch die Stunde des Jägerbataillons 171. Der 11. Panzergrenadierdivision in Oldenburg unterstellt und in Jägerbataillon 116 umbenannt verließ die Geräteeinheit die Lettow-Vorbeck-Kaserne und wurde nach Varel (MobStützpunkt Friedrichsfeld) verlegt.

Ein Jahr aber hatte es die 171er doppelt gegeben.

„HEROS" und die „175er"

Es gab anläßlich der Neugliederung aber auch Umbenennungen innerhalb der Brigade. Ein Ziel war ganz offensichtlich computergerechte Einheitlichkeit, denn zum Ende des Jahres 1980 erhielt das Heer als erste Teilstreitkraft einen zentralen Rechner („HEROS"). Das Jägerbataillon 172 in Lübeck, schon seit 1975 mit dem MARDER ausgerüstet, wurde zum 1. April 1981 in Panzergrenadierbataillon 172 umbenannt. Für viele „alte Jäger" war das sicher nicht ganz leicht. In der Chronik des Bataillons heißt es:

„Mit einem weinenden und einem lachenden Auge wurde die Umbenennung des Bataillons aufgenommen. ... Die Zeit der Ausnahmestellung, was Namen und Barettemblem anging, war nun vorbei, und vielen Angehörigen des Bataillons fiel es nicht leicht, das 'goldene Eichenlaub' ge-

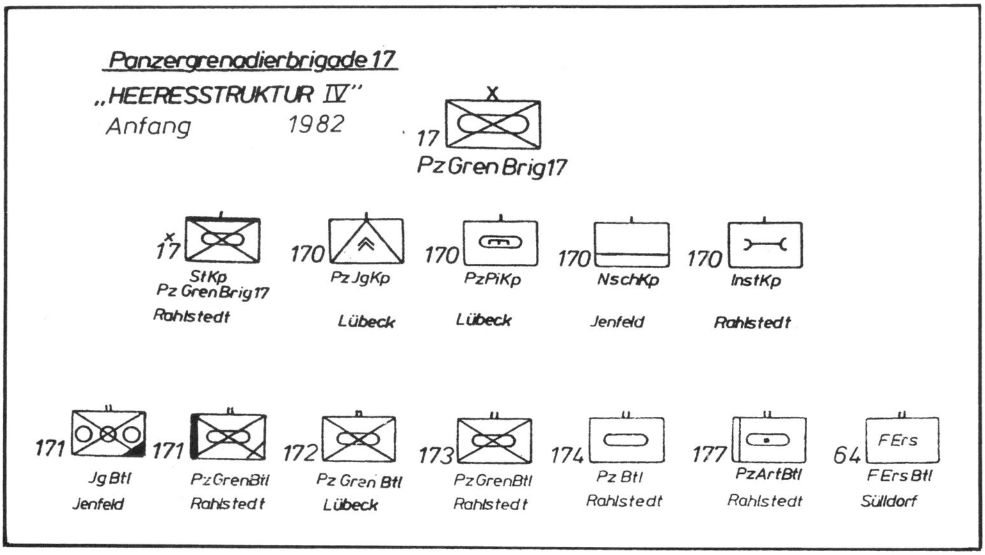

Verbände und Einheiten der Panzergrenadierbrigade 17 kurz vor Abschluß Einnahme Heeresstruktur IV: Noch gibt es die 171er doppelt (bis 1.4.1982)!

gen den 'Schützenpanzer mit den gekreuzten Gewehren' einzutauschen.[60]

Der neuen Heeresstruktur angepaßt und umbenannt wurde auch das bisherige Feldersatzbataillon 178, eine Geräteeinheit, die im Frieden nur aus Materialverwaltern, zwei Soldaten und drei Zivilisten, bestand, im Einsatzfall aber auf eine Gesamtstärke von rund 800 Soldaten aufwachsen sollte (vgl. II. 1.3.). Seit dem 1. November 1968 war das Gerät des Feldersatzbataillons im ehemaligen „Fla-Beständelager Wüstland" in Hamburg-Sülldorf untergebracht. Zum 1. Juli 1981 wurde das Bataillon in Feldersatzbataillon 64 umbenannt, blieb aber der Brigade unterstellt.

Auch das Panzerartilleriebataillon 177 sollte umbenannt werden und nun endlich wie alle Artilleriebataillone des Feldheeres die Endnummer 5 führen. Die 177er waren tatsächlich die einzigen, die sich dieser Gesetzmäßigkeit entzogen, aber das hatte ja seinen guten Grund. Die Rahlstedter Artilleristen waren empört ob der Absicht der Stabsabteilung „Organisation" im Führungsstab (Fü H IV), und der damalige Bataillonskommandeur, Oberstleutnant Heribert Klose, schrieb einen Brief an den Inspekteur des Heeres, in dem er darum bat, von der Umbenennung abzusehen. Begründung:

„Seit der Aufstellung am 01.07.1959 führt das Bataillon die Bezeichnung PzArtBtl 177 (bzw. FArtBtl 177 – Anm. d. Verf.). Schon damals muß die gedankliche Verbindung der Bezeichnung '175er' zu einer strafrechtlich relevanten, für eine Männergesellschaft unpassenden Tat bei der Benennung Pate gestanden haben. Wenn auch das Strafgesetzbuch in seiner seit dem 01.01.1975 gültigen Fassung diesen Tatbestand 'entschärft' hat, so bleibt er dennoch unter bestimmten Bedingungen strafwürdig. ... Das Bataillon sieht in der geplanten Umbenennung eine unnötige Gefahr, die Soldaten des Bataillons der allgemeinen Lächerlichkeit oder vermeidbaren Beleidigungen und Sticheleien auszusetzen."[61]

Das Bataillon hatte Glück. Der damalige Inspekteur des Heeres, Generalleutnant Poeppel, war lange genug Kommandeur der 6. Panzergrenadierdivision gewesen, um die „Einmaligkeit" des Rahlstedter Artilleriebataillons zu kennen. Im übrigen mußte jedem normalen Menschen die unangenehme Lage des Bataillons nach einer Umbenennung klar sein. So siegte hier der gesunde Menschenverstand über die rechnergesteuerte Einheitlichkeit, und die Brigade behielt ihr Panzerartilleriebataillon 177, das in der neuen Struktur auch noch erheblich stärker wurde (fünf Batterien mit 18 Haubitzen!).

„Hanseat" und „Barbarossa" – die ersten JAGUARE der Brigade

Mit der ersten Mobilmachungsübung des neuen Panzergrenadierbataillons 171 vom 28. Oktober bis 8. November 1981 für die Divisionsgefechtsübung „BRISK FRAY" (2. bis 5. November) war die Umgliederung der Brigade formal abgeschlossen. Begonnen hatte sie schon mit der Aufstellung einer neuen, dritten Panzerjägerkompanie 170 zum 1. Oktober 1980 in Lübeck, Hanseaten-Kaserne. Die vormalige (zweite) Panzerjägerkompanie 170 in Bad Segeberg kehrte als Panzerjägerkompanie 180 wieder in ihr altes Unterstellungsverhältnis zur Panzerbrigade 18 zurück, mußte aber für die Lübecker Panzerjäger, die als erste Raketenkompanie mit Jagdpanzer JAGUAR 1 der 6. Panzergrenadierdivision aufgestellt wurde, Personal abgeben. So war beispielsweise der erste Chef der neuen Panzerjägerkompanie 170, Major Boost, der letzte Chef der alten Panzerjägerkompanie 170.

Die ersten JAGUARE trafen am 13. Oktober 1980 bei der Kompanie ein und wurden feierlich auf die Namen „Hanseat" und „Barbarossa" getauft. Natürlich waren die neuen Jagdpanzer auch bei der eingangs bereits erwähnten Divisionsgefechtsübung „BRISK FRAY" im folgenden Jahr dabei, die von General Söder rückblickend als „militärischer Höhepunkt" seiner Brigadekommandeurzeit betrachtet wird. In seiner

Die neuen Raketenjagdpanzer JAGUAR 1 der (3.) Panzerjägerkompanie 170 bei ihrem ersten Schießplatzaufenthalt in Bergen (23.8. – 2.9.1981) 12 Lenkflugkörper (LFK) HOT wurden erfolgreich verschossen. (Photo PzJgKp 170)

Abschiedsansprache am 6. April 1982 sagte der Kommandeur: „Auch wenn zwei Jahre als eine kurze Zeit erscheinen mögen, so waren sie doch gekennzeichnet von einer dichten Folge von Vorhaben. ... Dazu fiel in diesen Zeitraum die Umgliederung der Brigade in die Heeresstruktur IV, ... In der Divisionsgefechtsübung („BRISK FRAY" 1981 – Anm. d. Verf.) wurde dann erstmalig in dieser neuen Struktur geübt und bewiesen, daß sie eine Verbesserung bringt, daß die Einsatzbereitschaft der Brigade gestiegen ist."[62]

Fußball gegen „Hans Apel & Consorten"

Zur „Abschiedsparty" war auch Dr. Hans Apel noch einmal Gast der Brigade. Es war sein letzter Besuch als Verteidigungsminister, denn die „politische Wende" in Bonn kündigte sich bereits an. Der Minister und der scheidende Kommandeur konnten auf so manches gemeinsame Erlebnis zurückblicken.

Sie hatten aber nicht nur dienstlich miteinander verkehrt, sie hatten auch gegeneinander Fußball gespielt. Jenes nicht eben alltägliche Fußballspiel zwischen dem Stab der Panzergrenadierbrigade 17 und der Mannschaft des Verteidigungsministers, „Hans Apel & Consorten", war im Juni 1981 auf dem Sportplatz der Boehn-Kaserne angepfiffen worden. „Hans Apel & Consorten" waren eine traditionsreiche Mannschaft, die Dr. Apel bereits 1974 mit Hamburger Freunden aus Wirtschaft und Politik gegründet hatte, „zum Trost und zur Ablenkung für Peter Schulz, der dann aber gar nicht mitspielte", wie sich der Bundesminister a.D. und heutige Lehrbeauftragte an der Rostocker Universität erinnert (Bürgermeister Schulz war nach dem katastrophalen Wahlergebnis der SPD bei der Bürgerschaftswahl vom 3. März 1974 am 31. Oktober zurückgetreten. – Anm. d. Verf.). „Die Mannschaft trainierte jeden Sonntag auf dem Sportplatz der Bundeswehr-Hochschule in Wandsbek. Das Fußballspielen war eben immer schon meine große Leidenschaft, neben dem Segeln."[63]

Bundesverteidigungsminister Dr. Apel mit Fußball in der Boehn-Kaserne im Juni 1981 (Photo Brigadearchiv)

Auch in Hans Apels „Politischem Tagebuch 1978 – 1988" finden sich Begebenheiten mit „Hans Apel & Consorten":

„Meine neue Funktion als Verteidigungsminister hat auch noch nach acht Monaten ihre heiteren Seiten. Am ... 8. Oktober (1978 – Anm. d. Verf.) spielen 'Hans Apel & Consorten' in Oldenburg Fußball. ...

Fußballspiel Stab PzGrenBrig 17 gegen „Hans Apel & Consorten" im Juni 1981 (Photo Brigadearchiv)
Mannschaft Stab PzGrenBrig 17: (v.l.) Fw Hutter (NschBuchfFw), OTL Seifert (S1 StOffz), Hptm Gaab (S2 Offz), Hptm Müller (S3 Offz), HFw Pakula (Schirrm), Oberst Söder (BrigKdr), OLt Müller (FmZgFhr), Lt Weide (S3 AuM), Mj Kowalski (G4), HFw Lemke (KpFw StKp), Mj i.G Arbeiter (G3)

„Hans Apel & Consorten": (v.l.) Rainer Binz (BKA), Jürgen Kellermeier (NDR), Klaus Römer (DAG), Gerd Schulz (Vertr.), Siegfried Prey (Bierverleger), Jens Heiser (WhngBauGes), Volker Lange (WhngBau Senator), Jörg Kuhnert (Stenograph HH Bürgersch.), Dr. Hans Apel (BMVg), Bernd Martensen (BKA)

Als ich kurz vor dem Anpfiff in grün-weißem Dreß aus den Umkleidekabinen komme, tritt General Glanz (Generalmajor Glanz war zu der Zeit Divisionskommandeur der 11. Panzergrenadierdivision. – Anm. d. Verf.) vor und baut sich vor mir auf. Mit fester Stimme ruft er: 'Herr Minister, ich begrüße Sie im Standort Oldenburg, keine besonderen Vorkommnisse.' Da stehe ich nun in Kniestrümpfen und kurzer Hose und weiß nicht, was ich sagen soll. Später lachen wir beide über diese kuriose Situation."[64]

Lachen mußte diesmal Oberst Söder, als er schon im Trikot der Stabsmannschaft den Verteidigungsminister vor Spielbeginn begrüßte, denn der konnte sich offensichtlich nicht vorstellen, daß der Brigadekommandeur mitspielen würde: „Er war ganz gerührt, mich im Sportanzug zu sehen", bestätigt Generalleutnant Söder, „und er rief aus: 'Aber das wäre doch nicht nötig gewesen, daß Sie sich extra umziehen, nur um mich zu begrüßen.' Minister Apel glaubte wohl, daß sich die Begebenheit mit Glanz, die er später in seinem Buch schilderte, schon herumgesprochen hatte, und ich das jetzt besser machen wollte." Doch der Irrtum klärte sich schnell auf. General Söder lacht: „ 'Nee, nee', hab ich da zu ihm gesagt, 'ich spiele mit, und wir werden gewinnen. Das wird kein Gefälligkeitsspiel, Herr Minister.' "[65]

So war es dann auch. Die Mannschaft des Brigadestabes gewann das Spiel (mit 5 : 1 Toren, heißt es), und das obwohl der Kommandeur die Spieler in der zweiten Halbzeit dann doch ermahnt hatte, die „Consorten" nicht zu hoch verlieren zu lassen.

Anschließend saßen die Spieler der Brigade und „Hans Apel & Consorten" noch gemütlich im Offizierheim zusammen, mit Ehefrauen und Kindern, und manch einem fiel es sicher schwer zu glauben, daß man eben tatsächlich seinem Verteidigungsminister vor's Schienbein getreten oder den Ball weggenommen hatte (und umgekehrt).

3.2. Die ältesten Bataillone der Stadt

„Panzerkommandant Klaus von Dohnanyi"

„ 'Jetzt muß mir mal wieder einer helfen!' Bürgermeister Klaus von Dohnanyi (ungedient) guckte hilfesuchend aus einer Panzerhaubitze M 109 G. Beim Besuch in ... der Rahlstedter Boehn-Kaserne versuchte sich der Bürgermeister als Panzerkommandant. ... Als ein eifriger Soldat dem Regierungschef beim Rausklettern half, fiel eine Exerziergranate zu Boden. Der Soldat griff zu – und Dohnanyi machte einen Bogen: 'Na, lassen Sie das mal lieber liegen!' "[66]

„BILD"-Reporterin Ute Daum-Stummer hatte offensichtlich ihren Spaß gehabt, als Hamburgs Bürgermeister Klaus von Dohnanyi am 17. März 1982 die Boehn-Kaserne besuchte. Ihr Bericht in der „BILD-Zeitung" des folgenden Tages über den ersten Besuch des neuen Bürgermeisters (seit 24. Juni 1981 im Amt) bei Hamburgs Hausbrigade vermittelt dem Leser jedenfalls diesen Eindruck. Als Klaus von Dohnanyi im dunklen Anzug auf eine Panzerhaubitze kletterte, bot er aber in der Tat einen ungewöhnlichen Anblick. Den Rahlstedter Artilleristen, denen die Haubitze gehörte, konnte der Rummel nur recht sein. Das Interesse des Hamburger Regierungschefs am Hauptwaffensystem der 177er war zwar kein Ersatz für die hohe Ehrung, die der Bürgermeister den anderen beiden Rahlstedter Bataillonen im Vorjahr hatte zuteil werden lassen, aber doch ein gewisser Trost. Die hohe Ehrung, das waren Fahnenbänder der Freien und Hansestadt Hamburg, die der Bürgermeister verliehen und Innensenator Alfons Pawelczyk dem Panzergrenadierbataillon 173 am 25. September und dem Panzerbataillon 174 am 20. November an die Truppenfahnen geheftet hatte.

„Panzerkommandant Klaus von Dohnaniy": Hamburgs Erster Bürgermeister hat seine Liebe zu einer Panzerhaubitze M 109 des PzArtBtl 177 entdeckt. (Photo Timm/„BILD-Zeitung")

Fahnenbänder für die ältesten Bataillone der Stadt

Der Brauch, eine militärische Einheit durch die Ehrung ihrer Fahne mit einem sog. Fahnenband besonders herauszustellen, entstand um die Wende des 18. Jahrhunderts. In einer historischen Ausgabe von „Meyers Großes Konversationslexikon" finden sich zu diesem Brauch die folgenden Ausführungen:

„Unter der Spitze (des Fahnenstocks – Anm. d. Verf.) ist das Banderole befestigt, ein eineinhalb Meter langes Schärpenband mit Quaste, das wechselt, sobald der Fahne für Auszeichnungen im Felde Kriegsbänder mit den Namen der Schlachten, an denen die Truppe teilgenommen, verliehen sind.

Häufig erhalten die Fahnen auch gestickte Fahnenbänder als Zuwendungen fürstlicher Frauen."[67]

Nun hatten zwar weder das Panzerbataillon 174 noch das Panzergrenadierbataillon 173 an irgendwelchen Schlachten teilgenommen, noch gab es „fürstliche Frauen", die ihre „Zuwendungen" bekunden wollten. Immerhin aber handelte es sich bei Alfons Pawelczyk um keinen geringeren als den Innensenator der Freien und Hansestadt Hamburg, der im Namen des Bürgermeisters Klaus von Dohnanyi den beiden Rahlstedter Bataillonen „in Würdigung und Anerkennung der besonderen sozialen und humanitären Verdienste", wie es in der Verleihungsurkunde hieß, die weiß-roten Fahnenbänder der Hansestadt an den Fahnenstock heftete. Anlaß der Verleihung war das 25jährige Bestehen der Bataillone im Jahr 1981, und damit ist auch klar, daß die Artilleristen in der Boehn-Kaserne nicht vergessen worden waren; aber ein Vierteljahrhundert im Dienst für den Frieden konnte sich das Panzerartilleriebataillon 177 noch nicht auf die Fahne schreiben (lassen). Alter an sich ist zwar noch kein Verdienst (Die in Schleswig-Holstein stationierten Verbände hatten bereits im Juni 1979 für ihren Einsatz während der Schneekatastrophe Fahnenbänder erhalten.), aber das 25jährige Friedens-Jubiläum eines deutschen Heeresverbandes im 20. Jahrhundert war durchaus ein Grund zum Feiern.

Fahnenband der Freien und Hansestadt für das Panzerbataillon 174 am 20.11.1981: (v.l.) OTL Soukal (Kdr PzBtl 174), Innensenator Pawelczyk, OFw Honig (Zahlstellenverwalter und „BtlPhotograph"), OLt Pomplun (S2 Offz), HFw Eden (Schirrm), OLt Wrege (ZgFhrOffz) (Photo PzBtl 174)

Menschlich gesehen

Zurück in die Boehn-Kaserne

Wenn Oberst i. G. Gert Verstl am kommenden Dienstag das Kommando über die Panzergrenadierbrigade 17 übernimmt, kehrt er an die Stätte seiner Kindheit zurück. Schon als kleiner Junge hatte er auf dem Gelände der Rahlstedter Boehn-Kaserne gespielt, nachdem Oberst Reinhold Stammerjohann, der letzte Kommandeur des hanseatischen Traditionsregiments 76, sein Stiefvater geworden war.

So wird Hamburgs Hausbrigade erstmals von einem Hamburger geführt werden. Zwar wurde dieser Mann mit dem offenen Blick in Berlin geboren, aber Schule, Sport und kulturelles Angebot prägten ihn zum Hanseaten. „Diese Stadt wurde mir zur wirklichen Heimat", bekennt er.

Nach dem Abitur in Rahlstedt ging der heute 46jährige zum Bundesgrenzschutz. 1956 wechselte er zur Bundeswehr. Als Zugführer, Kompaniechef, Bataillonskommandeur und Hörsaaloffizier wurde ihm der Wunsch erfüllt, mit Menschen umgehen zu können. Er wurde Generalstabsoffizier und gehörte dem Verbindungsstab zum NATO-Hauptquartier in Belgien an, war Chef des Stabes der 12. Panzergrenadierdivision in Würzburg. Dort blieb Frau Helga der vier Kinder wegen – sie machen eine Ausbildung – zurück, als ihr Mann Fachgruppenleiter der Führungsakademie in Blankenese wurde.

Jetzt allerdings kommt es bald zur „Familienzusammenführung". Das in Glinde gemietete Haus bietet in dem dazugehörenden Garten die Gelegenheit, biologischen Gartenbau zu treiben. „Ich bin für das Gemüse zuständig, meine Frau für die Blumen", sagt der neue Brigadechef. Natur und Sport – er ist Jäger, Tennisspieler und begeisterter Skiläufer – halten ihn fit.

hgs

Oberst Gert Verstl, achter Kdr PzGrenBrig 17 (1.4.82 – 30.9.84) („HA" v. 2.4.1982)

Spätestens seit der großen Umgliederung der Brigade zu Beginn der 70er Jahre (vgl. III. 1.1.) waren das Panzerbataillon 174 und das Panzergrenadierbataillon 173 (die ehemaligen Bataillone „mit der 3") tatsächlich die ältesten Bataillone der Stadt und somit die ersten, die dieses Jubiläum feiern konnten. Die 177er, die „erst" 1959 aufgestellt worden waren (vgl. II. 1.3.), erreichten diese Altersgrenze drei Jahre später (zusammen mit der Brigade (vgl. III. 4.2.), erhielten dann aber auch ihr Fahnenband von Alfons Pawelczyk, inzwischen Zweiter Bürgermeister, am 15. Juni 1984.

Senator wünscht Glück und Erfolg

Und so wurde also Geburtstag gefeiert, beim Panzergrenadierbataillon an einem strahlenden Herbsttag mit Empfang, Feldbiwak und Fußballspiel gegen die HSV-Altliga (mit Günter Netzer), beim Panzerbataillon 174 unter grauem Himmel und Nieselregen mit einem Platzkonzert, Fahrzeug- und Gerätevorführungen und einem „verspäteten Oktoberfest".

Senator Pawelczyk, der selbst im Panzergrenadiebataillon 173 als Oberstleutnant d.R. und Bataillonskommandeur 1979 eine Wehrübung abgeleistet hatte, ging in seinem Grußwort für die 173er auf die freundschaftlichen Kontakte zwischen Bürgern und Soldaten, zwischen zivilen und militärischen Dienststellen in Hamburg ein: „Viele Großeinsätze zur Bewältigung katastrophenähnlicher Zustände in und um Hamburg haben gezeigt, daß dieses gute Verstehen unerläßlich ist und die Zusammenarbeit aller Organisationen im Notfall wesentlich erleichtern kann. Als der für die innere Sicherheit unserer Stadt verantwortliche Senator möchte ich Ihnen für diesen wichtigen Beitrag ausdrücklich danken und Ihnen für Ihre verantwortungsvolle Tätigkeit auch in der Zukunft Glück und Erfolg wünschen."[68]

Glück- und Erfolgswünsche begleiteten auch den neuen Brigadekommandeur, Oberst Gert Verstl, der am 6. April 1982 das Kommando über die Panzergrenadierbrigade 17 übernahm, als ihr achter Kommandeur. Über 1.000 Gäste hatte das

„Hamburger Abendblatt" gezählt. Die zahlreichen offiziellen Vertreter aus den Stationierungs-Städten der Brigade, Hamburg und Lübeck, ließen auf ein ungestörtes, harmonisches Verhältnis zwischen Bürgern und Soldaten schließen, ganz wie es Innensenator Alfons Pawelczyk in seinem Grußwort für die 173er formuliert hatte.

Und doch sollte Oberst Verstl, selbst in Hamburg aufgewachsen und damit der erste Hanseat an der Spitze der Hausbrigade, schon bald eine Art „Belagerungszustand" für die Boehn-Kaserne ausrufen müssen; und das nach 37 Jahren Frieden in Europa, der Bundesrepublik und Hamburg-Rahlstedt ...

4. Ein Verband kommt in die (besten) Jahre (1982 – 1989)

4.1. „Heißer Herbst 83": Blockade und schrille Töne (Ein Beitrag von Hans G. Stark)

Eine unheilige Allianz

Die fast sprichwörtlich gewordene Harmonie zwischen Rahlstedter Bürgern in Uniform und Zivil wurde plötzlich gestört. Bei einer „friedlichen" Blockade der Boehn-Kaserne im Juni 1983 und bei einer makabren Demonstration im Juli 1986 – oder was die „Rahlstedter Friedensinitiative" als Veranstalter dafür hielt – , kam es zu Szenen, die jedem Autor eines absurden Theaterstücks Ehre gemacht hätten.

Den politischen Vorwand lieferte der bereits am 13. Dezember 1979 gefaßte NATO-Doppelbeschluß. Er legte fest, daß von Ende 1983 an neue amerikanische nukleare Mittelstreckenwaffen (PERSHING II) in Europa stationiert werden sollten (daher das Schlagwort der „Friedensinitiativen" vom „Heissen Herbst 83"), als Ausgleich für die sowjetische Überlegenheit auf diesem Gebiet. Gleichzeitig sollten Verhandlungen mit den Sowjets über die Beseitigung derartiger Waffensysteme geführt werden. Als die zunächst kein Ergebnis brachten, wurde 1983 mit der Nachrüstung in Form von Raketen und Marschflugkörpern begonnen.

Auf der Suche nach Gründen, der bundesweiten Kampagne eine eigene Komponente hinzuzufügen, wurde die „Friedensinitiative Rahlstedt" fündig, indem sie feststellte, daß die Panzergrenadierbrigade 17 Haubitzen habe, mit denen auch Atomgranaten verschossen werden könnten. Eine unheilige Allianz hatte sich zusammengetan, in der kirchliche Kreise eine Rolle spielten, aber zum Beispiel – nach eigener Aussage – auch DKP-Mitglieder.

„Friedliche Gewalt " am Kasernentor – statt 1.000 kamen nur 300

Der mit propagandistischem Aufwand vollzogenen Aufforderung zur Kasernenblokkade folgten am Sonntag, 19. Juni 1983, statt der erwarteten 1.000 Demonstranten nur etwa 300 überwiegend junge Leute.

Niemand, so ihr erklärtes Ziel, dürfe hinein oder heraus. Doch der Aufruf löste auch Gegenreaktionen aus. So fand sich eine ganze Anzahl von Bürgern ein, die den Sonntagnachmittag bei den Soldaten in der eingeschlossenen Boehn-Kaserne zubrachten. Politiker von CDU und SPD waren darunter, Vertreter der Bürgervereine von Oldenfelde, Rahlstedt und Farmsen, führende Mitglieder von Sportvereinen, der Freiwilligen Feuerwehren und der IGOR.

Noch hatte niemand wissen können, wie das Spektakel ausgehen würde; angesichts gewisser Töne mußte man auf einiges gefaßt sein. So begrüßte denn auch Brigadekommandeur Oberst Gert Verstl die freiwillig ein paar Stunden Unfreiheit auf sich nehmenden Gäste mit den Worten: „Wir sind sehr froh darüber, daß Sie unseren Soldaten den Rücken stärken."[69]

Was sich zunächst vor den blockierten Toren abspielte, glich – von „Friedenskampfparolen" und Informationsständen abgesehen – mit Ballspielen und Grillwürstchen eher einem heiteren Volksfest denn einer Demonstration. Auf dem Kasernengelände dagegen, wo Soldaten verstärkt Streife gehen mußten, statt wie andere mit ihrer Freundin ausgehen zu können, schwankte die Stimmung zwischen Ärger und Unverständnis.

„Grillwürstchen und Friedensparolen" – Kasernenblockierer vor den Boehn-Kaserne am 19.6.1983 (Photo Risch/„Rahlstedter Wochenblatt" v. 22.6.1983)

Der praktische Anschauungsunterricht in Staatsbürgerkunde – „Die Freiheit der Person ist unverletzlich" (Artikel 2 (2) Grundgesetz) – führte so zu einem anderen Ergebnis, als es sich die Demonstranten vorgestellt hatten. Diskutiert wurde innerhalb der Kaserne zwischen Gästen und Soldaten. „Haben wir der Trinitatis-Kirchengemeinde dafür Bezirksmittel bewilligt?" empörte sich CDU-Fraktionsvorsitzender Ernst-Erich Plattner angesichts der Tatsache, daß diese Gemeinde den Demonstranten Schlafplätze zur Verfügung gestellt hatte.[70] „Ich verstehe eines nicht", meinte ein junger Soldat, „unser Pastor sagte in einer Predigt, daß Frieden bei jedem Einzelnen in der Familie und im Kameradenkreis beginne. Hier aber werden wir – von Vertretern einer Kirchengemeinde – am Verlassen der Kaserne gehindert. Wie paßt das zusammen? Ist das noch ein und dieselbe Kirche?"

Mühe hatte der SPD-Bürgerschaftsabgeordnete Hans Peters, einen jungen Gesprächspartner davon zu überzeugen, daß der Staat, „der dies hier zuläßt", keineswegs nur halbherzig hinter ihnen, den Soldaten, stehe. Auf die Wehrdienstverweigerung angesprochen, bekannte der stellvertretende SPD-Fraktionsvorsitzende in der Wandsbeker Bezirksversammlung Volker Karrenbrock: „Ich dachte früher auch anders. Heute stehe ich zur Bundeswehr, denn ich habe dazugelernt." Der CDU-Bundestagsabgeordnete Klaus Francke brachte die Sache auf den Punkt. Die sogenannten Friedensdemonstrationen zielten allein darauf, die Bundesrepublik aus der NATO herauszulösen. Diese selbstmörderische Absicht müsse allen Bürgern klargemacht werden.

„Atomwaffenfreie Kirchengemeinde"

Ohne Zweifel: Die Belagerer und die Belagerten fühlten sich von geistigen Barrieren getrennt, die viel schwerer überwindbar schienen, als die Tore und Zäune der Kaserne. Das zeigte sich auch draußen, wo die Betrachtung der Weltpolititk aus der Froschperspektive ihre Blüten trieb. Mit Stolz in der Stimme verkündete eine junge Frau, daß die Trinitatis-Gemeinde sich als erste Kirchengemeinde zur „atomwaffenfreien Zone" erklärt habe. Die sarkastische Frage eines Anwohners, ob denn die anderen Gemeinden über Atomwaffen verfügten, ging in Pfiffen unter. Der 28jährige Pastor Hans-Jürgen Buhl, ebenfalls von der Trinitatis-Gemeinde, rechtfertigte die „Friedensdemonstration", die von anderen eher als Störung des Friedens empfunden wurde, indem er feststellte: „Die Forderung nach Gewaltfreiheit muß ein ständiges bohrendes Ärgernis sein."[71] Ein Ärgernis gab es in der Tat, als um 20.00 Uhr die Zeremonie des Fahneneinholens (Flaggenparade) von Pfiffen und Sprechchören gestört wurde. Die Bundeswehr ließ einen Lautsprecherwagen anrollen. Das Deutschlandlied ertönte, während sich das Gebrüll und die Pfiffe ein paar Meter weiter zum akustischen Inferno steigerten.

Kopfschütteln auch bei Ausländern

Da geschah etwas, das wohl alle, die es bemerkt hatten, zum Nachdenken anregen mußte. Vor den Unterkünften schräg gegenüber dem Kasernentor standen Asylbewerber aus Polen und Afrika.

Sie hatten das Treiben mit sichtlicher Verwunderung beobachtet. Mehrfach kam es zwischen den Friedensfreunden und den Ausländern zu Diskussionen. Die „Wandsbeker Zeitung" schrieb darüber:

„Aber die Demonstranten antworteten nur mit Gelächter auf die Einwände der Ausländer, daß die Bundeswehr ihnen wie den Demonstranten die Freiheit garantiere. Augenzeugen berichten, daß es bei diesen Auseinandersetzungen zu Rangeleien gekommen sei."[72]

schen Zusammenhänge, von manchen Medien geschürte Ängste vor dem Gespenst atomarer Bedrohung und – wie inzwischen bewiesen – gezielte Desinformationen innerhalb des Ost-West-Konfliktes mischten, zeigten sich nicht nur Kirchengemeinden gespalten. So erklärte der Ortsausschuß mit Mehrheit von SPD und GAL den Ortsamtsbereich Rahlstedt zur „atomwaffenfreien Zone". Juristisch war dieser Beschluß zwar eine Farce; dennoch löste er Irritationen aus.

In der Chronik des Panzerartilleriebataillons 177 heißt es dazu: „Das gesetzte Signal schmerzte und belastete das harmonische Miteinander von Bürgern ohne und mit Uniform. Besonders die Artilleristen in der Boehn-Kaserne fühlten sich in ihrem Soldatsein gehörig mißverstanden. Verstimmung und Überraschung waren so groß, daß man zunächst sprachlos war. Noch ehe die Rahlstedter Bundeswehr sich äußern konnte, ergriff die sozialdemokratische Abgeordnete Christel Peters in einem Leserbrief die Initiative und brach eine Lanze für die Rahlstedter Soldaten."[73] Christel Peters hatte sich als einziges Mitglied der SPD-Ortsausschußfraktion bei der Proklamierung Rahlstedts zur „atomwaffenfreien Zone" der Stimme enthalten.

„Selbstmörderische Absichten ..." *(„Hamburger Abendblatt" v. 21.6.1983)*

Mit wesentlich geringeren Auswirkungen als von der einen Seite erhofft, von der anderen befürchtet, ging die Kasernenblockade zu Ende. Die Demonstranten hatten damit gerechnet, die vom Wochenendurlaub zurückkehrenden Soldaten in Empfang nehmen und zu Diskussionen zwingen zu können. Um einer wahrscheinlichen Eskalation vorzubeugen, hatte der Kommandeur jedoch diese Absicht unterlaufen, indem er den Urlaubern einen zusätzlichen Urlaubstag gewährte.

„Den Frieden nicht lächerlich machen"

In dem diffusen Klima der Friedenskampagne, in dem sich Unkenntnis der politi-

Der Mehrheit der SPD-Politiker in der Kreisorganisation Wandsbek und in der Landesorganisation war das Abweichen der Rahlstedter Genossen von der offiziellen Haltung der Partei keineswegs recht. Auf gelegentliche Fragen irritierter Bürger zu diesem Thema lautete die Antwort, daß der Pseudobeschluß zu jenen „Rahlstedter Merkwürdigkeiten" zähle, die zwar manchmal schwer zu verstehen, letztlich aber doch Ausdruck des demokratischen Meinungsbildungsprozesses seien.

„Frieden ist eine viel zu ernste Sache, um lächerlich gemacht zu werden," bezog in der Bezirksversammlung Wandsbek SPD-Fraktionschef Harro Matthiesen offiziell Stellung zu den Bestrebungen, Straßen und ganze Stadtteile zu „atomwaffenfreien Zonen" zu proklamieren. Er sagte dies Anfang Oktober, als über eine geplante Sondersitzung des Parlamentes anläßlich einer von der UNO proklamierten Friedenswoche debattiert wurde. Sein Ausspruch war allerdings auf die GAL gemünzt, die den bevorstehenden „Tag der Parlamente" am 21. Oktober im obengenannten Sinne ausnutzen wollte. Dennoch wurde in dieser Sitzung deutlich, „... wie stark auch innerhalb der SPD die Meinungen auseinandergehen."[74] Der Sondersitzung am 21. Oktober ging eine eindrucksvolle Ausstellung im Wandsbeker Rathaus über die Schrekken der Bombardierung Hamburgs während des Zweiten Weltkrieges voraus. Während der anschließenden Gedenkstunde im Wandsbeker Bürgerhaus, der damaligen Rudolf-Steiner-Schule, wandte sich Ernst-Erich Plattner (CDU) dagegen, „daß manche Menschen meinen, sie seien mehr für den Frieden." Noch nie seien vernünftige politische Entscheidungen durch rücksichtslose Intoleranz und Schüren von Ängsten zustande gekommen.[75]

Für's erste schien damit wieder Ruhe einzukehren, nahm alles seinen gewohnten Lauf. In der Chronik des Panzerbataillons 174 in der Graf-Goltz-Kaserne wird über das Jahr 1983 vermerkt:

„In Rahlstedt gelingt es den oft linksradikalen Gruppen jedoch nicht, auch nur eine Aktion gegen die Kaserne zu organisieren. Zwei Versuche scheiterten kläglich."[76]

Panzergrenadierbrigade 17 im Rahlstedt Center

Als sich drei Jahre später im Rahlstedt Center die Panzergrenadierbrigade 17 in der Ausstellung „Wir sichern den Frieden in Freiheit" präsentierte, ahnte noch niemand Böses. In den zweieinhalb Jahren, die das Center mit seiner für solche Zwecke geschaffenen Halle existierte, war schon vielen Organisationen und Institutionen Gelegenheit geboten worden, die Öffentlichkeit über ihre Arbeit und Ziele zu informieren, ob es nun Feuerwehr, DRK, Polizei oder Vereine unterschiedlichster Art waren. So herrschte denn auch volle Harmonie, als Center-Manager Oswald Beck am 18. Juli 1986 zur Ausstellungseröffnung u.a. den stellvertretenden Brigadekommandeur, Oberst Heinz Möller, den Leiter des Kreiswehrersatzamtes (KWEA), Werner Schwiderski, und die Vorsitzende des „Ortsparlaments", Inge Foerster-Baldenius, herzlich willkommen hieß. Schon kurz

Flugblatt zur Ausstellung im Rahlstedt CENTER

danach konnten sie sich vom offensichtlich großen Informationsbedürfnis der Besucher überzeugen, denn die zur Verfügung stehenden Soldaten und Zivilangestellten „hatten viel zu tun, die Fragen der Besucher zu beantworten".[77]

Das absolut legale Anliegen der Schau: „Gute Aufstiegschancen für junge Männer, die Soldat werden wollen", aufzuzeigen.[78] Blickfang war ein mit Plastikkameraden besetztes Schlauchboot. Waffen wurden nicht gezeigt. Aber gerade das störte – so kurios es klingen mag – die Rahlstedter Friedensinitiative, wie deren Sprecher bekundeten und die folgenden Ereignisse zeigten. Die Friedensfreunde pflegten jeweils an den Wochenenden am Haupteingang des Centers einen Informationsstand aufzubauen. Das dort zur Schau gestellte Material wandte sich nahezu ausschließlich gegen USA, NATO und Bundesregierung.

Diese Einäugigkeit war so deutlich, daß den meisten Passanten ein Blick genügte, um stillschweigend weiterzugehen. Kam es dennoch zu Gesprächen, so stellten Unvoreingenommene schnell fest, daß sie die Argumente der Initiative schon kannten: Sie waren, zum Teil wörtlich, täglich in Rundfunk und Fernsehen der DDR zu hören.

Makabrer Klamauk: „Friedensini" schleift „toten Soldaten"

Trotz weitgehender Nichtbeachtung oder Toleranz gegenüber dieser Gruppe kam es zum Eklat. „Gibt es Unfrieden beim Thema Frieden;" fragte die „Wandsbeker Zeitung" angesichts einer von der Friedensinitiative angekündigten Demonstration unter dem Motto: „Bundeswehr ... Krieg ... und dann?" Verwaltung, Polizei, vor allem aber die Geschäftsleute des Centers waren alarmiert. Die Zeitung schrieb: „Die Besorgnis des Center-Managers Oswald Beck und der Geschäftsleute richtet sich nicht gegen die Friedensinitiative, von der nach allgemeiner Einschätzung keine Gewaltanwendung zu erwarten ist, sondern vielmehr gegen das, was die Demonstration nach sich ziehen könnte."[79]

Die Sorgen waren verständlich, denn das in Hamburg bestehende Gewaltpotential randalesüchtiger Chaoten war weit über die Stadtgrenzen hinaus bekannt. Hinzu kam, daß die Absicht, innerhalb des Centers zu demonstrieren, in zur Beteiligung auffordernder Weise publiziert worden war. Trotz derartiger Gefahren konnten jedoch weder die Hamburg-Mannheimer Versicherungs AG als Hausherr, noch Polizei und Verwaltung den Demonstranten den Zutritt zum Gebäudekomplex versagen – eine in Hamburg einmalige Situation. Schuld daran war das vom Ortsausschuß erzwungene Nutzungsrecht über eine drei Quadratmeter große Teilfläche des ehemaligen Grevesmühlener Weges, der zum integrierten Bestandteil des Rahlstedt Centers geworden war. Die „Hamburg-Mannheimer" hatte sich auf diesen Kompromiß eingelassen, weil ihr der Erwerb des ehemaligen Straßenarreals verweigert worden war und sie sonst das Center wegen des „öffentlichen Weges" auch nachts hätte offen lassen müssen. Ein „politisches Possenspiel" urteilte die „Wandsbeker Zeitung" darüber. Der Hintergrund: Wahlkämpfer brauchten nicht im Regen zu stehen, um ihre Politik an den Mann zu bringen.[80]

Der Sonnabend, 26. Juli 1986, begann für die Demonstranten mit einer Enttäuschung: Die Ausstellung war nicht mehr da. Die Bundeswehr hatte sie auf dringende Bitte des Center-Managers vorzeitig abgebrochen. Stattdessen wurden die Veranstalter im Center von leitenden Polizeibeamten empfangen, die sie baten, draußen und nicht im Haus zu demonstrieren. Nach längerem Palaver, in dessen Verlauf der Ausbruch von Handgreiflichkeiten mit aufgebrachten Umstehenden nur mühsam verhindert werden konnte, setzten sich die besonneneren Mitglieder der Friedensinitiative gegenüber den weniger einsichtigen durch. Die Demonstranten zogen auf die Straße.

Empörung löste dabei eine als Bundeswehrsoldat hergerichtete Schaufensterpuppe aus, die nun an einem an den Füßen befestigten Strick aus dem Center geschleift wurde. Die absichtlich zur Provokation mißratene Demonstration bestand aus zwölf, teils mit dicker Theaterschminke getarnten Erwachsenen und zwei Kindern (!). Eine Frau hatte sich ein Plakat vor den Bauch gehängt mit der Aufschrift: „Heute hat die Bundeswehr gekniffen. Wann können wir sie ganz beerdigen. Wir demonstrieren weiter!" Der makabre Klamauk lief jedoch ins Leere, denn die Reaktion der Passanten in der Schweriner Straße schwankte zwischen Kopfschütteln, Verachtung und Nichtbeachtung. Einziger „Erfolg" der Friedensinitiative war eine Strafanzeige der Polizei wegen des Verdachtes auf Verunglimpfung des Staates (§ 90a StGB) und „Abhaltung eines nicht genehmigten Aufzuges".[81]

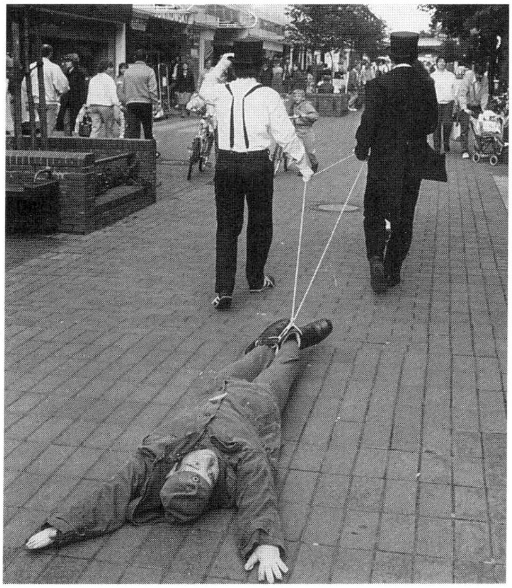

„Makabrer Klamauk" am 26.7.1986
(Photo Stark/„HA" v. 31.7.1986)

Als einziges Presseorgan fand die „taz" das Spektakel sympathisch und stellte ironisch fest: „Im Polizeirevier 38 haben Friedenshetzer keine Chance." Jutta Adam, der die Anzeige in's Haus geflattert sei, weil sie die „Friedensini" angemeldet habe, sei gelassen und fühle sich im Recht.[82] Die Anzeige verlief später im Sande, moralisch hatte sich die Initiative aber auch ohne Richterspruch ins Abseits begeben, wie die „Wandsbeker Zeitung" in einem Kommentar feststellte.

„Wenn's nur das gewesen wäre ..." – Wahrnehmungsverzerrung der „taz" vom 23.8.1986

„Ob die Initiatoren dieser menschenverachtenden Szene wohl darüber nachgedacht haben, wie so etwas auf Kinder wirkt? Ist diesen Friedensfreunden wirklich nicht bewußt, daß Gewalt nicht nur mit Pflastersteinen und Molotowcocktails ausgeübt wird, sondern auch mit einem Anblick, wie er hier den zufällig anwesenden Menschen aufgezwungen wurde?" hieß es da.[83]

„Gipfel der Unredlichkeit"

Prompt reagierte darauf Pastor Hans-Jürgen Müller von der Trinitatis-Kirchengemeinde Hohenhorst. In einem Leserbrief stellte er sich ausdrücklich hinter diese Form der Demonstration, was wiederum den Rahlstedter Ortsamtleiter Rolf Mietzsch mit einer Stellungnahme auf den Plan rief. Er hielt der Friedensinitiative vor, „... daß sie den Mitbürgern weismachen will, die Soldaten der Bundeswehr seien an dem Dilemma, an den Widersprüchen unserer Zeit, schuld. Die Gott sei Dank nicht von allen Mitgliedern der Rahlstedter Initiative gebilligte Geschmacklosigkeit in der Demonstration für den Frieden ist von der überwiegenden Zahl der Bürger verabscheut worden." Als „Gipfel der Unredlichkeit" aber bezeichnete es der Ortsamtsleiter, daß der Bundeswehr ihre zurückhaltende Form der Informationsveranstaltung als „unehrlich" vorgeworfen werde.

Hauptziel der Demonstration seien Gespräche gewesen, verteidigten Jutta Adam, Leo Heyelmann und Gerald Meisch als Sprecher der Friedensinitiative ihren spektakulären Auftritt. Seine Erfahrungen bei einem solchen Gespräch schilderte Oberstleutnant Dirk von Grone in der gleichen Leserbriefspalte der „Wandsbeker Zeitung". Er nannte die Argumente der „Friedensbewegten", die „recht tief in die Kiste der Geschmacklosigkeiten greifen mußten, um überhaupt gesehen und gehört zu werden, ... überholt, unpräzise und substanzlos."[84]

4.2. 1984: 25 Jahre Panzergrenadierbrigade 17

Die Brigade in der „Plattenkiste"

„Guten Tag, herzlich willkommen, ich freue mich, daß Sie eingeschaltet haben. Wir eröffnen heute eine sommerliche Plattenkiste ... Zusammengestellt wurde sie von der Panzergrenadierbrigade 17 aus Hamburg, und die drei Herren, die hier bei mir im Studio sitzen, stellen sich am besten 'mal selbst vor." So eröffnete Peter Bondy am 12. Juni 1984 um 13.05 Uhr die Dienstagsausgabe der NDR 2 „Plattenkiste". Die drei uniformierten Herren im NDR-Studio an der Rothenbaumchaussee waren die Stabsfeldwebel Rolf Elsing, S3Feldwebel im Brigadekommando, und Jürgen Sierth, S3Feldwebel im Panzerartilleriebataillon 177, sowie der Gefreite Friedrich Klein von der Instandsetzungskompanie 170.

Ihr erster Musikwunsch war „Happy Birthday" von Stevie Wonder. „Ja, diesen Titel haben wir nicht ohne Grund an den Anfang des Programms gesetzt", stellte der Moderator fest. „Vielleicht können Sie das 'mal erklären ..." Und Stabsfeldwebel Elsing erklärte, was es mit jenem Geburtstag in Rahlstedt auf sich hatte, dessen Feierlichkeiten nun schon seit Monaten von den Soldaten der Brigade für die „Geburtstagskinder", das Panzerartilleriebataillon 177, die Instandsetzungskompanie 170 sowie Stab und Stabskompanie der Panzergrenadierbrigade 17, vorbereitet wurden und der auch der Grund für den Besuch der drei Soldaten in der „Plattenkiste" war. Das Artilleriebataillon und letztlich auch die Instandsetzungskompanie (vormals 3. Kompanie im Versorgungsbataillon 176) waren zusammen mit der Brigade im Jahr 1959 aufgestellt worden (vgl. II. 1.3.).

„Sie haben also 25. Geburtstag", stellte Peter Bondy schließlich fest, und Stabsfeldwebel Elsing bestätigte das mit einem markigen „Jawoll". Dann wünschte sich Stabsfeldwebel Sierth als „kleinen Gruß der Geburtstagskinder aus Rahlstedt an die Hamburger Bürger" die „stille Hamburger Nationalhymne, 'Stadt Hamburg an der Elbe Auen' ". Noch zu Zeiten von Oberst Söder war in der Brigade der Brauch eingeführt worden, bei festlichen Anlässen das Heeresmusikkorps das „Hammonia"-Lied spielen zu lassen (Für diese heimatverbundene Idee hatte der Brigadekommandeur von Rahlstedts Ortsamtsleiter Mietzsch sogar die silberne „Wandsbek-Medaille" verliehen bekommen.).

Ansonsten war das Musikprogramm der „Panzergrenadier-Plattenkiste" bunt gemischt: Jazziges („Take Five" von Dave Brubeck) gehörte dazu ebenso wie sommerlicher Surf-Sound („Surfin' " von The Beach Boys) – ein kleiner Vorgeschmack sozusagen auf den „Hamburg-Ball" als festlichen Höhepunkt und Ausklang der zweitägigen Geburtstagsparty am Samstagabend.[85]

Einlaßkarte („gelb") zum „Hamburg-Ball" am 16.6.1984 im neuen Wirtschaftsgebäude der Boehn-Kaserne

„Eine Riesensache sollte das Jubiläum werden, das stimmt", erinnert sich Bruno

Blättry, langjähriger S1 Offizier im Brigadestab und „Mitstreiter" von Major Werner Albrecht, dem S1Stabsoffizier und Projektbeauftragten für die 25-Jahr-Feier. „Ich glaube, es war die größte Jubiläumsfeier, die von der Brigade je gemacht worden ist."[86] Oberstleutnant Albrecht, heute Dezernatsleiter der Stammdienststelle des Heeres (SDH) in Köln, kann das nur bestätigen: „Zum drittenmal in der Brigadegeschichte gab es einen Großen Zapfenstreich, und zum „Tag der offenen Tür" kamen bestimmt 8.000 Besucher. Ich hatte aber auch schon gut ein Jahr früher mit den Vorbereitungen begonnen, hatte die Öffentlichkeitsarbeit mächtig angekurbelt."[87] Auch die „Plattenkiste" am 12. Juni und die NDR 1 Sendung „Im Gespräch" am 14. Juni, die „live" aus dem Zimmer des Brigadekommandeurs übertragen wurde, gehörten zur Öffentlichkeitsarbeit der S1 Abteilung. Noch einmal Oberstleutnant Albrecht: „Wir wollten die Brigade vorstellen, auf die vergangenen 25 Jahre zurückblicken und möglichst viele Hamburger dazu bewegen, unseren 'Tag der offenen Tür' zu besuchen."

„Die mobile Kleinstadt wird 25 Jahre alt"

Auch das „Hamburger Abendblatt" erklärte seinen Lesern einmal mehr Funktion und Gliederung der „Hausbrigade". Hans G. Stark bemühte dazu wieder sein plakatives Bild von der „mobilen Kleinstadt", das er anläßlich des Truppenübungsplatzaufenthaltes der Brigade in Baumholder 1973 erfunden hatte (vgl. III. 1.2.): „Mit großem Zapfenstreich vor geladenen Gästen am Freitagabend in der Boehn-Kaserne und einem 'Tag der offenen Tür' am Sonnabend von 10 bis 18 Uhr in der Graf-Goltz-Kaserne an der Sieker Landstraße feiert der 'große Nachbar' vieler Hamburger Geburtstag: Die Panzergrenadierbrigade 17. ... Diese selbständige Kampfeinheit mit 300 Ketten- und 800 Radfahrzeugen kann mit einer Kleinstadt verglichen werden ... Vom eigenen 'Krankenhaus' über Werkstätten bis zu 'Kirchen' beider Konfessionen ... sowie der dazugehörigen Verwaltung fehlt nichts, was auch jedes Gemeinwesen braucht. Der Materialwert der Ausrüstung beläuft sich auf 341 Millionen Mark. Zur Erhaltung dieser Werte werden jährlich Aufträge für 1,5 Millionen Mark an zivile Firmen vergeben."[88]

Ball-Dekorationen von der Staatsoper

Und die zivilen Firmen zeigten sich dankbar. Sie spendeten Preise für die große Tombola des „Hamburg-Balles" zugunsten der Alsterdorfer Anstalten, unterstützten mit Werbeanzeigen den Druck von 10.000 (!) Festschriften „25 Jahre Panzergrenadierbrigade 17" sowie 6.000 Aufklebern „1959 – 1984 Panzergrenadierbrigade 17 HAMBURG" und stellten Zeichner zur Verfügung.

Die Staatsoper unterstützte die Dekorateure des „Hamburg-Balles" aus ihrem Requisitenfundus mit Hamburg-Motiven. „Das hatte eine Vorgeschichte", weiß Hauptmann Blättry zu berichten, der seit zwei Jahren Dienst im Verteidigungsbezirkskommando (VBK) in Weimar tut: „Der Staatsoper war durch einen Brandschaden der Fundus verlorengegangen. Für die Neuanfertigung hatte der Kasernenkommandant der Boehn-Kaserne die Mehrzweckhalle als Atelier zur Verfügung gestellt. Da malten dann die Staatsoper-Requisiteure regelmäßig ihre Bühnendekorationen. So kamen wir als eine Art

Aufkleber der Werbeagentur „Intermotion" zum Brigadejubiläum: Den MARDER bei der Betankung gestaltete der Zeichner Hans Peter Wirsing von „air BP international".

Dankeschön an die riesigen Hamburg-Motive, 'Wandsbek' zum Beispiel, oder 'Landungsbrücken' ."

Das „Hamburger Abendblatt" berichtete am Montag vom großen Ball in der Boehn-Kaserne: „Im rechtzeitig zum Jubiläum fertiggestellten neuen Kasino (gemeint ist das neue Wirtschaftsgebäude der Boehn-Kaserne – Anm. d. Verf.) feierten rund 950 Gäste, unter ihnen Innensenator Dr. Rolf Lange, Generalmajor Wolfgang Malecha, neuer Kommandeur der 6. Panzergrenadierdivision (seit 1. April 1984 – Anm. d. Verf.), CDU-Fraktionsvorsitzender der Bürgerschaft Hartmut Perschau, Europa-Abgeordneter Hans-Joachim Seeler und Bundestagsabgeordneter Klaus Francke. ... Gekrönt wurde das ganze mit einer Tombola zugunsten der Alsterdorfer Anstalten. Den Hauptgewinn, ein 10-Tage-Urlaub auf Ischia, von Siggelkow-Reisen gestiftet, nahmen Oldenfeldes Bürgervorsteher Hansjürgen Schult und Frau Brigitte mit nach Hause (tauschten Ischia aber dann gegen Weserbergland – Anm. d. Verf.). Eigentlicher Hauptgewinner aber waren die Alsterdorfer mit einem Scheck über den Tombola-Erlös von 6.000 Mark."[89]

Großer Zapfenstreich zum Geburtstag

„Fast 10.000 Gäste" hatte die „Bild am Sonntag" während des „Tages der offenen Tür" in der Graf-Goltz-Kaserne gezählt. Das war eine überwältigende Resonanz, die so ziemlich genau ein Jahr nach der sogenannten „Kasernenblockade" (vgl. III. 4.1.) vieles wieder zurechtrückte.

Vergessen waren die Aktionen allerdings noch nicht. So lobte CDU-Oppositionsführer Perschau während seiner Ansprache beim Empfang in der Mehrzweckhalle am Freitagabend ausdrücklich die besonnene Haltung der Brigade während der Blockade im vergangenen Jahr.

Dann folgte nach einem Appell, bei dem das Panzerartilleriebataillon 177 sein Fahnenband erhielt (vgl. III. 3.2.), um 22.30 Uhr der Große Zapfenstreich vor geladenen Gästen auf dem Exerzierplatz der Boehn-Kaserne. Vielleicht nahm Oberst

Ansprache von MdHB und Mj d.R. Perschau am 15.6.1984 (Photo BrigStKp)

Gert Verstl im Schein der Fackeln ja bereits innerlich Abschied von Hamburg, denn seine Versetzung zum II. Korps nach Ulm stand schon fest. Er sollte dort Chef des Stabes werden.

„Verstls Finale"

Doch so einfach ließ die Brigade ihn nicht ziehen, ihren achten Kommandeur, der kaum drei Wochen nach dem Brigadejubiläum am 5. Juli ganz überraschend zum Brigadegeneral befördert worden war. Der frisch Beförderte dazu später in einem Interview: „ ...ich war völlig überrascht! Die Nachricht erhielt ich in aller Frühe per Telefon von meinem Stellvertreter. Ich saß mit eingeseiftem Gesicht in der Küche meiner Ferienwirtin auf Amrum und hatte das Rasiermesser in der Hand. Es war fast wie in einem dieser ollen Generalswitze ..."[90]

Und fast wie in alten Zeiten gestaltete sich auch der Abschied für den Herrn General. In einer großen Feldparade auf dem Standortübungsplatz Höltigbaum rollte die Brigade am 14. September 1984 an einem

PzArtBtl 177 aufgefahren zu „Verstls Finale" *(Photo Brigadearchiv)*
„Die 18 Kanonenrohre der Panzerhaubitzen 'M-109' auf dem Standortübungsplatz Höltigbaum sind nach Süden ausgerichtet – sie weisen Brigadegeneral Verstl den Weg ... nach Ulm", hieß es in der „BILD-Zeitung" vom 15.9.1984 zu diesem Anblick.

wehmütigen Kommandeur vorbei, der Hamburg nur ungern verließ. Erst kürzlich schrieb der heutige Generalleutnant und Kommandierende General des II. Korps in Ulm: „Ich war so vertraut mit diesem Teil Hamburgs ... Hier haben wir immer eine Stütze gehabt, die ihresgleichen sucht."[91]

Sogar Verteidigungsminister Dr. Manfred „Manni" Wörner (seit 4. Oktober 1982) war zu diesem Spektakel erschienen. „Sie nannten es 'Verstls Finale' ", berichtete Günter Stiller im „Hamburger Abendblatt". Gemeint war der als Übungsabschluß der Brigadegefechtsübung „VOLLES FISCHNETZ" (31. August bis 2. September 1984) mit anschließendem Truppenübungsplatzaufenthalt in Bergen und Munster „getarnte" Vorbeimarsch von 3.000 Soldaten mit 100 Kettenfahrzeugen.

Der neue Kommandeur, Oberst Manfred Eisele, war allerdings nicht erschienen. Das „Hamburger Abendblatt" spöttelte: „Der Nachfolger war, seltsamerweise, nicht zur Hand: Oberst Eisele 'büffelt' noch am College for Defence Studies in London. Für die nächsten drei Monate hat Verstl-Stellvertreter (Oberst Streubel – Anm. d. Verf.) daher in Rahlstedt das Kommando.[92]

„Wir spielen doch Fidelio"

Am 19. Dezember 1984 kam dann der neue und neunte Kommandeur der Panzergrenadierbrigade 17, Oberst Manfred Eisele, 46 Jahre jung, mit der College-Krawatte des „Royal College of Defence Studies (RCDS)", wenn auch nicht um den Hals, so doch zumindest im Koffer. Den einjährigen sicherheitspolitischen Studienaufenthalt an dieser weltweit bekannten britischen Bildungsinstitution hatte der Oberst noch abschließen wollen, denn nur zwei oder drei deutschen Offizieren und Diplomaten wurde jährlich die Möglichkeit geboten, zur 75 Teilnehmer starken Lehrgangscrew zu gehören.

Der Kommandeur der 6. Panzergrenadierdivision, Generalmajor Wolfgang Malecha, übertrug Oberst Eisele im Rahmen eines Appells das Kommando und dankte Oberst Peter Streubel für die Führung der Brigade

Menschlich gesehen

Lieber bei der Truppe

Wenn Oberst Eisele (46) heute in der Boehn-Kaserne in Rahlstedt die Befehlsgewalt übernimmt, hat die Panzergrenadierbrigade 17 nach vierteljähriger Pause wieder einen Kommandeur. Es ist der neunte in ihrer 25jährigen Geschichte. Die Unterbrechung war erforderlich, weil „der Neue" erst noch seinen Lehrgang auf dem „Royal College of Defense Studies" in London zu Ende bringen mußte.

Vor die Wahl gestellt, das Silber seiner Rangabzeichen zu behalten oder gegen Gold einzutauschen, war ihm die Entscheidung nicht schwergefallen: „Lieber Oberst und Brigadekommandeur in der Truppe als General am Schreibtisch", sagt er. Bei einem Absolventen der hochkarätigsten Ausbildungsstätte für militärische Führungskräfte des Westens, der dazu neben der deutschen auch über die amerikanische Generalstabsausbildung verfügt, bleibt der Generalsstern ohnehin in erreichbarer Nähe.

Nun muß sich der gewandte, aufgeschlossene und sympathisch wirkende Offizier nur noch eine Heimstatt suchen, damit Elke, seine in Dresden mit Elbwasser getaufte Frau, mit dem Hausstand nachkommen kann. Der 13. Umzug in ihrer Ehe. Die jüngste Tochter geht noch in die Unterprima der deutschen Schule in London, die ältere studiert in Bonn Medizin.

Eigentlich hatte der gebürtige Westpreuße Journalist oder evangelischer Pastor werden wollen. Aber nachdem er beim Bund entdeckte, wie gern er mit Menschen umgeht, blieb er dabei. Mit 21 war der Enkel eines Blankeneser Kapitäns und Sohn eines U-Bootkommandanten Leutnant, mit 25 Kompaniechef. HSV-Fan ist er jedoch geblieben, seit er nach der Flucht in Hamburg aufwuchs. hgs

Oberst Manfred Eisele, neunter Kdr PzGrenBrig 17 (1.10.84 – 31.12.88) („HA" v. 19.12.84)

während der dreimonatigen „Interimsphase". Drei Wochen später stellte sich der neue Kommandeur anläßlich des Neujahrsempfangs am 9. Januar 1985 erstmalig „einer breiten Öffentlichkeit" vor. Das „Hamburger Abendblatt" stellte bei Oberst Eisele, der wie sein Vorgänger Gert Verstl in Hamburg aufgewachsen war, schon bei diesem Gästeempfang eine neue Handschrift fest: „Oberst Eisele entdeckte zwar in seinen Einleitungsworten gewisse Parallelen (zwischen seinen Soldaten – Anm. d. Verf.) mit Orchester-Musikern, die auf einen neuen Dirigenten nach dem Motto reagieren: 'Er kann dirigieren was er will, wir spielen doch Fidelio', gab aber dennoch dieser Veranstaltung ein neues Gepräge. Nicht nur er selbst nahm zu aktuellen Fragen der Bundeswehr Stellung, sondern er ließ auch andere Soldaten zu Wort kommen."[93] So sprachen der Hauptmann Hans-Georg Breuer vom Panzergrenadierbataillon 173, der Hauptfeldwebel Karl-Heinz Wittge vom Panzergrenadierbataillon 172 und der Panzerschütze Ralf Köbke vom Panzerbataillon 174 für ihre jeweilige Dienstgradgruppe.

Bis zum Ende des Jahres 1988 sollte Manfred Eisele, der am 1. April 1987 zum Brigadegeneral befördert wurde, Kommandeur für die 3.300 Soldaten der Panzergrenadierbrigade 17 bleiben.

Damit wurde er nach Gerwin Schröder der Kommandeur mit der zweitlängsten Amtszeit und der dritte und letzte wirklich amtierende General in der Boehn-Kaserne, denn Brigadegeneral Verstl waren nach der Beförderung kaum mehr als zwei Monate im Amt verblieben. Oberst Eisele führte die Brigade während der beiden letzten großen Manöver mit „Volltruppe" in Schleswig-Holstein, der Heeresübung „TRUTZIGE SACHSEN" (12. – 20. September 1985) und der NATO-Übung „BOLD GUARD" 1986 (20. – 26. September). Mit diesem dritten „BOLD GUARD" seit 1974 endete die Reihe der großen NATO-Manöver in Schleswig-Holstein, die mit „HOLD FAST" 1960 begonnen hatte. Das ahnte allerdings noch niemand als es für die Brigade am Morgen des 22. September „STARTEX" (Übungsbeginn) hieß.

4.3. „BOLD GUARD" 1986 – Letzte NATO-Großübung in Schleswig-Holstein

Geordnetes Chaos: „Wo bitte geht's hier zu 'G4Fü'?"

Rot blitzt eine Taschenleuchte auf: „Halt! Parole!" Der Kradmelder bringt sein vollbepacktes knatterndes Gefährt unmittelbar vor dem stahlhelmbewehrten Posten zum Stehen und schiebt die Schutzbrille hoch: „Nomber Webek!" Eigentlich hatte er „November-Quebec" sagen wollen, aber der kalte Fahrtwind der Septembernacht hat seine Gesichtszüge erstarren lassen. Nur verstümmelt bringt er die bei kalten Lippen äußerst schwierige Kennung hervor. Der Posten ist dennoch zufrieden. „Ich komme von der Nachschubkompanie", setzt der Melder, jetzt schon erheblich deutlicher, wieder an, „suche G4Fü; wo muß ich da hin?" Der Posten zeigt auf eine Gehöftegruppe: „Da liegen Teile der InstKompanie, und wenn Du da vorbei bist, gleich hinter der abtrassierten Scheune vom Feldinstandsetzungspunkt, kommen Meldekopf und Halteplatz von Brigade-Rück. Frag nach der OPZ, dann schicken die Dich schon zum G4Fü."

„Wo bitte geht's hier zu „G4Fü"?
(Karikatur: Heinrich Katzmarek)

„Danke", das Krad Marke HERKULES knattert wieder los. Fast hätte der Melder dabei noch zwei Soldaten eines Feldkabelbautrupps erwischt, die sich an einer Leitung zu schaffen machen. „Paß auf!" ruft irgendjemand aus dem Dunkeln. „Mach ich ja", brummt der Melder in seinen grauen Wollschaal und weicht einem ohne Licht rangierenden LKW der Instandsetzungskompanie aus. Jetzt kommt von rechts wieder eine Gruppe von Soldaten, die irgendetwas tragen – das Dorf ist unheimlich lebendig, in der Finsternis wimmelt es geradezu von Soldaten zu Fuß oder mit Fahrzeugen aller Art, und überall brummen die kleinen Stromerzeugeraggregate, im Landserjargon „Moppel" (wahrscheinlich entwickelt aus „MobEl" für Mobiler Elektrizitätserzeuger o.ä.), vor sich hin.

Der Kradmelder, Unteroffizier Kai Elster von der Nachschubkompanie 170, der sich da in der Ortschaft Elsdorf-Westermühlen bei Rendsburg durch das scheinbare Gewirr militärischer Einrichtungen und ihre verkürzten Bezeichnungen fragt („G4Fü" = Führungszelle des G4, „Meldekopf" = Anmeldestelle eines Gefechtsstandes, „OPZ" = Operationszentrale), ist einer von unzähligen Kurieren, Meldern und EVZ-Leuten („EVZ" = Erkundungs- und Verbindungszug), die in dieser Sonntagnacht vom 21. auf 22. September 1986 in Schleswig-Holstein unterwegs sind. Um 18.00 Uhr „ZULU-Zeit" (NATO-Zeit), also um 20.00 Uhr „BRAVO-Zeit" (Sommerzeit), war der Aufmarsch der Panzergrenadierbrigade 17 im Verteidigungsraum Hamdorf am Nord-Ostsee-Kanal abgeschlossen worden, der Aufmarsch zur NATO-Übung „BOLD GUARD" 1986.

Die letzte NATO-Übung „BOLD GUARD" in Schleswig-Holstein lag mittlerweile vier Jahre zurück (18. bis 24. September 1982), aber seit 1981 hatte es jedes Jahr eine Großübung für die Brigade gegeben, die alljährliche Divisionsgefechtsübung „BRISK FRAY". Nur im vergangenen Jahr hatte die 6. Panzergrenadierdivision zugunsten der Heeresübung „TRUTZIGE SACHSEN" (Motto: „Wat mutt, dat mutt!") auf „BRISK FRAY" verzichtet.

PzBtl 174 im Verteidigungsraum: „Bereitschaft zur Fliegerabwehr – bedingte Feuererlaubnis" für einen Luftraumspäher der 3. Kompanie hinter seinem Fla MG (Photo PzBtl 174)

Kleine schwarze Blechtafeln

An diesem Wochenende im September 1986 war es wieder einmal soweit: 55.000 Soldaten der an der Übung beteiligten Verbände verlegten nach Schleswig-Holstein, darunter auch rund 3.000 Soldaten der Panzergrenadierbrigade 17. Das Brigadekommando hatte an die Division gemeldet: „2.880 Soldaten, 320 Ketten-Kfz, 566 Rad-Kfz"[94]

Ein dichtes Netz militärischer Einrichtungen wurde über das Land geworfen: Divisions-, Brigade- und Bataillonsgefechtsstände, Versorgungs- und Instandsetzungspunkte, Verbandplätze und Verkehrsleitstellen – die militärische Infrastruktur. Orts- und Straßenschilder spielten keine Rolle mehr; alles was zählte, waren die kleinen, schwarzen Blechtafeln mit den taktischen Zeichen von militärischen Einrichtungen, Einheiten und Verbänden, die überall im Manövergebiet von emsigen EVZ-Leuten aufgestellt wurden. Auch die Landkarten sahen ganz anders aus, nachdem die Zeichenstellen ihr Werk getan hatten. Grenzen, Stellungen, Verbindungspunkte und Gefechtsstände veränderten das Aussehen der Landschaft nachhaltig und schufen wieder jene militärische „Raumordnung", ohne die eine Orientierung im Verlauf des „Gefechtes" nahezu unmöglich ist.

Bold GUARD
NATO-ÜBUNG '86
VORWITZIG · ÜBERMÜTIG

Totale Aufregung herrscht seit gestern bei der BOLD GUARD-Übungsleitung. Generalleutnant Henning von Eider tobt vor Wut. Sein Gesicht ist rot vor Zorn. Der Adju hat sich schon unter dem Schreibtisch versteckt. Auch der militärische Assistent trägt seinen Kopf bereits unter dem Arm. Was ist passiert? Lesen Sie weiter auf Seite 4

Goldene Zahl
HEUTE HEIMFAHRT ZU GEWINNEN

500 KM STAU

Zu einem 500-km-Stau kam es gestern auf der Autobahn 7 bei Rendsburg. Auslöser der 10-stündigen Verkehrsstörung war ein schanzender Soldat auf der Überholspur. Von BOLD-Mitarbeitern befragt, sagte der Grenadier: Der Stau war leider unvermeidlich. Ich habe heute beim Schanzen viel länger gebraucht als sonst. Vor allem die ersten 30 cm bin ich fast nicht in den Boden hineingekommen.

PANZER FUHR DURCH WOHNHAUS

Einen riesigen Schreck bekam die 26-jährige Vicky V., als sie nachts von einem höllischen Knall aufwachte. Ein Panzer war durch das Haus gefahren und erst vor ihrem.... Seite 4

AUFREGENDES für die Truppe

Schirnau/Rd. Ein Bild sagt mehr als tausend Worte. Das dachten wohl die Soldaten einer PVC-Kompanie aus dem Oberharz. Sie versorgten die übende Truppe täglich mit Spezialdrucken. Zahlreiche berühmte Fotomodelle hatten sich für pikante Aufnahmen zur Verfügung gestellt. Nur die hübschesten konnten gedruckt werden. Absoluter Renner war LISA. Ihr sinnlicher Blick machte alle Soldaten heiß. Da war es logisch, daß LISA auch die offizielle Übungspostkarte zierte. Superstar LISA ist übrigens eine Milchkuh.

NEU – NEU – NEU – NEU – NEU – NEU – NEU – NEU
EPA FRISCH EINGETROFFEN
NEU – NEU – NEU – NEU – NEU – NFU – NEU – NEU

Titel der Manöverzeitung „BOLD" („vorwitzig, übermütig") aus „BOLD GUARD" 1986 (Brigadearchiv)

„Oliv-Moden-Show im ausgebuchten Schleswig-Holstein"

Das Bild von der „mobilen Kleinstadt" (H. G. Stark) fand hier gleich in vielfacher Form seine praktische Bestätigung. Für die „Kleinstädte in Oliv" gab es sogar eigene Zeitungen.

Von der sogenannten „Öffentlichkeits-Informationszentrale (ÖFIZ)" des Territorialkommandos Schleswig-Holstein kam der „BOLD GUARDIAN" mit vielen Photos und kurzen Berichten vom Übungsgeschehen.

Es gab aber auch die „BOLD", eine Manöverzeitungspersiflage im Stil der „BILD-Zeitung", von humorigen PSV-Leuten (PSVBtl 800 / „PSV" = Psychologische Verteidigung). „BOLD" wußte beispielsweise zu berichten:

„Übungszar Henning von Eider (Kampfthese: Gemeinsam üben, sich gegenseitig verwirren) und sein Adju waren die Überraschungsgäste bei der 65.000 Mann starken Oliv-Moden-Show im ausgebuchten Schleswig-Holstein. 'Bei einer solchen Mode-Gala muß man einfach dabei sein', gab der General zu und küßte galant die Hand der Gastgeberin, >Miß BOLD GUARD '86<, die wie immer ganz bescheiden einen sehr tief dekolletierten Hauch von Nichts trug."

Panzergrenadierbrigade 17 verteidigungsbereit!

Überraschungsgast auf dem Brigadegefechtsstand der Panzergrenadierbrigade 17, der inzwischen etwas weiter nördlich, in Sophienhamm, seine Zelte aufgeschlagen hatte, war aber nicht Generalleutnant Henning von Ondarza (Befehlshaber der Alliierten Landstreitkräfte Schleswig-Holstein und Jütland „COMLANDJUT"), der das Manöver auch leitete, sondern Generalleutnant Dieter Clauß, der Kommandierende General des I. Korps. Oberst Heinz Möller, seit 1. Juli des Jahres stellvertretender Brigadekommandeur, wies in die Lage ein:

„Feind hat mit 1. ORANGE Armee die angenommene Landesgrenze Putlos-Eutin-Bad Oldesloe-Elmshorn überschritten und greift mit Schwerpunkt zwischen Neumünster und Bad Bramstedt an. Seine vermutliche Absicht ist es, den Nord-Ostsee-Kanal zwischen Albersdorf und Rendsburg zu überwinden." Der Oberst trat näher heran an die große Lagekarte in der OPZ und brachte seinen Teleskop-Zeigestock in Position: „Die Panzergrenadierbrigade 17 hat vor einer Stunde (20.00 Uhr Z-Zeit) im Zuge des VRV II zwischen Nienkattbek und Nienborstel Verteidigungsbereitschaft hergestellt und sich darauf eingerichtet, die zur Zeit noch südlich des NOK kämpfende Panzerbrigade 18 ab 00.01 Uhr aufzunehmen."[95]

Noch hatten die Soldaten der Brigade also kein einziges Fahrzeug mit den roten Kennzeichnungen der ORANGE Armee gesehen. Wenn aber die letzten Teile der „abgekämpften" Panzerbrigade 18 und der 2. Jütland Brigade, die jetzt noch südlich des Nord-Ostsee-Kanals „verzögerten", um Mitternacht beginnend durch die eigenen Linien geschleust sein würden, dann mußte der Kampf für die Brigade um den Kanal beginnen. Die Brigade stand hier gemeinsam mit der Heimatschutzbrigade 51 und der 1. Britischen Infanteriebrigade.

Genau um Mitternacht schrieb im Gefechtsstand der 2. Jütland Brigade in Westensee ein junger Leutnant, der hier als deutscher Verbindungsoffizier Dienst tat, einen Brief an seine Liebste:

„... Wir sind seit über 24 Stunden auf dem Rückzug. ORANGE hat Neumünster umgangen (südwestlich) und stößt unaufhaltsam Richtung Rendsburg vor. Es war ein schmutziger und nasser Rückzug. Dabei sind wir einmal nur knapp dem Feind entkommen, weil die Dänen ihren Gefechtsstand bis zum Schluß besetzt gehalten hatten. Als die letzten dänischen Panzer in rasanter Fahrt abgerückt waren, wurde mir doch etwas mulmig. Ich bin ziemlich schmutzig und erschöpft, aber wahrscheinlich setzen die 'tapferen' Dänen in wenigen Stunden über den Nord-Ostsee-Kanal, und dann werden wir unseren Auftrag hier erfüllt haben."[96]

„News for 171"

Während die zum Teil völlig übermüdeten Soldaten der Jütland Brigade nach der Kanalüberquerung im Morgengrauen in einen Verfügungsraum marschierten – die Besatzung des dänischen Brigadegefechtsstandes war beispielsweise seit 24 Stunden nicht mehr richtig verpflegt und ausgewechselt worden, da Verpflegungswagen („Mess-car") und Bettenwagen der Wechselschicht bei einer Verlegeaktion „verlorengegangen" waren – begann für die Panzergrenadierbrigade 17 der Auftrag jetzt erst richtig. Mit der Brigadereserve, dem Panzergrenadierbataillon 171, sollte ein Gegenangriff geführt werden. In einer Lageinformation der bataillonseigenen Manöverzeitung „News for 171" vom 23. September heißt es dazu: „PzGrenBtl 171, mittlerweile verstärkt durch 3./172, die bis Übungsende bei uns bleibt, tritt in den frühen Morgenstunden gegen Feind in Höhe Nortorf an. Dazu wird in der Nacht der Nordostseekanal überquert."[97]

Neben Lageinformationen brachte „News for 171" auch allerhand „Vermischtes", das bei Befehlsausgaben oder „Landsergesprächen" aufgeschnappt wurde, zum Beispiel folgende Warnung an den Zugtrupp A der 3. Kompanie: „Vorsicht ZgTrp A 3./171: Morgen ist Sperrmüll in Breiholz, dann könnte Euer MARDER mit all dem anderen Gerümpel rundherum mitgenommen werden." Von der 4. Kompanie heißt es: „Der Brigadespähzug hatte wahnsinnige Schwierigkeiten im Aufklären der Straße. Die 4. Kompanie konnte die herumliegenden LUCHSE aber noch als Straßensperren gebrauchen." In der Ausgabe vom 25. September wird ernüchtert festgestellt: „Der gestrige schneidige Angriff der 4./171 wurde durch eine kurzfristige MKF-Weiterbildung mit dem Thema 'Aufziehen einer abgelaufenen Kette an zwei KPz' unterbrochen. Nach Erreichen des Ausbildungszieles wurde dann nur noch ein Verfügungsraum bezogen."[98]

Oberstleutnant Volker Fleig, während „BOLD GUARD" 1986 Kommandeur der 171er, lacht. „Ach wissen Sie, 'BOLD GUARD' 1986 war eine einzige Rangelei um den Kanal. Wir saßen als Brigadereserve tagelang in Breiholz herum, sicherten die Kanalfähre und die Eiderbrücke. Die amphibischen Landeoperationen in der Ekkernförder Bucht und die feindlichen Luftlandungen bei Neumünster waren weit weg. Da hatten unsere Jungs auf dem Bataillonsgefechtsstand reichlich Zeit für solchen Unsinn."[99]

Das Schiedsrichter Handbuch für „BOLD GUARD" 1986 beschreibt die „Rangelei" um den Nord-Ostsee-Kanal in geringfügig anderer Terminologie:

„Phase 2 Verteidigung/Gegenangriff,
231200Z – 251000Z SEP

ORANGE versucht vergeblich und unter schweren Verlusten, den Nord-Ostsee-Kanal zu nehmen ... BLUE verhindert, daß ORANGE den Kanal nimmt, stabilisiert die Verteidigung, und führt nach Umgruppierung einen Gegenangriff einschließlich Gewässerübergang durch. ...

Phase 3 Verteidigung/Gegenangriff,
251000Z – 261000Z SEP

Nach einer eilig bezogenen Verteidigung wird ORANGE gezwungen, weiter auszuweichen. BLUE ... setzt den Gegenangriff fort, um das BLUE-Territorium gänzlich wieder zu nehmen."[100]

Letzte NATO-Großübung in Schleswig-Holstein

Auch die Soldaten der Nachschubkompanie 170, deren Kradmelder uns ja bereits am 21. September in der Ortschaft Elsdorf-Westermühlen begegnete, scheinen sich zeitweilig sehr gelangweilt zu haben: „Am 21.09. verlegte die Kompanie in einen Einsatzraum westlich Rendsburg und versorgte die Brigade, die südlich des Nord-Ostsee-Kanals einen Verteidigungsraum bezogen hatte. In dieser vorwiegend statischen Phase, die bis einschließlich Mittwoch anhielt, hatte die Kompanie so wenig zu tun ...", beklagt der Kompaniechronist. Und weiter: „Insgesamt hat diese Übung die Kompanie zu wenig gefordert. Wir hoffen, daß es beim nächsten Mal besser wird."[101]

„PR-Logo" von „BOLD GUARD" 1986 (Umschlag Taschenkarte)

Was im September 1986 allerdings noch niemand ahnen konnte: Ein nächstes Mal sollte es nicht mehr geben. „BOLD GUARD" 1986 war die letzte NATO-Großübung in Schleswig-Holstein. Die politische Entwicklung zum Ende der 80er Jahre, insbesondere die innerdeutsche, ließ die NATO diese Manöver vorerst aussetzen. Auch Fragen des Umweltschutzes, Oberstabsfeldwebel a.D. Rolf Elsing, der langjährige S3Feldwebel des Brigadekommandos, spricht hier von ökopolitischen Gesichtspunkten", ließen sich bei den sogenannten „freilaufenden Übungen", also im freien Gelände, immer schwerer ausklammern.

Dennoch: Wieder einmal hatte die Brigade ihre Leistungsfähigkeit unter Beweis gestellt. In einem Tagesbefehl zu „BOLD GUARD" 1986 sagte Oberst Eisele:

„Gemeinsam mit NATO-Kameraden aus Dänemark, Großbritannien, den USA und Niederlanden haben wir deutlich gemacht, daß wir bereit sind, unsere Heimat zu verteidigen. Das PzGrenBtl 172 hat das in der Lehrübung 'Die verstärkte PzGrenKp in der Verteidigung' auf dem StOÜbPlatz Alberstorf vor einer großen Zahl in- und ausländischer Besucher eindrucksvoll dargestellt. ... Besonders hervorzuheben ist der Einsatz der ca. 350 Wehrübenden, die in dieser Zeit unsere aktive Truppe wirkungsvoll verstärkt haben.

Erfreut und dankbar stelle ich nach Abschluß des Übungsvorhabens fest, daß unsere Brigade vor schweren Unglücksfällen und großen Verlusten verschont geblieben ist. ..."102

„Ständiger Vertreter des Freistaates Bayern" in der Lettow-Vorbeck-Kaserne

Die während „BOLD GUARD" 1986 so unterbeschäftigten Soldaten der Nachschubkompanie 170 hatten die Tage in Rendsburg aber dennoch nicht ungenutzt gelassen. Unter der Federführung des damaligen Kompaniefeldwebels Fred Schlinke waren allerhand Pläne „ausgeheckt" worden, wie man dem langjährigen Chef der Nachschubkompanie, Major Horst Binder, im kommenden Frühjahr einen einzigartigen Abschied bereiten könnte. Nach über acht Jahren Chefzeit sollte der Major nach Amberg versetzt werden und damit wunschgemäß in seine bayerische Heimat zurückkehren.

Stabsfeldwebel Schlinke, zur Zeit S4Feldwebel im Brigadekommando, lacht eines seiner unnachahmlichen, dröhnenden Lachen und winkt ab: „Ganz so war das ja nun auch nicht: Wir waren durchaus beschäftigt während 'BOLD GUARD', nur während der ersten Tage war's vielleicht ein wenig ruhig, und mit den Abschiedsvorbereitungen haben wir erst im Frühjahr begonnen." Dann einlenkend: „Aber Sie haben recht: Major Binder war acht Jahre unser Chef und bei uns allen sehr beliebt, obwohl er ein waschechter Bayer war." An seiner landsmannschaftlichen Zugehörigkeit ließ der fünfte Chef der Nachschubkompanie nie einen Zweifel aufkommen. Fred Schlinke nennt Beispiele: „Sein Dienstzimmer schmückte ein großes Bild des Bayerischen Ministerpräsidenten Dr. Franz-Josef Strauß, über der Tür zum Chefzimmer prangte ein Plakat: 'Ständige Vertretung des Freistaates Bayern in der Freien und Hansestadt Hamburg' und wer es ablehnte, Urlaub in Bayern zu machen, der wurde zu Lehrgängen nach Sonthofen, Altenstadt oder München befohlen."[103] Was also lag näher für „Spieß" Schlinke, als den Bayerischen Ministerpräsidenten auf diesen selbsternannten Diplomaten des Freistaates Bayern in Hamburg aufmerksam zu machen. Und der reagierte sofort. Er schickte ein Bild mit Widmung und dankte Major Horst Binder für seine ehrenamtlichen diplomatischen Dienste. „Der Chef war gerührt", erinnert sich auch Stabsfeldwebel Peter Dammann, damals Nachweis- und Betriebszugführer der Nachschubkompanie. „Völlig weg aber war er, als anläßlich seiner Verabschiedung am 10. April 1987 die ganze Kompanie auf dem Ex-Platz der Lettow-Vorbeck-Kaserne an ihm vorbeirollte, das erste Kfz mit unserem Eberkopf und Hamburgflagge, das letzte mit Kompaniewappen und Bayernfahne geschmückt.

Abschied von der NschKp 170 am 10.4.1987: Mj Binder, auf einem Feldarbeitsgerät (FAG) Thron, nimmt gerührt die Ehrungen seiner alten Kompanie entgegen. (Photo Schlinke)

An den Seiten der anderen Fahrzeuge waren Schilder mit der Aufschrift 'Servus Chef und Danke' angebracht."

4.4. Alte Freunde, neue Paten und der Umweltschutz

Operation „STARKER HANS"

„Schauplatz einer friedlichen Invasion ist heute die Gemeinde Siek. Eine Kompanie der Panzergrenadierbrigade 17 rückt mit zwölf Schützenpanzern „MARDER" und Begleitfahrzeugen aus, um einen der hervorragenden Männer des Ortes im Kreis Stormarn zu überraschen. Abendblatt-Redakteur Hans G. Stark, 'unser Mann' bei der Bundeswehr, wird 60 Jahre alt! ... Um größeren Schaden von Sieks Straßen abzuwenden, werden die Männer am Ortseingang absitzen und sich zu Fuß an den Fichtenweg 44 heranpirschen. Dort werden sie mit einem markigen 'Glückwunsch, Hans!' den Jubilar aus den Federn treiben. ... Zur Gratulationstruppe stoßen heute auch Vertreter der 'Rahlstedter Mafia' ...: Ortsamtsleiter Rolf Mietzsch (Leutnant d. Res.), IGOR-Vorsitzender Horst Reincke und MdBü Dr. Joachim Christian Becker."[105]

So hätte es tatsächlich gewesen sein können, doch der Aufmacher der „Wandsbeker Zeitung" vom 19. September 1985, „Panzergrenadiere rücken zur 'Operation STARKER HANS' aus", war frei erfunden. „Ein Scherz meiner Kollegin Jutta Wernicke-Pritzel", sagt Hans G. Stark. „Mit dieser Persiflage der Titelseite wollte mir das 'Hamburger Abendblatt' eine Geburtstagsüberraschung bereiten. Stellen Sie sich doch einmal vor, da wäre tatsächlich eine Panzergrenadierkompanie mit Schützenpanzern ausgerückt, nur um mir zu gratulieren! Was wäre da wohl los gewesen?" Die „Rahlstedter Mafia" erschien allerdings tatsächlich zur Geburtstagsfeier auf der „Ponderosa". Die „Wild-West-Look"-Freizeitanlage der Graf-Goltz-Kaserne konnte nämlich auch für private Feiern genutzt werden. Der Bürgerschaftsabgeordnete Dr. Becker, Unteroffizier h.c. im Panzerbataillon 174, und Rahlstedts Ortsamtsleiter Mietzsch, beide ebenso wie „Abendblatt"-Redakteur Stark langjährige Freunde der Brigade, hielten die Geburtstagsansprachen.

Der Anfang war tragisch

„Diese Freundschaft entstand allerdings erst im Laufe der Jahre, war nicht von Anfang an gegeben", räumt der langjährige „Bürgermeister von Rahlstedt" unumwunden ein. „Als ich 1964 zunächst stellvertretender Ortsamtsleiter in Rahlstedt wurde, lag die Bundeswehr für mich wie für viele andere außerhalb des Blickfeldes der kommunalen Verwaltung, als 'Fremdkörper' sozusagen. Jeder hatte mit sich zu tun, wußte wenig vom anderen." Ein Unfall mit Übungsmunition auf dem Standortübungsplatz Höltigbaum veränderte 1966 das Verhältnis zwischen Ortsamt und Brigadekommando. „Der Anfang war tragisch", stimmt Regierungsdirektor Mietzsch zu. „Am 9. November 1966 wurden dem zehnjährigen Rainer Bock beim Hantieren mit Darstellungsmunition auf dem damals größtenteils ungesicherten Übungsplatz beide Hände schwer verletzt. Dieser Unfall rüttelte wach. Die Betroffenheit blieb jedoch nicht in gegenseitigen Schuldzuweisungen stecken, sondern führte zu einer bis dahin beispiellosen Aufklärungsaktion. Elternräte, Schulen, Politiker und Ortsamt wirkten ebenso mit wie Schulbehörde, Bundeswehr, Innenbehörde und Standortkommando."[106]

Durch die Ausweitung der so entstandenen Kontakte wurde aus dem ehemaligen „Fremdkörper" rasch eine echte Institution im öffentlichen Leben Rahlstedts. Informationsabende, Besichtigungen und Gespräche überwanden zum Teil vorhandene Vorurteile. Rolf Mietzsch nutzte seine guten Verbindungen, um auch den anderen Hamburger Ortsamtsleitern die „Hausbrigade" näherzubringen.

„Einen Clou hatte Rahlstedts Ortsamtsleiter Rolf Mietzsch für seine Kollegen aus den anderen Hamburger Ortsämtern parat", berichtete das „Rahlstedter Wochenblatt" am 23. September 1987: „Mietzsch war in diesem Jahr für den alljährlich stattfindenden Informationsbesuch verantwortlich, der die Hamburger Ortsamtsleiter zusammenführt. Gemeinsam mit Oberstleutnant Jürgen Hillerkus, dem Kommandeur des Panzerbataillons 174 aus der Graf-

Ortsamtsleiter Mietzsch (auf dem MARDER) mit seinen Kollegen in Putlos beim PzBtl 174 am 10.9.1987 (Photo Müller)

(v.l.) OLt Walsemann (S2 PzBtl 174), Bernhard Dey (OAL Wilhelmsburg), OTL Schmidt (Kdr PzGrenBtl 173), Peter Reichelt (OAL Finkenwerder), Mj Oldenburg (S3 PzBtl 174), Rüdiger Dietz (OAL Bramfeld), Rolf Wolgast (OAL Alstertal), Udo Springborn (OAL Veddel), Gerd Kosubeck (OAL i.R. Barmbeck-Uhlenhorst), Bruno Steenbock (OAL i.R. Fuhlsbüttel), Horst Boettjer (OAL Billstedt), Werner Nebel (OAL Barmbek-Uhlenhorst), Helmut Gutsch (OAL Vier- und Marschlande), Hartmut Leschner (OAL Lokstedt), Hans-Günther Arens (OAL Walddörfer), OTL Hillerkus (Kdr PzBtl 174)

Goltz-Kaserne, organisierte Mietzsch einen Besuch auf dem Truppenübungsplatz Putlos bei Oldenburg, wo gerade Soldaten des Bataillons gemeinsam mit Soldaten des Panzergrenadierbataillons 173 aus der Boehn-Kaserne eine Übung durchführten (TrÜbPlatz-Aufenthalt vom 7. bis 13. September 1987 – Anm. d. Verf.)."[107]

Noch einmal Rolf Mietzsch: „Ich glaube, die anderen Ortsamtsleiter haben erkannt, was wir hier an der Bundeswehr hatten. Die Panzergrenadierbrigade 17 hat in Rahlstedt Stadtteilgeschichte geschrieben."

Ein Jubiläum, das nicht stattfand

Ein Teil dieser Stadtteilgeschichte ist auch die Boehn-Kaserne selbst, benannt nach dem preußischen Generalobersten Max Ferdinand Carl von Boehn (geb. 1850 in Bromberg, gest. 1921 auf Schloß Sommerfeld bei Berlin), dem wohl bekanntesten Kommandeur des ehemaligen 2. Hanseatischen Infanterieregiments Nr. 76. Im März des Jahres 1988 bestand die Boehn-Kaserne 50 Jahre, denn genau am 27. März 1938 war die damals „funkelnagelneue" Anlage (Baubeginn Januar 1937) an das wiederaufgestellte Infanterie-Regiment 76 übergeben worden.[108]

Das 50jährige Kasernenjubiläum sollte mit einem „Tag der offenen Tür" gefeiert werden. Erste Vorbereitungen wurden bereits im November 1987 getroffen. Um die Kasernengeschichte anschaulich dokumentieren zu können, gab Oberstleutnant Vol-

Ehrenzug des Infanterie-Regiments 76 (mot) vor dem Wachgebäude der Boehn-Kaserne 1938
(Photo Brigadearchiv)

„50 Jahre Boehn-Kaserne 1938 bis 1988" – Photos zu einer Ausstellung, die nie stattfand: Vor gleicher Kulisse und mit gleichen Formationen wurden alte Aufnahmen aus der Wehrmachtszeit mit Soldaten der Panzergrenadierbrigade 17 nachgestellt.

Ehrenzug des Panzergrenadierbataillons 173 vor dem Wachgebäude 1988 *(Photo Brigadearchiv)*

ker Fleig, der Kommandeur des Panzergrenadierbataillons 171, in Vertretung des Kasernenkommandanten umfangreiche Recherchen zu Bau und Nutzung der Boehn-Kaserne beim Bundes- und Militärarchiv in Freiburg i. Br. in Auftrag. Auch eine Photoausstellung wurde vorbereitet, für die alte Aufnahmen aus der Wehrmachtszeit mit Soldaten der Panzergrenadierbrigade 17 nachgestellt wurden.

Schließlich wurde das Projekt aber aufgegeben; eine Jubiläumsfeier „50 Jahre Boehn-Kaserne" fand nicht statt. „Wir befanden das Material, das wir für die Austellung und die Dokumentation der Kasernengeschichte zusammengestellt hatten, als nicht ausreichend", erklärt dazu Oberstleutnant Fleig, der heute im Wehrbereichskommando II in Hannover Dienst tut. „Außerdem stand ja im folgenden Jahr das 30jährige Bestehen der Brigade bevor, zu dem es auch einen "Tag der offenen Tür„ geben sollte. Da haben wir diese Jubiläumsfeier fallenlassen."[109]

So schlummern seither „Geheime Kommandosachen" des früheren Wehrkreiskommandos X, Unterlagen der ehemaligen Heeresstandortverwaltung Hamburg, alte Zeitungsberichte und vergilbte Photos zur Geschichte der Boehn-Kaserne im Keller des Brigadekommandos, Erinnerungsstücke an längst vergangene Tage; Zeugnisse auch eines Jubiläums, das nicht stattfand und das nun nie mehr stattfinden wird.

Leutnant von Ondarza „entführt" ein Denkmal

In jeder Kaserne gibt es letztlich diese Zeugnisse oder Hinterlassenschaften längst vergangener Tage. An ihnen hängen Erinnerungen zu Begebenheiten aus mittlerweile 37 Jahren Bundeswehrgeschichte und oft auch aus der Geschichte früherer deutscher Armeen.

Solche Erinnerungen wurden wieder lebendig, als der Inspekteur des Heeres, Generalleutnant Henning von Ondarza, am 14. März 1988 das Panzerbataillon 174 in der Graf-Goltz-Kaserne besuchte. Der General war eigentlich im Zusammenhang mit einer sicherheitspolitischen Tagung nach Hamburg gekommen, aber er ließ es sich nicht nehmen, für einige Stunden bei der Panzergrenadierbrigade 17 und ganz besonders bei seinem alten Bataillon „vorbeizuschauen". Fast sieben Jahre war Henning von Ondarza Angehöriger des Panzerbataillons 3, seit 1959 Panzerbataillon 174, gewesen, als Panzer- und Pionierzugführer, Fernmeldeoffizier, S2, S1 und von 1961 bis 1963 als Kompaniechef der 3. Kompanie.

Die 3. Kompanie hatte denn auch Ehemalige und noch aktive Soldaten aus diesen Jahren eingeladen, die mit ihrem früheren Kompaniechef alte Erinnerungen austauschen konnten. Und da gab es so einige.

Der Inspekteur des Heeres, Generalleutnant von Ondarza, besucht die PzGrenBrig 17 am 14.3.1988. (Photo Brigadearchiv)

Im Dienstzimmer des Brigadekommandeurs: (v.l.) OTL Fleig (Kdr PzGrenBtl 171), OTL Schecker (Kdr PzGrenBtl 172), OTL Schmidt (Kdr PzGrenBtl 173), GenLt von Ondarza (Insp Heer), OTL Hillerkus (Kdr PzBtl 174), OTL Fritsch (Kdr PzArtBtl 177), BrigGen Eisele (BrigKdr PzGrenBrig 17)

OLt v. Ondarza als Chef 3./174 in Bergen, Feb. 1961
(Photo PzBtl 174)

Die Kompanie hatte noch einen ganzen Packen alter Befehle gefunden, die offensichtlich der sonst nach fünfjähriger Aufbewahrungsdauer sofort einsetzenden Vernichtungswut militärischer (wahrscheinlich auch ziviler) Dienststellen entgangen waren. Aber nicht nur die alten Befehle trugen die Handschrift des Generals aus seinen frühen Jahren in der Graf-Goltz-Kaserne. Es gab da auch noch etwas anderes: Ein altes Ehrenmal aus wuchtigen Natursteinen gebaut.

Erst kürzlich erinnerte sich der heutige Oberbefehlshaber der Alliierten Streitkräfte Europa Mitte (AFCENT) in einem Brief an seinen Besuch in der Graf-Goltz-Kaserne und – an jenes Ehrenmal:

„Dieses habe ich eines Nachts mit meinem Pionierzug aus einer zivil genutzten Kaserne im Westen Hamburgs entführt; ... Jeder Stein wurde numeriert, um die alte Form des Denkmals zu erhalten. Ärger bekam ich mit dem Brigadekommandeur, der die Inschriften auf den Gedenktafeln 'dulce

Das Ehrenmal der PzAbwAbtlg 20 in der Graf-Goltz-Kaserne schon mit neuer Inschrift (Photo PzBtl 174)
Anlaß der Aufnahme war die Übergabe des Btl von OTL Guderian (MItte) an OTL Knüpling (rechts) durch Oberst Reichel (links).

et decorum ...' verbot. Ich habe das nie eingesehen, aber entwarf dann die neuen Tafeln, die heute noch hängen."[110]

„Ja, ja, von Ondarza, der machte solche Sachen", bestätigt Generalmajor a.D. Heinz-Günther Guderian, der damalige Bataillonskommandeur im Panzerbataillon 3 (vgl. II. 1.2.).

„Besagtes Ehrenmal stammte von der früheren Panzerabwehr-Abteilung 20, die damit wohl an den heldenmütigen Kampf deutscher Soldaten des I. Weltkrieges gegen britische Tanks erinnern wollte, darum stand auch das Modell eines englischen Panzers auf dem Steinsockel. Entsprechend waren auch die Gedenktafeln. Da hieß es: 'Wenn Tausend einen Mann erschlagen, das ist nicht Ruhm, das ist nicht Ehr, denn heißen wird's in spät'ren Tagen: Gesiegt hat doch das deutsche Heer.' Solche Worte paßten natürlich nicht mehr zum neuen Bild vom Soldaten in Deutschland."[111]

So funktionierten die Panzermänner in der Graf-Goltz-Kaserne das Ehrenmal der Panzerabwehr-Abteilung 20 aus der früheren Hanseaten-Kaserne an der Sengelmannstraße in ein Ehrenmal für deutsche Panzerbesatzungen um (Der britische Tank erhielt Eiserne Kreuze und die Inschrift lautete nun: „Den Toten zum Gedenken, den Lebenden zur Mahnung".). Den Sockel gibt es noch heute in der Graf-Goltz-Kaserne, nur der britische Tank wurde später abmontiert. Er steht heute in der Führungsakademie.

Kopfball gegen HSV

„Was waren das für Zeiten!" resümiert General von Ondarza am Ende seines Briefes, und er meint das zweifellos im positiven Sinne: „Mannschaften, Unteroffiziere und Kompanieoffizier kannten sich wirklich. Wie oft saß man beim Gespräch – auch über persönliche Dinge – spielte Skat und trieb gemeinsam Sport. Feldhandball auf dem Antreteplatz – ein doller Acker! – war damals Hauptsportart."

Da hat sich in der Tat seit jenen Jahren so manches verändert. Feldhandball wird beispielsweise so gut wie überhaupt nicht mehr gespielt. Dafür aber Fußball und das nicht zuletzt deshalb, weil auch „für die "Bundesliga-Kicker des HSV die Hamburger Panzergrenadierbrigade 17 eine Art 'Hausbrigade' ist". Das behauptete zumindest die Truppenzeitschrift „HEER" in ihrer Ausgabe vom Dezember 1986. Und weiter hieß es dort: „Thomas von Heesen diente hier ebenso wie die Ex-HSVer Wolfgang Rolff und Michael Schröder. Zur Zeit leisten wieder zwei Spieler ihren Grundwehrdienst bei der Brigade 17 in Rahlstedt ab: Tobias Homp und Ralf Balzis."[112] Das Verhältnis zwischen dem HSV und der Brigade war traditionell gut, war fast so wie bei alten Freunden: Die HSV-Spieler leisteten ihren Wehrdienst bei den Rahlstedter Einheiten ab und spielten für die Brigade, dafür blieben sie in Hamburg und erfuhren eine großzügige Freistellungspraxis. Trainer der Brigade-Elf war in jenen Jahren Hauptfeldwebel Michael Pawlick, der „Spieß", der 3. Kompanie im Panzergrenadierbataillon 171, und vormaliger „Coach" der St. Pauli Amateure. Am 21. Oktober 1986 führten er und Hauptmann Blättry, der S1Offizier der Brigade, die Brigademannschaft und die HSV-Profis in einem Freundschaftsspiel zusammen. „Natürlich hatten die Soldaten

Freundschaftsspiel der Brigade-Auswahl gegen den HSV auf der Bezirkssportanlage Berner Heerweg am 21.10.1986: Auch der Kopfball von Ralf Balzis kann die 17er nicht retten.
(Photo Brigadearchiv)

das Nachsehen", spottete die bereits zitierte Truppenzeitschrift: „Mit 11 : 1 Toren zeigte der Hamburger Sportverein, wer Herr im Hause ist."

Das einzige Tor für die Brigade erzielte Feldwebel Christoph König. Er überwandt den damaligen HSV-Torwart Uli Stein mit einem Kopfball. Bei der Wiederholung dieses freundschaftlichen „Kräftemessens" im folgenden Jahr erzielte die Brigade-Elf – grundsätzlich wurden nur Spieler der Oberliga an aufwärts ausgewählt – immerhin schon ein achtbares 2 : 5. Doch die Ergebnisse dieser und folgender Begegnungen waren im Grunde zweitrangig, denn die Spiele hatten vor allem einen wohltätigen Zweck. Der Erlös aus den Veranstaltungen kam dem „Volksbund Deutsche Kriegsgräberfürsorge e.V." und der „Soldatenkrebshilfe", später „Soldatentumorhilfe", des Bundeswehrkrankenhauses Hamburg zugute.

Zwei interessierte Beobachter am Spielfeldrand der Bezirkssportanlage Berner Heerweg: Brigadekommandeur Oberst Eisele im Gespräch mit HSV-Manager Felix Magath (Photo Brigadearchiv)

Anfang 1990 wurde die Brigadefußballmannschaft, die in den Jahren vorher nur zu den Freundschaftsspielen gegen den HSV oder für die großen Wohltätigkeitsveranstaltungen des „Förderkreises Grünzug Berner Au" („Sport, Fußball, Show zu Gunsten der Soldatentumorhilfe" seit 1988) zusammengestellt worden war, eine feste Einrichtung zu Zwecken der Öffentlichkeitsarbeit und der Nachwuchswerbung. Mit einem Freundschaftsspiel gegen die National-Mannschaft der Kap Verdischen Inseln trat die neue Brigademannschaft in ihren weiß-roten Trikots am 18. Mai 1990 erstmalig publikumswirksam hervor, aber auch beim dritten Hallenfußballturnier in der Bezirkssporthalle Wandsbek zugunsten der „Soldatentumorhilfe" (STH) am 3. Februar 1990 war sie natürlich dabei gewesen.

„Sport, Spiel, Show" in Oldenfelde

Die Hallenfußballturniere in der Bezirkssporthalle Wandsbek waren Teil eines bunten Programms, das der „Förderkreis Grünzug Berner Au" (vgl. III. 2.1.) unter dem Motto „Sport, Fußball, Show" 1988 in's Leben gerufen hatte. Im „Rahlstedter Wochenblatt" vom 3. Februar 1988 wurde angekündigt:

„Unter der Schirmherrschaft der Bürgerschaftspräsidentin Helga Elstner geht es am Sonnabend, dem 13. Februar, in der Bezirkssporthalle Wandsbek, Rüterstraße, hoch her: Ab 11.00 Uhr spielen heimische Fußballmannschaften gegeneinander, ... Das Heeresmusikkorps 6, der Marine Shanty-Chor 'Die blauen Jungs', die Showband Barsbüttel 2000, Rock'n'Roll Tänzer vom Walddörfer SV, Tänzer vom Club Saltatio und andere sorgen für Stimmung."[113]

Einer der „Väter" dieses Rahlstedter Volksfestes war Hansjürgen „Hanni" Schult, der Vorsitzende des „Bürgervereins Oldenfelde": „Seit 1985 veranstalteten die Bürgervereine Farmsen und Oldenfelde alljährlich ein Wohltätigkeitskonzert mit dem Heeresmusikkorps 6 für das 'Alten- und Pflegeheim Farmsen'. Nun halfen uns ja die Soldaten der Brigade 17, und hier besonders das Panzergrenadierbataillon 173, seit Fertigstellung unseres Bürgerparks immer so fleißig bei den alljährlichen Putzaktionen 'Sauberes Oldenfelde und Farmsen', und so kamen Günter Püstov (Ehrenvorsitzender des „Farmsener Turnvereins" – Anm. d. Verf.), Günter Krenz (ehem. Pressesprecher der „Bavaria-Brauerei" – Anm. d.

„Sport, Spiel, Show" am 26.5.1991 im Sportpark Oldenfelde: Die Organisatoren (Photo Wütschner) (v.l.) Peter Wilhelm (Wehrführer FF Oldenfelde), RegDir Rolf Mietzsch (OAL Rahlstedt), Hanni Schult (BV Oldenfelde), Helmut Schwenker (BV Farmsen), Werner Hackmann (Innensenator), Dr. Michael Hartmann (Vorstand STH), Hans-Georg Kessler (Moderator), Oberst Hans-Jürgen Rennack (Kdr PzGrenBrig 17), Kapitän z.S. Helmut Kähler (StO Kdt), Günther Philipp (Vors. SC „Condor")

Verf.) und ich auf den Gedanken, auch 'mal etwas für die Soldaten, und hier speziell für die 'Soldatentumorhilfe Hamburg' zu tun."[114]

Die Großveranstaltung „Sport, Fußball, Show", ausgerichtet vom SC „Condor" und dem Farmsener TV, war denn auch von Anfang an eine „runde Sache", die jedesmal über 10.000 Mark für den guten Zweck einbrachte. 1991 wurde das Konzept geringfügig geändert; seither findet die Veranstaltung – nicht minder erfolgreich – unter dem Namen „Sport, Spiel, Show" im Sportpark Oldenfelde statt, zuletzt am 24. Mai 1992.

Das „Panzerwäldchen" – Soldaten pflanzen 1.000 Eichen

Doch „Sport, Spiel, Show" war immer nur ein Programmpunkt auf der Jahresterminübersicht des unermüdlichen „Förderkreises Grünzug Berner Au". Ein anderer war seit Jahr und Tag der bereits erwähnte Frühjahrsputz in Farmsen und Oldenfelde, ein ideales Betätigungsfeld auch, oder besser: gerade, für die Rahlstedter Panzergrenadiere, die sich waffengattungsspezifisch immer schon Wald und Wiese verbunden fühlten. Es gab aber noch einen anderen bedeutsamen Grund für die Teilnahme der 173er an den „Tagen der Umwelt", das „Rahlstedter Wochenblatt" nennt ihn beim Namen: „Ein wichtiger Partner bei den Reinigungsarbeiten ist das Panzergrenadierbataillon 173: Es kocht zur Stärkung einen kräftigen Eintopf."[115] Eine solche Stärkung war oft auch erforderlich, denn mitunter fanden sich im lieblichen Grün von Oldenfelde „Einkaufswagen, Fahrräder, Kinderwagen und Ölfässer". 1986 kamen beispielsweise „sechs große Müllcontainer (500 l)" zusammen, weiß die Bataillonschronik zu berichten.

Während die Grenadiere Wälder vom Unrat befreiten, legten die Panzermänner aus der Graf-Goltz-Kaserne neue an. Am 14. November 1985 pflanzten 250 Soldaten des Panzerbataillons 174 insgesamt

„Tag des Baumes bei der PzGrenBrig 17" am 14.11.1985: PzBtl 174 pflanzt 1.000 Eichen auf dem StOÜbPlatz Höltigbaum. (Photo Stark/„Hamburger Abendblatt")

1.000 Eichensetzlinge auf dem Standortübungsplatz Höltigbaum.

„So ungewöhnlich ist dies nicht", erklärte der damalige Kommandeur, Oberstleutnant Uwe Everling, gegenüber der „Wandsbeker Zeitung": „Jedesmal, wenn wir zum Übungsschießen nach England fahren, pflanzen wir auch dort eine walisische Eiche" (Demnach mußten auf dem Truppenübungsplatz Castlemartin mittlerweile fünf walisische „Panzer-Eichen" stehen, denn so oft war das Bataillon insgesamt dort gewesen (vgl. II. 3.3.). – Anm. d. Verf.).[116] Und weiter heißt es dort: „Auf Höltigbaum werden in den kommenden Jahren weitere Anpflanzungen folgen. Nach dem 'Panzerwäldchen' soll ein 'Grenadierwäldchen' und ein 'Artilleriewäldchen' entstehen."

Die Artilleristen wollten in ihrem Wäldchen sicher noch weitere Nistkästen aufhängen, denn seit 1976 beteiligten sich die 177er mit Engagement an den alljährlichen „Nistkastenaktionen" des „Wandsbeker Jagdvereins". Sie betreuten die Kästen auf der „Höhe 77", also dem Gelände der Boehn-Kaserne. Stolz vermeldet die Chronik des Artilleriebataillons zum Jahr 1988: „Das 10-jährige Bestehen der Nistkastenaktion kann am 16. November begangen werden. Alljährlich werden ... Nistkästen gereinigt, repariert und für die neue Brutsaison vorbereitet. Den Abschluß dieser Arbeiten bildet das gemeinsame Essen aller Helfer in der Boehn-Kaserne, traditionell wird Erbseneintopf angeboten. Diese von Herrn Holger Kirsten ins Leben gerufene Umweltmaßnahme ist fester Bestandteil des Jahresablaufes geworden."[117]

„Venskabsdiplome" von Jütländern

Das Jahr 1988 war überhaupt ein wichtiges Jahr in der Geschichte des Panzerartilleriebataillons 177: Die Rahlstedter Artilleristen waren nämlich die ersten in der Brigade, die eine Patenschaft mit einem dänischen Verband eingingen und ein „Venskabsdiplom" („Freundschaftsvertrag") von der 6. Artilleriafdeling (6. Artillerieabteilung) aus Varde erhielten. Anläßlich eines Truppenübungsplatzaufenthaltes im dänischen Oksböl (17. bis 26. Februar 1988) wurde die Patenschaft am 19. Februar durch den

Austausch der Patenschaftsurkunden feierlich besiegelt.

Kontakte und freundschaftliche Verbindungen zwischen Einheiten und Verbänden der 6. Panzergrenadierdivision mit Truppenteilen der dänischen Jütland Division gab es schon lange. Sie waren das Ergebnis der NATO-Struktur in Nordeuropa mit dem multinationalen Korps „LANDJUT" (Alliierte Landstreitkräfte Schleswig-Holstein und Jütland) in Rendsburg. Gemeinsame Übungen von deutschen und dänischen Soldaten hatte es schon seit Ende der 50er Jahre (NATO-Übung „HOUSE WARMING" im Januar 1958) in Schleswig-Holstein gegeben, doch hatten sich die Dänen, insbesondere die dänischen Offiziere, zunächst sehr reserviert gezeigt. „Das änderte sich im März 1969 mit dem NATO-Manöver 'BATTLE CRY' ", erinnert sich Brigadegeneral a.D. Curt von Witzendorff, der vierte Brigadekommandeur (vgl. II. 3.5.). „In dieser Übung stand die Panzergrenadierbrigade 17 der durch Engländer verstärkten Jütland Division gegenüber. Es war sehr kalt und hatte längere Zeit heftig geschneit. Schneeverwehungen sowie glatte Straßen erschwerten die Bewegungen. Sehr bald zeigte sich, daß die eigenen, mit geländegängiger Vollkette ausgerüsteten Kampfbataillone den mit straßengebundenen Radfahrzeugen ausgerüsteten dänischen Verbänden haushoch überlegen waren. Es wäre leicht gewesen, die Dänen im ersten Anlauf zu überrollen." Doch Oberst von Witzendorff verzichtete auf diesen „leichten Sieg" und ließ die Spitzen der Panzergrenadierbrigade 17 anhalten. Er wollte den jungen dänischen Soldaten nicht den „Spaß am Kampfgeschehen" verderben. Später mußte der Brigadekommandeur gegenüber dem dänischen Generalleutnant Skriver-Jensen, der als Befehlshaber LANDJUT die Übung leitete, seine „zögerliche Kampfführung" begründen. „Die dänischen Offiziere, die sich uns gegenüber damals immer noch bewußt distanziert ver-

Das JgBtl 172 als erster Verband der Brigade auf dem dänischen TrÜbPlatz Oksböl im Juni 1971: OTL v. Coler (Kdr JgBtl 172) meldet SM König Frederik IX. von Dänemark das Bataillon. Hinter dem König GenLt Skriver-Jensen (COMLANDJUT) (Photo v. Coler)

Königlicher Besuch in roten Gummistiefeln

Kaum zwei Jahre später durften Soldaten der Panzergrenadierbrigade 17 zum erstenmal auf einen dänischen Truppenübungsplatz fahren. Es war das Jägerbataillon 172 aus Lübeck, das sein Können auf dem Übungsplatz Oksböl unter Beweis stellte. Der Bataillonschronist berichtet: „Unter den Augen des dänischen Königs, der sich im Kreise der deutschen und dänischen Soldaten offensichtlich sehr wohl fühlte, übten die Lübecker Jäger die Zusammenarbeit mit ihren dänischen Kameraden."[119] Oberstleutnant von Coler, der Bataillonskommandeur, hatte die Ehre, Seiner Majestät das Lübecker Bataillon zu melden. Der heutige Oberst a.D. erinnert sich: „Der König streckte mir gleich die Hand hin, aber ich mußte ja erstmal meine Meldung machen. Er sprach gut deutsch und fragte mich, ob er etwas für uns tun könne. Konnte er aber nicht, denn uns fehlte es an nichts, wie ich Seiner Majestät versicherte. Der König mochte die Deutschen; er war auch von der Palastwache der Wehrmacht während der deutschen Besatzungszeit im Kriege immer sehr respektvoll behandelt worden, aber das gehört wohl nicht hierher."[120]

Zwölf Jahre später kam das Panzerbataillon 174 während eines Truppenübungsplatzaufenthaltes in Oksböl ebenfalls „in den Genuß" eines königlichen Besuches. Diesmal war es Margarethe II., die – ganz kess in rotem Schal und roten Gummistiefeln – mit Oberstleutnant Uwe Everling über den Übungsplatz stapfte. Die 174er pflegten schon seit Jahren eine gute Freundschaft zum Jydske Dragonregiment (Jütländisches Dragoner-Regiment).

In den 80er Jahren wurden die deutsch-dänischen Kontakte durch Soldatenaustausch, weitere gemeinsame Übungen (Höhepunkt: NATO-Gefechtsübung „ACCORD EXPRESS" vom 13. bis 18. September 1987 auf der Insel Seeland) und sogenannte „Stabsbriefings" unter der Bezeichnung „Study Period Brigade Head" (gegenseitige Informationsbesuche der Brigadestäbe) der 1. Jydske Brigade in Fredericia und der Panzergrenadierbrigade 17 weiter vertieft.

Die dänische Königin Margarethe II. beim PzBtl 174 in Oksböl am 18.11.1983, rechts: OTL Everling, der BtlKdr (Photo PzBtl 174)

So war schließlich die feierliche Patenschaftsbegründung zwischen den beiden Brigaden am 16. Dezember 1988 sichtbarster Ausdruck der „gode samarbejdes" und „partnerskabet" der vergangenen Jahre. Brigadegeneral Manfred Eisele und Oberst Jan Ewald, der einen „blitzenden Degen an der grün-grauen Uniform trug", wie die „BILD-Zeitung" feststellte, tauschten auf dem Exerzierplatz der Boehn-Kaserne die Patenschaftsurkunden.

Zwei Jahre später folgten die Patenschaften zwischen dem Panzerbataillon 174 und dem III. Panserbataljon des Jydske Dragonregiments aus Oksböl (11. Mai 1990) sowie dem Panzergrenadierbataillon 172 und dem I. Bataljon des Fynske Livregiment (Fünisches Leibregiment) aus Odense (26. Juni 1990) mit Übergabe der „Venskabsdiplome".

Es kamen aber auch neue Patenschaften mit Gemeinden des Hamburger Umlandes

Begründung der Patenschaft zwischen der PzGrenBrig 17 und der 1. Jydske Brigade, Fredericia, am 16.12.1988 in der Boehn-Kaserne: (v.l.) BrigGen Eisele (Kdr PzGrenBrig 17), Oberst Ewald (Kdr 1. JydBrig), Mj Jensen (S1 StOffz 1. JydBrig) (Photo v. Saldern)

Panzergrenadierbataillons 171 übernommen hatte, fanden am 5. Oktober 1989 auch endlich die Gemeinde Großhansdorf und das Panzerartilleriebataillon 177 nach langen Jahren freundschaftlicher Verbindung in einem Patenschaftsverhältnis zueinander.

„General Maulwurf" geht

Der Tausch der Patenschaftsurkunden mit dem Kommandeur der 1. Jydske Brigade, Oberst Jan Ewald, war auch gleichzeitig die letzte Amtshandlung für Brigadegeneral Manfred Eisele. Während desselben Brigadeappells am 16. Dezember 1988 übergab er das Kommando über die Panzergrenadierbrigade 17 an seinen Nachfolger, Oberst Dieter Farwick, um in das NATO-Hauptquartier zu wechseln. Die Koffer waren schon gepackt. Ob sich in ihnen auch jenes Bild befand, das den General als Wühltier darstellte – Unterschrift „Manfred Maulwurf" – kann heute nicht mehr mit Bestimmtheit gesagt werden. Der Spitzname kam vom Panzerartilleriebataillon 177 und hatte seine Ursache in jenem „berüchtigten" Befehl, jeder Soldat der Brihielten, zeigten sich von da an aufgeschlossener und zugänglicher", stellt Brigadegeneral a.D. von Witzendorff am Ende seiner Aufzeichnungen zu „BATTLE CRY" 1969 fest.[118]

gade, vom Grenadier bis zum General, habe sich einmal im Jahr einen Kampfstand zu graben („Eingrabeaktion"). Ein Ziel hatte General Eisele für die Panzergrenadierbrigade 17 allerdings nicht erreicht: Den offiziellen Namenszusatz „Hanseatische". Nachdem die benachbarte Panzergrenadierbrigade 16 in Wentorf seit dem 2. Dezember 1987 „Herzogtum Lauenburg" hieß und die Panzerbrigade 18 in Neumünster am 26. April 1988 den Ehrennamen „Holstein" erhalten hatte, war von General Eisele für die Panzergrenadierbrigade 17 der Name „Hanseatische Brigade" in's Gespräch gebracht worden. Günter Stiller vom „Hamburger Abendblatt" wollte gar eine „Hanseatische Legion".[121]

Als General Eisele im Dezember 1988, also gut ein Jahr später, das Kommando abgab, war eine Entscheidung noch nicht in Sicht, und so blieb es auch weiterhin bei dem inoffiziellen Namen „Hamburger Hausbrigade".

„Die glorreichen Vier" am 16.12.1988 (Photo Wütschner/„Heimatecho") (v.l.) Oberst Möller, BrigGen Eisele, Oberst Farwick, Oberst Kewitsch

Eisiger Wind trieb während des neunten „Wachwechsels" in der Boehn-Kaserne Schneeflocken über den Exerzierplatz. War er ein Vorbote für die kommenden Jahre der Brigade? Oberst Farwick und Oberst Kewitsch, der neue Stellvertreter, waren jedenfalls für's erste gewappnet: Sie hatten ihre warmen Feldparka angezogen. zustande. Nachdem die Gemeinde Sandesneben bereits 1983 (10. September) eine Patenschaft für die 4. Kompanie des

5. Umbruch und Ende (1989 – 1993)

Menschlich gesehen

„Hamburg liegt mir"

Ein Jahr lang hatte er in London „die Probleme der Welt gelöst". Nicht allein, sondern mit 80 militärischen und zivilen Führungskräften aus 27 Ländern, und auch nicht in einer Philosophen-Klause, sondern am renommierten Royal College of Defence Studies.

Gestern nun trat Oberst Dieter F a r w i c k (48) aus Schopfheim (Baden) an, auch die Probleme der Hamburger Hausbrigade zu lösen: In der Boehn-Kaserne übernahm er das Kommando über die Panzergrenadier-Brigade 17.

„Hamburg liegt mir!" sagt er und weiß, was er sagt. An der Elbe hat er bereits fünf Lebensjahre verbracht, als Kompaniechef in Rahlstedt und als Generalstabskandidat an der Führungsakademie der Bundeswehr in Blankenese. Auch sein Sohn ist hier geboren worden.

„Ich habe mich brav hochgedient", blickt der gelernte Panzergrenadier auf 27 Dienstjahre zurück. Bei ihm muß es sich um einen intellektuellen Republik-Verteidiger handeln: Farwick hat bereits drei Bücher über Sicherheitspolitik und Strategie geschrieben, darunter „Entscheidung in Deutschland" (1977), und ein viertes im Rohr.

Was er sich für die Dienstjahre in Hamburg vorgenommen hat? „Den Soldaten in der wohl schwierigsten Phase der Bundeswehr klarzumachen, wofür sie dienen und daß ihr Dienst sinnvoll ist und Anerkennung verdient."

Der schriftstellernde Offizier, der den Sport liebt, glaubt diese höchst diffizile Aufgabe lösen zu können: „Ich bin gern mit jungen Menschen zusammen!"

Sie hätte ohnehin an jedem Standort auf ihn gewartet, nicht nur in Hamburg: „Daß ich hier gelandet bin, ist purer Zufall. Zum 1. Januar 1989 war nur die Brigade 17 frei." sti

Oberst Dieter Farwick, zehnter Kdr PzGrenBrig 17 (1.1.89 – 31.3.91) („HA" v. 17.12.1988)

5.1. Vorabend eines historischen Umbruchs: „30 Jahre Hausbrigade"

„Der Anfang vom Ende"

„Anfang vom Ende oder die Wende? 'Ein Skandal!', 'Kindergarten!', 'Waschlappen!', schimpften die Heroischen. 'Menschlich!', 'Einfach toll!', 'Endlich!', anerkannten die Softies." So hoch gingen die Emotionen in der Rahlstedter Boehn-Kaserne am 8. Juli 1989, wenn man dem „Hamburger Wochenblatt"[122] glauben darf. Was war geschehen? Feierten Uneinsichtige überschwenglich die Aussetzung der zum 1.. Juni vorgesehenen Wehrdienstverlängerung auf 18 Monate („W 18")? Galt der Aufruhr womöglich der neuen „Dienstzeitausgleichsregelung" der Bundeswehr (Ausgleich von mehrgeleistetem Dienst durch Freizeit), die ebenballs zum 1. Juni in Kraft getreten war?

„Alles Unsinn!" widerspricht Brigadegeneral Dieter Farwick energisch, obgleich beide Entscheidungen in der Truppe damals für Aufsehen sorgten. „Hintergrund dieser etwas dramatischen Berichterstattung war unser Feierliches Gelöbnis beim Panzerartilleriebataillon 177. Wir hatten an jenem 8. Juli bestimmt 40° Celsius, und da war von mir dem Antrag des Kommandeurs Panzerartilleriebataillon 177, Oberstleutnant Erwin Fritsch, sofort entsprochen worden, die Soldaten während der Ansprachen sitzen zu lassen. Die wären uns bei dieser Gluthitze ja sonst umgefallen wie die Fliegen."[123]

Der General, heute Amtschef des Amtes für Nachrichtenwesen der Bundeswehr in Bad Neuenahr, war in jenem Jahr noch Oberst und außerdem Kommandeur der Panzergrenadierbrigade 17.

Er hatte das Kommando über die „Hausbrigade", in der er in den Jahren 1968 bis 1971 selbst Kompaniechef (3. Kompanie im Panzergrenadierbataillon 172) gewesen war, als ihr zehnter Kommandeur vor kaum einem halben Jahr übernommen, nachdem er wie sein Vorgänger Eisele ein Jahr am Royal College of Defence Studies in London die sicherheitspolitische Weltlage studiert hatte. Und die schien in Bewegung zu geraten, seit Michail Gorbatschow am 11. März 1985 zunächst Generalsekretär der KPdSU und am 1. Oktober 1988 Staatsoberhaupt der Sowjetunion geworden war. So hatte Gorbatschow im Dezember 1988 eine Truppenreduzierung der Sowjetunion um 500.000 Mann angekündigt.

Rahlstedts Ortsamtsleiter Rolf Mietzsch ging in seiner Ansprache auf die Veränderungen im Ost-West-Konflikt ein, während die Rekruten „fröhlich und enspannt", im Schneidersitz oder auch lang ausgestreckt auf dem Exerzierplatz der Boehn-Kaserne in der Sonne sitzend, seinen Worten lauschten: „Verlieren wir bei aller 'Gorbi-Euphorie' nicht den Blick für die Realität. Noch ist der Weltfrieden nicht in Sicht. Grundlage für die Verteidigungsfähigkeit ist und bleibt die allgemeine Wehrpflicht. ..."[124]

„Ein Jahr mit denkwürdigen Jubiläen"

Das Feierliche Gelöbnis am 8. Juli 1989 von 10.20 Uhr bis 11.15 Uhr war aber nur ein Höhepunkt in einem Festprogramm, das bereits um 9.00 Uhr mit einer Ansprache des Brigadekommandeurs begonnen hatte.

Das Programm führte durch einen „Tag der offenen Tür", mit dem die Panzergrenadierbrigade 17 in der Boehn-Kaserne ihr 30jähriges Bestehen feierte. Ein Platzkonzert mit dem Musikkorps der Jütland Division (Im

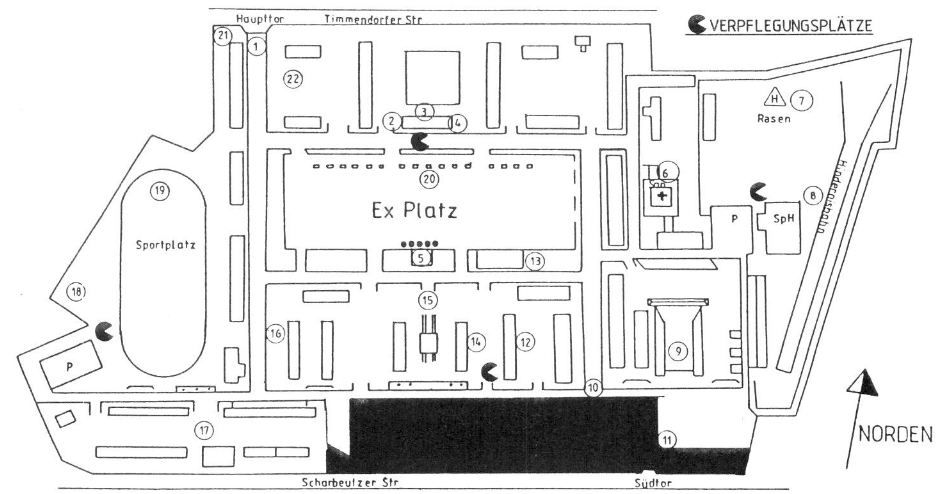

Legende

Station

1 Haupttor 09.00 Uhr Öffnung/ 18.00 Uhr Schließung
2 PzGrenBtl 171 und Kreiswehrersatzamt
3 Tombola
4 Material Kontrollzentrum Truppe Nachschubkompanie 170
5 Diskussionsraum Jugendoffizier
6 Sanitätszentrum 102 Notfall
7 SAR-Hubschrauber (Notfallplatz)
8 - Hindernisbahn
- Leben im Felde
9 PzGrenBtl 172 KK-Schießen
10 PzArtBtl 177 Verkehrssicherheitsprogramm
11 PzArtBtl 177 Simulatoren
- Milan
- Turmtrainer Leopard
- Fa. Eichweber
12 Instandsetzungskompanie 170
- Achswechsel
- Schutzgasschweißen
- Triebwerkwechsel
- Tieflader
13 - Nachwuchswerbung/
- 40 Jahre NATO
- Wehrdienstberater/
- Berufsförderung
- Unteroffiziers-Ausbildung/
- Berufsbild des Unteroffiziers
- Berufsförderungsdienst/
- Soldatentumorhilfe
14 Disco ab 15.00 Uhr
15 Stabskompanie Operationszentrale Brigade Gefechtsstand
16 Behindertenparkplatz "C"
17 Wilde Hummel
18 Spiele
19 Prominentenspiel 10 x 200 m-Staffel
20 Gelöbnis Platzkonzert bewegliche Waffenschau
21 Fahrrad Abstellplatz
22 Behindertenparkplatz "R"

„Tag der offenen Tür" am 8.7.1989 in der Boehn-Kaserne: Kasernenplan mit Stationen und Legende (aus: „Panzergrenadier-Kurier" S. 12/13)

Erster Besuch des neuen Bürgermeisters Dr. Voscherau bei der PzGrenBrig 17 anläßlich des Brigadebiwaks am 1.7.1988: BrigGen Eisele freut sich. (Photo BrigArchiv)

vergangenen Jahr war die Brigade eine Patenschaft mit der 1. Brigade dieser Division eingegangen.) gehörte ebenso dazu wie Vorführungen der Einheiten und Verbände oder Wettbewerbe und Spiele. Hamburgs neuer Erster Bürgermeister (seit 8. Juni 1988), Dr. Henning Voscherau, war nicht erschienen – er hatte der Brigade erst im letzten Jahr anläßlich des Brigadebiwaks am 1. Juli 1988 einen Besuch abgestattet – richtete aber ein Grußwort an den Jubilar:

„Im Namen des Senats der Freien und Hansestadt Hamburg übermittle ich Ihnen herzliche Grüße zum 30jährigen Bestehen der Panzergrenadierbrigade 17. ... Als Wandsbeker ist mir die Brigade seit langem gut bekannt und vertraut, und so weiß ich, daß diese 30 Jahre von reibungslosem und gutnachbarlichem Zusammenleben zwischen ihren Soldaten und den Bürgern Rahlstedts gekennzeichnet sind. ... Im 30. Jahr des Bestehens der Brigade sind wir Zeugen historischer Umbrüche in West und Ost. ... In der Sowjetunion und anderen Staates Osteuropas werden die politischen und wirtschaftlichen Strukturen umfassenden Reformen unterzogen. Gleichzeitig zeichnen sich neue Möglichkeiten für eine wirksame Abrüstung zwischen Ost und West ab. Es liegt auch an uns, diese Chancen offensiv zu nutzen und so den Frieden in Europa sicherer zu machen."[125]

Und Oberst Farwick stellte fest: „1989 ist ein Jahr mit denkwürdigen Jubiläen: 30 Jahre Panzergrenadierbrigade 17 in Rahlstedt, 40 Jahre Bundesrepublik Deutschland, 40 Jahre NATO, ... und 800 Jahre Hamburger Hafen."[126] Mit der Brigade feierte auch das Panzerartilleriebataillon 177 sein 30jähriges Bestehen, die Jubiläumsfeierlichkeiten der beiden anderen Rahlstedter Bataillone lagen bedingt durch ihre Vorgeschichte in der Panzerkampfgruppe A3 bereits drei Jahre zurück (Panzergrenadierbataillon 173 am 7. Juni 1986, Panzerbataillon 174 am 28. November 1986).

Und noch ein Jubiläum wurde ganz groß gefeiert in diesem Jahr, an dem aber viele nicht teilnehmen wollten: Am 7. Oktober zelebrierte die Deutsche Demokratische Republik mit großem Pomp ihren 40. Jahrestag. Zu diesem Zeitpunkt hatten aber bereits tausende von DDR-Bürgern über Ungarn eine wahre Massenflucht in den Westen angetreten, und Ungarn gestattete allen Flüchtlingen die Ausreise nach Österreich. Hunderte hatten auch Zuflucht in der Ständigen Vertretung der Bundesrepublik in Ost-Berlin und den bundesrepublikanischen Botschaften in Prag und Warschau gesucht, um auf diesem Wege ihre Ausreise in den Westen zu erzwingen.

„Besuch von drüben": Flüchtlinge und NVA-Offiziere

Die dramatischen Ereignisse, Massenflucht und Großdemonstrationen, die schließlich zur Kapitulation des Honecker-Regimes führten, holten auch den „FLINKEN HANSEAT" ein, jene Brigaderahmenübung (Rahmenübung = Übung für Stabs- und Leitungspersonal), die am 4. und 5. November 1989 der Höhepunkt des Truppenübungsplatzaufenthaltes in Sennelager bei Paderborn (28. Oktober bis 10. November) werden sollte. „Das Wochenende wurde auch der Höhepunkt des Übungsplatzaufenthaltes", stimmt Major Joachim Volkmer zu, „aber auf andere Weise, als wir uns das vorgestellt hatten."[127] Major Volkmer, Nachschubstabsoffizier der Panzergrenadierbrigade 17, Stabsfeldwebel Peitsch, sein Nachschubfeldwebel, Hauptmann Niehoff, S4Offizier im Panzergrenadierbataillon 173 und andere wurden aus der Übung geholt und erhielten einen ganz neuen Auftrag: Aufnahme und Versorgung von rund 800 DDR-Flüchtlingen, die mit einem Sonderzug aus der Deutschen Botschaft in Prag kamen, im Übungsplatz-Lager Staumühle. Joachim Volkmer erinnert sich noch sehr genau an jene bewegenden Stunden und Tage, die ihn und die anderen Fachleute der Brigade für das Versorgungswesen sowie 40 Wehrpflichtige zu unmittelbaren Zeitzeugen des DDR-Exitus werden ließen:

„Ein Offizier der deutschen Kommandantur des unter britischer Verwaltung stehenden Übungsplatzes wies uns kurz in die Lage ein: Innerhalb weniger Stunden seien die Blocks im Lager zu räumen, Betten zu beziehen, Duschen abzutrennen, Einsatzverpflegung und Feldküchen bereitzustellen, Betreuungspersonal einzuteilen."

Betroffen von der Räumung des Lagers war vor allem das Jägerbataillon 512 aus Putlos, das bei dem naßkalten Novemberwetter in Zelte umziehen mußte, während Hilfskräfte des Deutschen Roten Kreuzes und des Technischen Hilfswerks mit den Vorbereitungen zur Aufnahme der Flüchtlinge begannen. Und dann kamen sie: Ganze Familien mit Kindern, auch Kleinkindern, junge Paare, viele Jugendliche; alles war vertreten. Noch einmal Major Volkmer: „Die meisten waren überglücklich, daß sie es geschafft hatten. Allerdings gab es auch Erschrecken darüber, in einem militärischen Lager untergebracht zu werden, aber wir hatten dort keine anderen Möglichkeiten." Für viele Soldaten ergab sich so zum ersten Mal die Gelegenheit, mit „denen von drüben", also ehemaligen DDR-Bürgern zu sprechen. Auch der Brigadekommandeur selbst suchte das Gespräch: „Ein junger Mann, der bei der Volksarmee gewesen war, sagte zu mir: 'Daß sich 'mal ein Oberst beim Bier mit mir unterhalten würde, hätte ich nie für möglich gehalten. Bei der NVA wäre das nur beim Verhör denkbar gewesen.' Da war ich natürlich betroffen", erinnert sich Brigadegeneral Farwick.

Ungefähr zeitgleich wurden auch in der Boehn-Kaserne die ersten Vorkehrungen zur Unterbringung von Flüchtlingen getroffen. Das Artilleriebataillon bereitete das Fahrschulgebäude als Notquartier vor und trennte den Block durch einen Behelfszaun vom Kasernengelände ab. Noch im Januar beginnend wurden dann 65 DDR-Übersiedler und Flüchtlinge dort untergebracht und zunächst von Soldaten der 1. Batterie zusammen mit dem Arbeiter-Samariterbund betreut.

Aber die Boehn-Kaserne war nicht nur Notquartier für DDR-Flüchtlinge, sie wurde auch zur Begegnungsstätte mit DDR-Offizieren der Nationalen Volksarmee (NVA). Zum Brigadebiwak am 29. Juni 1990, dem „letzten im geteilten Deutschland", waren Offiziere vom „MotSchützen-Regiment 27" in Stern-Buchholz bei Schwerin unter Führung des Regimentskommandeurs erschienen, in voller Uniform und mit ihren Ehefrauen.

Es darf wohl als Zeichen hanseatischer Liberalität und Weltoffenheit gewertet werden, daß diese brisante Kombination überhaupt möglich werden konnte: Flüchtlinge und Vertreter desselben Systems zur gleichen Zeit in der Boehn-Kaserne! Zwar waren offizielle Kontakte zwischen NVA- und Bundeswehreinheiten seit dem zweiten Treffen von DDR-Verteidigungsminister Eppelmann und Bundesverteidigungsminister Stoltenberg in Berlin-Straussberg am 28. Mai des Jahres zulässig, die vom Chef der 1. Kompanie im Panzergrenadierbataillon 173, Major Lothar Brenne-Wegener, an das NVA-Regiment in Stern-Buchholz übermittelte Einladung zum Brigade-Biwak aber längst nicht unumstritten. In der Brigade, wie in der Bundeswehr überhaupt, gingen die Meinungen zur Volksarmee und deren Repräsentanten (Offiziere und längerdienende Unteroffiziere) weit auseinander.

Brigadebiwak am 29.6.1990: Oberst Farwick begrüßt Offiziere der NVA und deren Ehefrauen. (Photo Brockmann)

In allen Bundeswehr-Publikationen gab es zum Teil leidenschaftlich geführte Leserbrief-Diskussionen zu diesem Thema. Der „IAP-Dienst Sicherheitspolitik" (IAP = Informationen, Argumente, Perspektiven) fing in seiner Augustausgabe 1990 „Stimmen aus der Bundeswehr" auf:

„Eine wie immer geartete Zusammenarbeit mit ehemaligen NVA-Offizieren kommt für mich nicht in Frage. Ich werde in diesem Fall die Konsequenz ziehen und aus der Bundeswehr ausscheiden.

Oberst der Bundeswehr

Steht es uns wirklich zu, über die Offiziere der NVA vom hohen Roß aus zu Gericht zu sitzen? Wer kann guten Gewissens verlangen, sie hätten auf den Beruf des Offiziers zu verzichten, weil damit, wie in allen anderen Führungsberufen auch, formell die Parteimitgliedschaft verlangt war?

Oberstleutnant der Bundeswehr

Der Berufssoldat der NVA war kein Mitläufer, sondern als überzeugtes SED-Mitglied ein Privilegierter auf Kosten des unterdrückten Volkes. Er diente nicht seinem Land und den Bürgern, sondern einem menschenverachtenden System. Aus dieser Gesinnung heraus kann es mit den Berufssoldaten der NVA keine Gemeinsamkeit geben.

Oberst der Bundeswehr

Ich plädiere für eine stufenweise Integration der NVA in die Bundeswehr und bin sicher, daß die Sogwirkung der Bundeswehr zu einer völligen Angleichung der NVA führen wird.

Brigadegeneral der Bundeswehr"[128]

Wie auch immer: In den wenigen verbleibenden Monaten bis zum Ende der DDR folgten noch einige dieser Informationsbesuche, von hüben nach drüben und umgekehrt. Schon im Juni war die 2. Batterie des Panzerartilleriebataillons 177 geschlossen nach Stern-Buchholz gefahren und hatte die Artillerieabteilung des Mot-Schützen-Regiments 27. besichtigt. Im September kam dann der Gegenbesuch. Zur Lösung des „Problems NVA" konnten und sollten diese Verbindungsaufnahmen allerdings nicht beitragen.

Der 3. Oktober und die unmittelbaren Folgen

Mittwoch, 3. Oktober 1990, Titelseite des „Hamburger Abendblatts":

„Die Deutsche Demokratische Republik hat um null Uhr ihren Beitritt zum Grundgesetz der Bundesrepublik Deutschland vollzogen. Damit sind nach 45 Jahren der Trennung aufgrund der bedingungslosen Kapitulation nach dem verlorenen Weltkrieg und der folgenden Gegnerschaft der Siegermächte ... die beiden 1949 auf deutschem Boden gegründeten Staaten vereint."[129]

Mit der Einheit Deutschlands war auch die Befehls- und Kommandogewalt über die bisherige NVA auf den Bundesminister der Verteidigung übergegangen. Sie war zugleich der „Startschuß" für eine großangelegte Ausbildungsunterstützung durch sogenannte „Ausbildungs- und Begleittrupps" der Bundeswehr für ehemalige NVA-Truppenteile, die umzugliedern, aufzulösen oder in die Bundeswehr zu übernehmen waren. Auch von der Panzergrenadierbrigade 17 wurden um den 3. Oktober herum insgesamt 138 Soldaten aller Dienstgrade über die ehemalige innerdeutsche Grenze in Marsch gesetzt, unter ihnen Oberstleutnant Botho von Saldern, der S1Stabsoffizier der Panzergrenadierbrigade 17. Oberstleutnant von Saldern überlegt kurz: „Ja, das war schon ein merkwürdiges Gefühl, als wir in Uniform über die Grenze fuhren. Wir fuhren nämlich schon früher, so um den 25. September herum. Die NVA trug also noch ihre alten Uniformen."[130] Der Personalstabsoffizier der Panzergrenadierbrigade 17 gehörte zu jenem Kommando, das die Übernahme der Befehlsgewalt über die 8. MotSchützen-Division in Schwerin durch die Bundeswehr vorzubereiten hatte. „Meine Gefühle waren sehr gemischt," versucht sich Botho von Saldern zurückzuerinnern: „Betroffenheit war da, natürlich, aber auch Genugtuung, die Einheit nun doch noch zu erleben, als Soldat und ohne einen Schuß der NVA."

Was die „Männer der ersten Stunde", deren Kommandierungen zunächst auf vier Wochen beschränkt waren, im „wilden Osten" erlebten, füllt Bände. Ihre Erlebnisberichte aus den Kasernen der DDR wurden von den Daheimgebliebenen begierig aufgenommen.

Schon im Januar 1991 wurden die ersten 170 Rekruten aus Ost-Berlin, Mecklenburg und Brandenburg zu Truppenteilen der Panzergrenadierbrigade 17 einberufen. Beim ersten „gesamtdeutschen Gelöbnis" am 15. Februar 1991 auf dem verschneiten Exerzierplatz der Boehn-Kaserne sprach – auf persönliche Einladung Ost-Berliner Rekruten – die Präsidentin des Berliner Abgeordnetenhauses, Dr. Hanna-Renate Laurien. Sie sagte: „Ich tue dies, weil ich damit unterstreichen will, daß die jungen Männer aus Berlin, Brandenburg und aus Frankfurt an der Oder dazugehören. Sie sind Bestandteil der Bundeswehr geworden, die unsere freiheitliche Demokratie zu schützen hat. Dafür treten die jungen Männer aus den neuen Bundesländern genauso wie ihre gleichaltrigen Kameraden aus Köln und Hamburg ein."[131]

In die Begeisterung ob dieser atemberaubenden Folge „historischer Momente" mischten sich aber auch schon erste bedrückende Gerüchte über eine bevorstehende Verlegung oder Auflösung von Bataillonen der Panzergrenadierbrigade 17. Am 8. März 1991 fragte die „BILD-Zeitung": „Bald Zapfenstreich für unsere Hausbrigade?" Wie würde es weitergehen? Gerüchte um eine Verlegung der Boehn-Kaserne hatte es schon einmal gegeben; das war 1969 gewesen (vgl. III. 1.1.). Würde die Brigade auch in diesem Fall mit einer „Aktion Panzertausch" davonkommen?

5.2. 24. Mai 1991: Der Countdown läuft (Heeresstruktur V)

Frage nach der Hiobsbotschaft: „Wer will dreizehn Panzer kaufen?"

Stimmengewirr im Offizierheim der Graf-Goltz-Kaserne: Im großen Gesellschaftsraum drängen sich rund 50 Personen, Kompaniechefs, Zugführer, Spieße, Angehörige des Bataillonsstabes und Zivilangestellte des Panzerbataillons 174. Es wird aufeinander eingeredet, sich gegenseitig Mut gemacht: „Das Panzerbataillon 174 ist doch eines der ältesten Bataillone der Bundeswehr, das wird doch nicht einfach so aufgelöst", sagt Lisette Wrage, langjährige Schreibkraft der S1-Abteilung, und Hauptfeldwebel Peter Jeß, S3Feldwebel im Bataillonsstab, pflichtet ihr bei: „Unsere Graf-Goltz-Kaserne liegt so weit draußen, die trifft es nicht. Sie werden schon sehen." An der holzgetäfelten Bar diskutieren zwei Kompaniechefs Möglichkeiten eines Umzuges für das Bataillon: „Vielleicht nach Elmenhorst", meint Hauptmann Ulf Bartels, Chef der Stabs- und Versorgungskompanie. „Andererseits ist die Infrastruktur hier doch so gut, mit dem Standortübungsplatz und der Schießanlage direkt vor der Tür. Was soll ein Umzug da denn bringen?"

Es ist Freitag, der 24. Mai 1991, kurz vor 13.00 Uhr, jener „schwarze Freitag" also, an dem das Schicksal der 174er besiegelt werden sollte; aber nicht nur das Schicksal des Panzerbataillons 174, auch das Schicksal der Panzergrenadierbrigade 17, ja, das Schicksal des Bundeswehrstandortes Hamburg überhaupt. An jenem 24. Mai stellte Bundesverteidigungsminister Gerhard Stoltenberg sein sogenanntes „Ressort-Konzept" zur Stationierungsplanung der Bundeswehr in den alten Bundesländern dem Parlament und der Öffentlichkeit vor. Er selbst bezeichnete die geplante Schließung von 213 (!) Standorten als „die weitestreichende Strukturreform seit Gründung der Streitkräfte 1955".[132]

Über die Entscheidung des Ministers sollten alle Kommandeure gleichzeitig in Kenntnis gesetzt werden, damit sie ihre Einheiten und Verbände noch vor dem „Rauschen des Blätterwaldes" über die Lage informieren könnten. In der 6. Panzergrenadierdivision waren daher alle Bataillons- und Brigadekommandeure von 08.15 bis 11.30 Uhr nach Neumünster in die Hindenburg-Kaserne befohlen worden. Mit dabei war auch Oberstleutnant Wolfhard Brede, der Kommandeur des Panzerbataillons 174. Gemeinsam mit den anderen Kommandeuren war er im Hubschrauber der Eröffnung des ministeriellen Schicksalsspruchs entgegengeflogen, und auf ihn wartete die erregte Runde im Offizierheim der Graf-Goltz-Kaserne.

„Ich hatte diesen Kreis um 12.30 Uhr in's Offizierheim gebeten", erinnert sich Major Georg Friedrichs, der damalige S3Stabsoffizier im Panzerbataillon 174, während er in einem Aktenordner mit alten Befehlen und Fernschreiben blättert. „Oberstleutnant Brede wollte uns sofort nach seiner Rückkehr aus Neumünster informieren. Um 13.30 Uhr kam der Bataillonskomman-

Post von Minister Stoltenberg

Amtlich!

Hamburgs Hausbrigade weg

Bonn gibt Pläne zur Truppenreduzierung bekannt

Soldaten müssen Hamburg verlassen

Hamburgs Hausbrigade, die Panzergrenadierbrigade 17 in Rahlstedt, wird aufgelöst. Der Standort Fischbek bleibt erhalten, genauso wie die Führungsakademie der Bundeswehr, das Bundeswehrkrankenhaus, die Universität der Bundeswehr und das Standortkommando. Das sind Kernpunkte aus dem Truppenreduzierungsplan des Verteidigungsministeriums, die gestern abend bekanntgeworden sind.

Auflösung der Kasernen:

Entscheidung am 24. Mai

RAHLSTEDT (güb). Der Bundesverteidigungsminister hat vor hohen Offizieren und den Staatssekretären seines Ministeriums die Planungen für die Reduzierung der Bundeswehr in der letzten Woche gebilligt. Er wird sie offiziell am 24. Mai der Öffentlichkeit vorstellen. Es besteht nach den neuesten Konzepten kein Zweifel mehr darüber, daß die Rahlstedter Kasernen von der Bundeswehr verlassen werden.

Insgesamt sollen nach den Vorstellungen von Minister Stolten-

Am 24. Mai wird verkündet, wo in Rahlstedt Soldaten und Panzer die Kase-

Rückzug aus Hamburg

Pläne für den Rückzug der Bundeswehr Hamburgs Kasernen nehmen schärfere

Auch die Logistik-Schule in der Reichspräsident-Ebert-Kaserne

Hamburgs Hausbrigade soll verschwinden

Aus für Nummer 17?

Informationen der WELT

Hamburg von über 500 Millionen Mark, sowie weitere 77 Millionen Mark Betriebskosten, die zu „mehr

„Manche vergießen sogar Tränen"

24. Mai 1991: „Ein Rauschen geht durch den Blätterwald."
(Collage aus „WELT", „BILD", „HA" und „Rahlstedter Wochenblatt")

deur schließlich. Er trat an den Bartresen, zog einen Barhocker zu sich heran, auf den er seine Unterlagen stapelte und sagte mit sachlicher, emotionsloser Stimme in die erwartungsvolle Stille hinein: 'Meine Damen und Herren, es ist leider das eingetroffen, was wir befürchtet haben. Das Panzerbataillon 174 wird in ein Aufwuchsbataillon umgegliedert und nach Elmenhorst verlegt werden. Schon im nächsten Jahr müssen wir wahrscheinlich die Graf-Goltz-Kaserne räumen.' "[133] Major Friedrichs schlägt den Aktendeckel zu und blickt auf. „Unsere schöne Graf-Goltz-Kaserne", mag er wohl denken, meint dann aber: „Zunächst herrschte blankes Entsetzten. Jemand sagte: 'Nach Elmenhorst, zwei Jahre vor der Pensionierung!' Der unerschütterliche Panzergeist der 174er kam aber schnell wieder durch. Hauptmann ten Bosch, der Chef der 2. Kompanie, machte sich offensichtlich bereits Gedanken, wie er sein Großgerät am schnellsten loswerden könnte. Voller Sarkasmus rief er in die Runde: 'Wer will sie haben? Wer will meine dreizehn Panzer kaufen?' "

Heeresstruktur V – „Pärchenbildung von Stamm- und Aufwuchsbataillonen"

Doch so einfach, wie Hauptmann Manfred ten Bosch sich das vielleicht wünschen mochte, war die große Umgliederung für das Bataillon, die Brigade, die Division, ja, letztlich die gesamte Bundeswehr nicht zu bewerkstelligen. Schließlich ging es um die Einnahme einer neuen Heeresstruktur, der fünften seit Bestehen der Bundeswehr. Zunächst als „Heeresstruktur 2000" (Planungsweisung des Generalinspekteurs vom 20. Dezember 1985) im Hinblick auf einen aus Gründen der demographischen Entwicklung („geburtenschwache Jahrgänge") sich verringernden Friedensumfang des Heeres unter den bekannten sicherheits- und millitärpolitischen Rahmenbedingungen entwickelt, mündete der Reformansatz schließlich unter völlig veränderten Rahmenbedingungen in die Heeresstruktur V, die im Januar 1991 politisch gebilligt wurde.[134]

Zur personellen Reduzierung des Friedensumfangs der Bundeswehr war das Prinzip der „Teilkaderung" von bisher aktiven Brigaden durch eine „Pärchenbildung" sogenannter „Stamm- und Aufwuchsbataillone" entwickelt und in Modellversuchen („KURA" = Kaderung und rascher Aufwuchs und „ENGA" = eingeschränkte Nutzung von Großgerät für die Ausbildung) erprobt worden. Die „Informationen für die Truppe" fragten in ihrer Ausgabe vom August 1989: „Welche Auswirkungen ergeben sich nun aus dieser Planung?", und Oberstleutnant i.G. Manfred Engelhardt, Mitarbeiter der „Stiftung Wissenschaft und Politik" in Ebenhausen, gab die Antwort:

„Bei künftig 1-2 gekaderten Bataillonen (Aufwuchsbataillonen) je Brigade ist ein Rückgriff auf die Verfügungsbereitschaft allein nicht mehr ausreichend, um die Einsatzbereitschaft der Brigade herzustellen. Hierzu bedarf es bereits Mobilmachungsmaßnahmen."[135]

Schließlich überholte aber die rasante politische Entwicklung in Europa mit dem Zerfall der Sowjetunion und der ersatzlosen Auflösung des Warschauer Paktes alle Planungen. Ein Neuansatz wurde erforderlich. Die entscheidenden Zwänge für eine Um- und Neuplanung ergaben sich aus der Übernahme und Auflösung der NVA, der Verpflichtung zur Reduzierung der Bundeswehr auf 370.000 Mann bis Ende 1995 und der Kürzung der Grundwehrdienstdauer von 15 auf 12 Monate („W 12") mit dem Tag der Wiedervereinigung.

Wegen einer erneuten Kürzung des Verteidigungsetats änderten sich zwar die Vorgaben, doch knüpfte die letzte Planungskonferenz am 15. Dezember 1992 an die vorangegangenen Entscheidungen an:

„Mit neuer Spitzengliederung wird das Heer weiter über drei Korps und, wie bisher vorgesehen, über acht Divisionen verfügen (früher zwölf Divisionen – Anm. d. Verf.). Das Hauptmerkmal der neuen Struktur des Heeres ist die Einteilung des Heeres in Krisenreaktionskräfte (KRK) und Hauptverteidigungskräfte (HVK) sowie die Einbeziehung eines großen Teils der Heeresverbände in multinationale Strukturen.

Auf dieser Grundlage sind folgende strukturelle und organisatorische Maßnahmen vorgesehen:

Wegfall der Territorialkommandos, Umwandlung des I. Korps (Münster) in ein multinationales Korps bereits im Frieden, ... Reduzierung der Zahl der Brigaden auf 23 Kampfbrigaden (früher 48 einschließlich der gekaderten Heimatschutzbrigaden – Anm. d. Verf.), Auflösung weiterer Truppenteile und Kürzung der Kader für Aufwuchskräfte, ..."[136]

„Warum gerade wir?"

Die Auflösung der Panzergrenadierbrigade 17 wurde die Aufgabe von Oberst Hans-Jürgen Rennack, dem elften und zugleich letzten Brigadekommandeur in der Boehn-Kaserne. Erst kürzlich stellte Oberst Rennack in einer Ansprache fest:

„Ich möchte nicht verhehlen, daß wir Soldaten die Entscheidung zur Auflösung damals mit Wehmut, wenn nicht gar mit Bitterkeit aufgenommen haben. Viele haben sich damals gefragt: 'Warum gerade wir, warum nicht die anderen?' "[137] Mit Blick auf den Gesamtumfang der Auflösungen relativiert sich das Schicksal der Brigade. Und doch bleibt die Frage, warum nun ausgerechnet die 17er zu denen gehören, die gehen müssen. Der Brigadekommandeur weiß es – natürlich: „Der Grund, daß es uns traf, lag nicht in einer schlechteren Leistung, sondern ausschließlich in unserer Stationierung – nämlich in Hamburg und Lübeck."

Daß die Großstadt-Garnisonen aufgegeben werden würden, war Hans-Jürgen Rennack im Grunde klar, als er das Kommando über die Brigade am 4. April 1991 von seinem Vorgänger, Oberst Dieter Farwick, übernahm. Er selbst hatte in seiner letzten Verwendung als Referatsleiter in der „Stabsabteilung Planung" im Führungsstab des Heeres in Bonn ja an der neuen Heereskonzeption mitgearbeitet. Ob aber die Aufgabe des Standortes auch die Auflösung der Brigade zur Folge haben würde, war zu diesem Zeitpunkt noch längst nicht entschieden.

Menschlich gesehen

Ein Traum wurde wahr

„Panzergrenadierbrigade 17 hört auf mein Kommando." Mit diesem fest gesprochenen Satz ist gestern nachmittag für Oberst Hans-Jürgen Rennack ein Traum in Erfüllung gegangen. Der 49 Jahre alte gebürtige Ostpreuße übernahm vor zahlreichen Ehrengästen die Führung der 2600 Mann starken Hamburger Hausbrigade von Oberst Dieter Farwick.

Mit seinem neuen Kommando kehrt Rennack an den Standort zurück, an dem er vor 29 Jahren seine Laufbahn begonnen hatte – bei der Vereidigung als Offiziersanwärter der Panzertruppe in der Rahlstedter Boehn-Kaserne.

Zwischen diesen Stationen hat er in vielen unterschiedlichen Truppenteilen gedient. Unter anderem war Rennack Kommandeur eines Panzerbataillons, war für ein Jahr bei den Canadian Land Forces in Toronto, leitete das Taktikzentrum des Heeres und versah zuletzt seinen Dienst als Referatsleiter in der Stabsabteilung Planung im Führungsstab des Heeres auf der Bonner Hardthöhe.

Rennack ist stolz darauf, daß ihm jetzt die Führung der Hamburger Hausbrigade übertragen wurde: „Es war schon immer etwas Besonderes, hier Kommandeur zu sein." Daß er sein Amt in einer unsicheren Zeit des Umbruchs übernimmt, ist ihm klar: „Die Bundeswehr wird kleiner. Was aus der Brigade wird, weiß im Moment noch niemand. Das ist schon ein anderes Gefühl, als wenn man sicher sein kann, daß die eigene Truppe weiterbesteht."

Mit der Hansestadt fühlt sich Rennack „sehr verbunden". Nicht zuletzt, weil er mit der Alster künftig ein ideales Segelrevier vor der Haustür hat. „Besser als hier kann ich es mit meinem Hobby gar nicht treffen." ar

Oberst Hans-Jürgen Rennack, elfter Kdr PzGrenBrig 17 (1.4.91 – 31.3.93) („HA" v. 4.4.1991)

Oberst Rennack erinnert sich: „Natürlich stand die Brigade 17 zur Debatte; ob aber ganz oder nur mit Teilen war nicht klar. Vor allem fragte ich mich, ob es wirklich gerechtfertigt sein könnte, leistungsfähige Truppenteile nur aus Gründen einer ungünstigen Stationierung aufzugeben."[138] Und noch eine andere Überlegung spricht der letzte Brigadekommandeur offen aus: „Ich hielt und halte es eigentlich für notwendig, in Hamburg ein Brigadekommando zu belassen. Eine Großstadt wie Hamburg braucht einfach einen militärischen Ansprechpartner auf dieser Führungsebene, damit die Bevölkerung auch weiterhin etwas über die Bundeswehr erfährt und die Streitkräfte nicht völlig aus dem öffentlichen Bewußtsein verdrängt werden." Aus dieser Erkenntnis heraus entwickelte Oberst Rennack eine Leitlinie, die inzwischen unter den der Brigade noch verbliebenen Soldaten zu einem „geflügelten Wort" geworden ist: „Wir sind die letzte Generation der Brigade. Was wir nicht schaffen, wird nach uns keiner mehr schaffen." Und in diesem Bewußtsein wurde denn auch der ungewohnte Auftrag „Umgliederung und Auflösung" in Angriff genommen. Am 5. Juli 1991 erging der „Vorbefehl für den Übergang PzGrenBrig 17 in die Heeresstruktur 5" an die Truppenteile der Brigade. Darin heißt es:

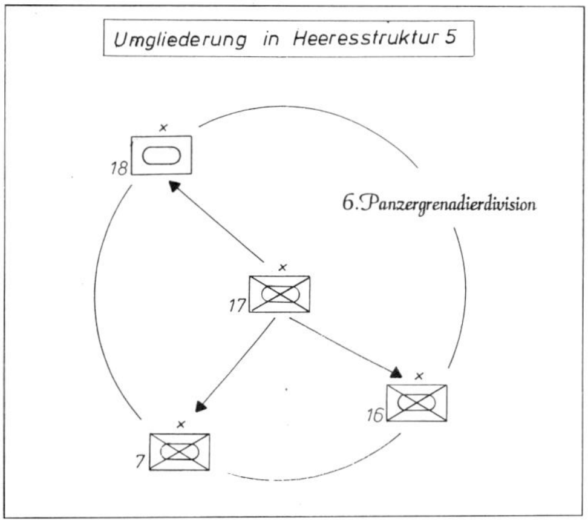

Truppenteile der PzGrenBrig 17 werden gekadert und als Aufwuchskräfte anderen Brigaden der 6. PzGrenDiv zugeführt. (Graphik G3)

„1. Mit dem Befehl Nr. 1 der 6. PzGrenDiv vom 20.06.91 beginnt für die PzGrenBrig 17 die Realisierungsphase der HStr 5.

Dies geschieht auf zum Teil unsicheren Grundlagen, da sowohl die endgültige Genehmigung der HStr 5 als auch definitive Entscheidungen zur Stationierung noch ausstehen. Die ersten Maßnahmen müssen ohne gültige OrgGrundlagen durchgeführt werden.

2. Bereits 1992 sind vorgezogene Maßnahmen zur Einnahme der HStr 5 abzuschließen. PzGrenBrig 17 hat dabei den Auftrag, PzBtl 174, PzGrenBtl 172 und PzGrenBtl 173 bis zum 30.09.92 umzugliedern und an andere Brigaden zu übergeben sowie die PzPiKp 170 bis zum 31.03.92 und die PzJgKp 170 bis zum 30.09.92 aufzulösen.

Weiterhin ist beabsichtigt, PzGrenBtl 171 aufzulösen; der entspr. OrgBefehl wird vmtl. nicht vor 1992 vorliegen, ab 1993 PzArtBtl 177 mit den PzArtBtl 165/335 zusammenzuführen (später erfolgte auch hier Befehl zur Auflösung – Anm. d. Verf.), die LogTr im Rahmen der neuen Logistikstruktur mit anderen LogEinh zu verschmelzen (mit InstBtl 6 und NschBtl 6 – Anm. d. Verf.), die StKp/PzGrenBrig 17 nach Abschluß der Umgliederung aufzulösen. ... "[139]

„Der Befehl ist eindeutig", stellte das „Hamburger Abendblatt" in seiner Ausgabe vom 4. November 1991 fest: „Auflösung der Panzergrenadierbrigade 17, Hamburgs Hausbrigade, bis zum 31. Dezember 1994. Was einfach klingt, stellt Truppe und Kommandeur Oberst Hans-Jürgen Rennack (49) indes vor ungeahnte Probleme."[140]

„Keiner wußte, wie das eigentlich funktionieren sollte ... " (Unterbringung des Personals)

Eines dieser Probleme war die zeitgerechte Neueinplanung des Personals der aufzulösenden oder umzugliedernden Truppenteile. „Rund 1.600 Zeit- und Berufssoldaten mußten wir bis Ende 1993 unterbringen", bestätigt Hauptmann Walter Schermack, der Personaloffizier (S1) der Brigade, „etwa 1.000 davon sogar schon bis zum 30. September 1992, denn bis zu diesem Zeitpunkt war die Umgliederung der Kampftruppenbataillone abzuschließen."

Bei solchen Dimensionen mußte die Personalplanung neue Wege suchen und beschreiten, Wege, die im Personalgeschäft der Bundeswehr noch nie gegangen worden waren. Hauptmann Schermack nennt die „Zauberformel": „'Bottom-up-approach' heißt das Verfahren, mit dem wir den persönlichen Belangen der Soldaten und ihrer Familien soweit wie möglich Rechnung tragen konnten. Das heißt, wir suchten unmittelbar bei den umliegenden Truppenteilen nach freien oder freiwerdenden Stellen, trafen Absprachen und meldeten das nach oben; wir näherten uns dem Problem also von 'unten nach oben', und das geschah erstmalig in der Geschichte der Bundeswehr. Aber es hatte diese Lage ja auch noch nie gegeben! Keiner wußte, wie so ein Truppenabbau eigentlich funktionieren sollte."[141]

Aber er funktionierte, in enger Zusammenarbeit von „Brigade-Koordinator" (Hauptmann Schermack), „Regionalem Koordinator" (S1StOffz PzGrenBrig 16), und dem „Steuerkopf" bei der 6. Panzergrenadierdivision und nicht zuletzt auch dank einer großzügigen und flexiblen Handhabung des Personalgeschäfts (z.B. durch Einrichtung von „Schutzfristen" und „Überhang (zbV)-Stellen" (bis zwei Jahre), „Teilstreitkraftübergreifende Versetzungen" oder besondere Regelungen für „Umzugskosten-

Letztes Photo Offz und Uffz m.P. aus Stab und Stabskompanie PzGrenBrig 17 im August 1992 (Photo BrigArchiv)

Hinten: (v.l.) Mj Kandt (FmStOffz), StFw Schlinke (S4Fw), ROI Schöllermann (LtrTrVerw), StFw Burghart (NschFw)

Mitte: (v.l.) Mj Wilkening (Chef StKp PzGrenBrig 17), Mj Menzel (G3), Hptm Muuss (S3Offz), Fw Ott (S1Fw), OTL Harm (BrigIng), StFw Hebisch (KFZ/PzInstFw)

Vorne: (v.l.) OLt Keller (S2), Hptm Prellwitz (NschOffz), OTL Same (G4), Fw Schweim (S1Fw), OLt Melching (S3AuM), Oberst Rennack (BrigKdr), OLt Schermack (S1Offz), Oberst Holländer (StvBrigKdr), Fw Bauer (FuFw), OTL Creyd (ALO), Fw Kruse (S2Fw), OStFw Lemke (KpFw StKp PzGrenBrig 17), Hptm Niehoff (S4Offz), OStFw Cordes (S3Fw) vergütungen") vom Führungsstab des Heeres, Abteilung Personalführung (FüH I 2). Stolz zeigt Walter Schermack auf eine große Übersichtstafel in seinem Dienstzimmer: „Wir haben letztlich ein Gesamtkonzept entwickelt, das im vorgegebenen Zeitrahmen funktioniert hat. Nur zwölf Soldaten zogen tatsächlich um. Eine Hilfe war für uns auch das 'Personalstärke-Gesetz', das rund 70 Zeit- und Berufssoldaten der Brigade in Anspruch genommen haben." Das „Personalstärke-Gesetz" ermöglichte seit dem 31. März 1992 vorzeitiges Ausscheiden aus dem Dienst, Umwandlungen der Dienstverhältnisse von Berufssoldaten und Verkürzungen der Verpflichtungszeiten. An zwei Beispielen erläutert Hauptmann Schermack die Unterbringung von Personal der umzugliedernden Bataillone in den neuen Stammtruppenteilen: „Ganz hervorragend geklappt hat das für das Personal des Panzerbataillons 174. Da haben wir gut 100 Mann in's Panzerbataillon 164 nach Elmenhorst versetzen können.

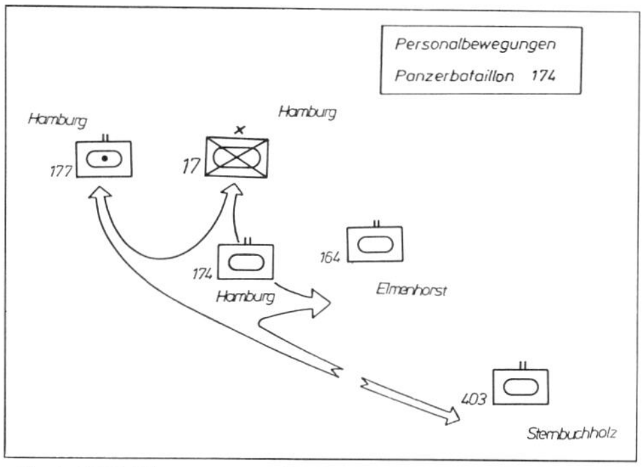

„Gut 100 Mann vom PzBtl 174 wurden in's PzBtl 164 nach Elmenhorst versetzt." *(Graphik S1)*

Nur einzelne Soldaten, in der Regel mit kurzer Restdienstzeit, wurden in Stab und Stabskompanie der Brigade, beim Panzerartilleriebataillon 177 und beim Panzerbataillon 403 in Stern-Buchholz untergebracht." (Daß mit der Planungsentscheidung vom 15. Dezember 1992 auch die Auflösung der Panzergrenadierbrigade 16 >Herzogtum Lauenburg< und damit des Panzerbataillons 164 beschlossen werden würde, konnte Ende 1991 noch niemand ahnen.)

Etwas anders sahen die Personalbewegungen beim Panzergrenadierbataillon 173 aus: „Da haben wir weit gestreut", bestätigt Hauptmann Schermack, „weil auch die Absprachen über die Divisionsgrenzen hinweg nicht ganz einfach waren." Das Stammbataillon für die 173er, das Panzergrenadierbataillon 72 in Fischbek, gehört zur Brigade 7, und unterstand somit noch der 3. Panzerdivision.

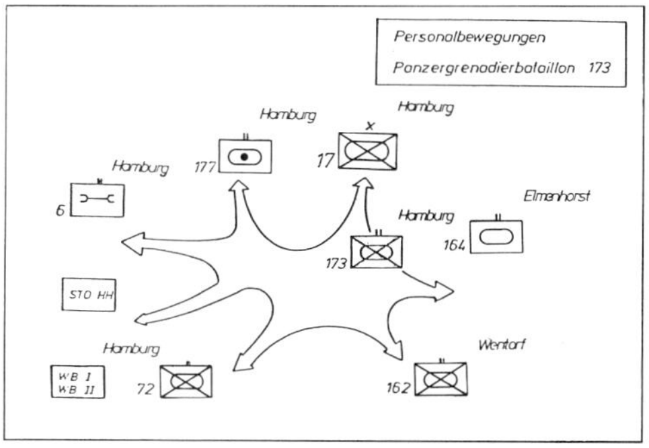

„Das Personal des PzGrenBtl 173 wurde zum Teil weit gestreut." *(Graphik S1)*

Schließlich gingen nur etwa 10 Soldaten des Panzergrenadierbataillon 173 in das Stammbataillon nach Fischbek. „Etwas wenig", stellt Oberstleutnant Erich Siedschlag, der letzte Kommandeur der 173er bedauernd fest, „wenn man bedenkt, daß diese Männer nun die Traditionsträger des alten Hamburger Panzergrenadierbataillons 173 im Stammbataillon werden sollen."[142]

Panzerhaubitzen für Kanada (Abgabe des Materials)

Ein anderes „ungeahntes Problem" war die termingerechte Abgabe des Großgerätes, also vor allem der Panzer aber auch der Radfahrzeuge aller Art. Hauptmann Hubert Prellwitz, Nachschuboffizier der Panzergrenadierbrigade 17, nennt Zahlen: „Für die umzugliedernden und aufzulösenden Truppenteile mußten innerhalb eines Jahres rund 300 Kettenfahrzeuge und 900 Radfahrzeuge abgegeben werden."[143] Doch mit der bloßen Abgabe der Fahrzeuge war es nicht getan. Major Hans Uve Düfer, der als letzter Nachschubstabsoffizier die Aufgaben des G4 der Panzergrenadierbrigade 17 Übernommen hat, erläutert das: „Alle Kfz, überhaupt das gesamte Gerät, waren optisch und technisch vor der Übergabe in einen einwandfreien Zustand zu versetzen. In vielen Fällen war auch noch die 'Technische Materialprüfung C' (Militärische TÜV-Prüfung – Anm. d. Verf.) durchzuführen. Schwer kalkulierbar waren dabei vor allem die oft kurzfristigen Abrufe von Gerät und die damit verbundenen zeitaufwendigen Vollzähligkeitsappelle."[144]

Doch die Formulierung „Abgabe von Gerät" trifft nur unvollkommen das, was tatsächlich von den Logistikern der Panzergrenadierbrigade 17, unter der Führung des damaligen G4, Oberstleutnant i.G. Horst Same, und seines Nachfolgers, Major Hans Uve Düfer, geleistet wurde. Auch Major Düfer hat einen ganzen Stapel von Tabellen, Graphiken und Skizzen zur Hand: „Unser Gerät wurde weit gestreut, ging in die Stammbataillone, andere Truppenteile der 6. Division, in Einheiten des neuen 'Heereskommandos-Ost', in Depots, ja, einige Haubitzen der 177er wurden sogar nach Kanada, zum Übungsplatz Shilo, verschifft. Materialbewegungen in diesem Umfang hatte es in der Bundeswehr bis dahin noch nicht gegeben. Das war eine echte Herausforderung für uns."

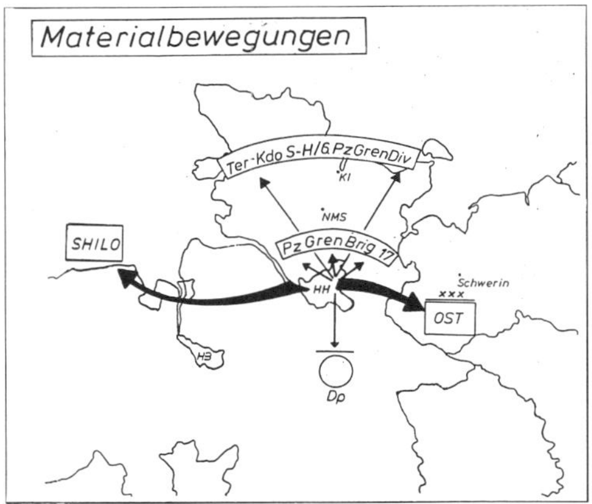

„Unser Gerät wurde weit gestreut." (Graphik G4)

Im Gegensatz zu den Personalmaßnahmen wurden die Materialbewegungen aber

Der letzte KPz LEOPARD verläßt die Graf-Goltz-Kaserne am 12.5.1992. Der Bataillonskommandeur, OTL Brede, fährt selbst! (Photo Wütschner)
Die restliche Besatzung: Fw Maurer (Kdt), G Hagen (Ladeschütze), beide aus der 4.Kp des PzBtl 174

zentral im sogenannten „Top-down-Prinzip" vom Materialamt des Heeres erfaßt und gesteuert. Und ausgerechnet dieser komplexe Vorgang der logistischen Datenerfassung wurde plötzlich empfindlich gestört. Hans Uve Düfer erinnert sich mit Grausen: „Während wir noch tüftelten, stellte das Materialamt sein Datenerfassungsprogramm von SMART auf CLIPPER um. Das war eine riesige Zusatzbelastung für uns, denn jetzt mußten wir alle Daten neu eingeben. Das warf uns bestimmt um drei Wochen zurück. Trotzdem haben wir unseren Zeitplan eingehalten."

5.3. Zum letzten Mal ...

„Dieser Abschied ist endgültig!"

11. September 1992: Ein strahlender Spätsommertag über Hamburg. Ein „Jahrhundertsommer" neigte sich seinem Ende. Auf dem großen Exerzierplatz der Boehn-Kaserne waren an diesem Freitag wieder einmal Formationen im hellen Grau des Dienstanzuges angetreten, doch es war kein Appell wie viele andere in der 33jährigen Geschichte der Panzergrenadierbrigade 17. Oberst Hans-Jürgen Rennack, der Brigadekommandeur, erklärte den zahlreich erschienen Gästen und seinen Soldaten:

„Bei diesem Appell heute heißt es, Abschied nehmen, nicht nur von Einzelnen, sondern von ganzen Bataillonen und Kompanien – und dieser Abschied ist endgültig. ... Mit dem Appell heute werden die Panzergrenadierbataillone 171 und 173, das Panzerbataillon 174, die Instandsetzungskompanie 170 und die Nachschubkompanie 170 aus der Panzergrenadierbrigade 17 entlassen. Für die Soldaten dieser Truppenteile bedeutet dies, ... die Versetzung an andere Standorte, die Änderung der bisherigen Lebensplanung – auch der Familienlebensplanung."[145]

Der Kommandeur blickte kurz auf, ließ seinen Blick über die Soldaten der angetretenen Einheiten und Verbände schweifen. Zum letztenmal war die ohnehin schon stark dezimierte Brigade in dieser Gliederung angetreten. Ab 1. Oktober würde sie nur noch eine Gesamtstärke von 550 Soldaten haben, 550 von einst 3.500! Schritt für Schritt waren die befohlenen Maßnahmen vorgenommen worden: Die Einheiten wurden durch Entlassungen und Versetzungen „ausgedünnt", das Gerät abgegeben und Block um Block in den Kasernen geräumt.

Jetzt sprach Ingrid Soehring, die Wandsbeker Bezirksamtsleiterin, zu den Soldaten. Auch sie betonte die Letztmaligkeit dieser Form des Brigadeappells, und sie wußte es bereits in diesem Augenblick: „Unsere Hausbrigade wird uns fehlen."[146]

Das Jahr der Abschiede

Da wurde es bestimmt so manchem schwer um's Herz, und die Gedanken begannen abzuschweifen. Das vergangene Jahr stieg noch einmal empor. Wie oft hatte man innerlich Abschied nehmen müssen, wenn es wieder und wieder hieß „zum letzten Mal..."

Dort in der zweiten Reihe, der Unteroffizier von der 2. Kompanie des Panzergrenadierbataillons 171, wo mochte er mit seinen Gedanken sein? Vielleicht im Stellungssystem von BLAU während „BRICK FENCE '91", der letzten NATO-Gefechtsübung, an der die Brigade vom 6. bis 12. Dezember 1991 teilgenommen hatte. Die Brigade war damals nach Bergen verlegt worden, und hatte „im letzten Jahr mit nahezu voller Besetzung" bewiesen, daß sie immer noch einsatzbereit war. Sie hatte diese Übung sogar angelegt, vorbereitet, geleitet und durchgeführt.

Der Hauptmann mit dem schwarzen Barett, drüben im Karree der 174er, zuckte der nicht eben ganz kurz? Er erlebte wohl gerade noch einmal den letzten scharfen Schuß seines Bataillons, am 5. März 1992 in Bergen, abgegeben von einem Kampfpanzer der 2. Kompanie. Der Kommandeur, Oberstleutnant Wolfhard Brede, hatte sich diesen „Königsschuß" selbst vorbehalten. Mit bewegter Stimme bekannte er später: „Es war mein erster und letzter Schuß seit 17 Jahren."[147]

Und der junge Kanonier in der ersten Reihe

„Königsschuß" in Bergen am 5.3.1992: Die KPz-Besatzung und der Leitende (Photo Wütschner) (v.l.) OTL Brede (Btl Kdr), Mj Friedrichs (S3StOffz), Hptm Funke (Chef 3. Kp), Hptm Bartels (Chef 1. Kp). Hptm ten Bosch (Chef 2. Kp)

der Abordnung vom Panzerartilleriebataillon 177, der sich eben umgewandt hatte, sah wohl noch einmal seine Kameraden zur Truppenfahne vortreten. Vor vier Monaten war das gewesen, am 22. Mai 1992. An jenem ebenfalls sehr sonnigen Freitag hatten die letzten 65 Rekruten der Brigade ihr feierliches Gelöbnis auf eben diesem Platz abgelegt. „Noch herrscht soldatisches Leben in der Boehn-Kaserne", hatte das „Rahlstedter Wochenblatt" damals festgestellt[148], und Senator Zumkley, „Zumi" bei den Soldaten genannt, hatte es sich nicht nehmen lassen, zu diesen letzten Rekruten der Panzergrenadierbrigade 17 zu sprechen: „Vor ihnen haben tausende junger Männer auf diesem Platz gestanden und ihre Pflicht getan. Ich gestehe als ehemaliger Angehöriger der Panzergrenadierbrigade 17 etwas Wehmut ein."[149]

WÖLFE holen die Truppenfahnen

Von Wehmut hatte auch Hamburgs Erster Bürgermeister, Dr. Henning Voscherau, gesprochen, beim Abschiedsbesuch aller Kommandeure der Brigade am 3. August 1992, und jetzt sprach Rahlstedts Ortsamtsleiter Rolf Mietzsch von solchen Empfindungen. Seit mehr als 23 Jahren habe er die Soldaten der Brigade begleitet, dienstlich und privat. Wie oft war er bei Gelöbnissen, geselligen Veranstaltungen, Truppenübungsplatzaufenthalten dabei gewesen, einige Male sogar selbst in Uniform. „Nehmen Sie alle unsere besten Wünsche mit", rief er den Soldaten zu, „und vergessen Sie nicht, daß sie in Rahlstedt gute Freunde zurücklassen."[150] Vielleicht dachte er an das letzte Gäste-Biwak am 12. Juni zurück, bei dem rund 1.000 Besucher noch einmal eindrucksvoll die enge Verbundenheit zwischen den Rahlstedtern und ihrer Brigade bewiesen hatten. Eine zwanzigjährige Tradition (vgl. III. 3.1.) hatte an diesem Junitag ihr Ende gefunden, und Hansjürgen „Hanni" Schult, der Bürgervereinsvorsitzende von Oldenfelde, stellte als letzter Redner des Abschiedsappells dann folgerichtig fest: „Rahlstedt wird ärmer sein ohne seine Soldaten."[151]

Diese Erkenntnis mußte sich auch bei allen anderen Teilnehmern des Abschiedsappells in der Boehn-Kaserne einstellen, als am Ende der Veranstaltung die Kommandeure und Truppenfahnen der scheidenden Verbände jeweils in einem offenen Mercedes-Geländewagen WOLF den Exerzierplatz verließen. Das Musikkorps intonierte dazu: „Muß i denn zum Städtele hinaus ..."

Zahlreiche Photographen ließen ihre Apparate klicken und ihre Videokameras surren, um diesen Augenblick einzufangen. Sogar ein Kamera-Team der Bundeswehr-Medienzentrale hatte sich aufgebaut, das einen Film über das Ende der Hamburger Hausbrigade drehte. Ihnen allen war klar, daß die Angehörigen der Panzergrenadierbrigade 17 in dieser Form nie wieder zusammenkommen würden. Zurück blieben nur noch Teile des Panzerartilleriebataillons 177 und der Stabskompanie.

Die Tage sind gezählt

Von „Vereinsamungssyndrom" und „Leere des Gefechtsfeldes" für die Zurückbleibenden sprach Oberstleutnant Erich Siedschlag, letzter Kommandeur der 173er und „Sprecher der Scheidenden", beim anschließenden Empfang. Sachlich stellte er fest:

„Militärische Verabschiedungen ... haben immer auch etwas mit Mehrheitsverhältnissen zu tun. Einer oder mehrere gehen, viele bzw. die Masse bleiben. Heute und hier ist das völlig anders, die Verhältnisse sind geradezu auf den Kopf gestellt, denn: Viele, fast alle, gehen, und nur wenige bleiben."[152]

Und auch für die wenigen, die noch blieben, waren die Tage gezählt, standen die nächsten Abschiedstermine schon fest: Nur eine Woche später, am 18. September, wiederholte sich die Abschiedszeremonie für die Lübecker Truppenteile der Brigade, das Panzergrenadierbataillon 172 und die

Abschiedsappell am 11.9.1992 für PzGrenBtl 171, PzGrenBtl 173, PzBtl 174, NschKp 170 und InstKp 170: WÖLFE holen die Truppenfahnen. *(Photo Brockmann/„Rahlstedter Wochenblatt")*

Vorne die 171er: OTL Herold (Kdr) mit Fahnenbegleitern Lt Koch (li) und OLt Wellbrock (re)
Dahinter die 173er: OTL Siedschlag (Kdr) mit Fahnenbegleitern OLt Fischer (li) und OLt Abmeyer (re)

Panzerjägerkompanie 170, in der Hanseaten-Kaserne. Die 172er wurden ebenfalls Aufwuchsbataillon, Teile von Personal und Material gingen nach Bad Segeberg (Stammbataillon Panzergrenadierbataillon 182), die dritte Panzerjägerkompanie 170 in der Geschichte der Brigade wurde nach nur zwölf Jahren (vgl. III. 3.1.) aufgelöst.

Nach der Lübecker Hanseaten-Kaserne wurde dann am 30. September auch die Graf-Goltz-Kaserne an die Standortverwaltung übergeben. Pünktlich um 11.00 Uhr wurde die Bundesdienstflagge an diesem Morgen zum letzten Mal eingeholt. Damit endete die 54jährige militärische Nutzung der Graf-Goltz-Kaserne, die Zeit der englischen Besatzung miteingerechnet.

Rüdiger Freiherr von der Goltz erinnert an den Namensgeber der Graf-Goltz-Kaserne am 30.9.1992. (Photo Wütschner)

Auch Freiherr Rüdiger von der Goltz, ein „alter Freund des Bataillons" und Oberhaupt des Familienverbandes der Grafen und Freiherren von der Goltz war erschienen. In seiner Ansprache erinnerte der Freiherr noch einmal an den preußischen Generalmajor Rüdiger Graf von der Goltz (Geboren am 8. Dezember 1865 in Züllichau/Schlesien, gestorben am 4. Novbember 1946 in Kinsegg/Oberbayern), jenen legendären Führer der „Ostseedivision", der zusammen mit dem finnischen Feldmarschall Freiherr von Mannerheim Anfang 1918 Finnland und 1919 als Oberbefehlshaber im Baltikum Kurland von der Roten Armee befreit hatte. „Er war der letzte General", so Freiherr von der Goltz, „der noch unter dem Befehl der (Weimarer) Republik im Felde stand."[153] 1913 hatte Rüdiger Graf von der Goltz das Kommando über das Infanterie-Regiment Hamburg (2. Hanseatisches) Nr. 76 übernommen, und unter seinem Befehl waren die 76er in den Ersten Weltkrieg gezogen. Das war auch der Grund, weshalb die 1938/39 neuerbaute Kaserne für das wiederaufgestellte Infanterie-Regiment 76 (mot) nach ihm benannt worden war.

„Was nach dem Weggang der Truppe ... mit der Kasernenanlage passiert, ist inzwischen, vorbehaltlich eines letzten Gesprächs zwischen Hamburg und dem Bund geklärt", berichtete das „Hamburger Abendblatt" am folgenden Tag. „Der Zoll wird hier drei Wohnblocks und diverse Fahrzeughallen übernehmen. Die Sozialbehörde erhält drei Wohnblocks für die Unterbringung von 460 Asylbewerbern. Die Wissenschaftsbehörde soll einen Block bekommen, um daraus ein Studentenwohnheim zu machen. Seit drei Wochen bezogen ist bereits der Block 2/6. Dort leben 160 Flüchtlinge, die meisten alleinstehende Männer aus Südost-Europa oder Schwarzafrika."[154]

Geschützdonner der letzten vier Haubitzen des Panzerartilleriebataillons 177 beendete am 8. und 9. Oktober das Jahr der Abschiede. In der zweiten ergänzten und erweiterten Auflage der Chronik des Artilleriebataillons von 1993 heißt es dazu:

„Das letzte Ziel (eines artilleristischen Schießen des Bataillons – Anm. d. Verf.) wurde StFw Bruno Reich vom FUO/S3 (FUO = Feuerunterstützungsoffizier – Anm. d. Verf.) Hptm Schlitt, zugewiesen, und eine Geschützbedienung bestehend aus Hptm Höffken, Hptm Traut, Hptm Post, HFw Reichardt und OTL Kuhrt (dem Kommandeur – Anm. d. Verf.) feuerte um 15.59 den letzten goldbronze gestrichenen Schuß auf die Munsterheide."[155]

Den allerletzten Schuß des Bataillons feuerte dann allerdings Hauptmann Thomas Post, Chef der 3. Batterie, am darauffolgenden Tag, wieder einmal einem Freitag, ab, allerdings nur noch „im Direkten Richten". Die bereits zitierte Chronik stellte abschließend fest: „Damit endete die Schießgeschichte des Bataillons, über die Barbara bis zum Schluß schützend ihre Hände gehalten hatte."[156]

Die Hosen des Herrn Inspekteurs

Die Heilige Barbara, Schutzpatronin der Artilleristen, mochte ihre Hände schützend über alle Schießvorhaben des Bataillons gehalten haben, die Auflösung der Gemeinschaft ihrer Rahlstedter Jünger mit der unverwechselbaren Nummer 177 konnte auch sie nicht aufhalten, ebensowenig wie die Räumung der Boehn-Kaserne. Das vermochte nicht einmal der Inspekteur des Heeres, Generalleutnant Helge Hansen, den viele persönliche Erinnerungen mit dieser Kaserne verbanden, denn hier hatte vor rund 36 Jahren sein militärischer Werdegang begonnen. Am 20. Mai 1992 hatte er die Boehn-Kaserne noch einmal besucht. Während er sich in das Gästebuch der Brigade eintrug, erzählte Generalleutnant Hansen, wie er als Offizieranwärter (OA) der Grenadiertruppe zum 1. April 1957 in das Panzergrenadierlehrbataillon nach Munsterlager eingezogen, dann aber wegen mangelnder Ausbildungskapazität mit dem gesamten OA-Jahrgang zum damaligen Panzergrenadierbataillon 3 in die Boehn-Kaserne (vgl. I. 2.1.) gebracht worden sei. Hier sollten die Offizieranwärter Grund- und Spezialgrundausbildung absolvieren, um dann im Herbst wieder nach Munster in das Lehrbataillon zurückzukehren, doch zunächst einmal sahen sich Panzergrenadier Hansen und seine Kameraden mit den Zuständen konfrontiert, die schon ausgiebig in Teil I (2.2. Schutt und Unkraut – Neuanfang in der Boehn-Kaserne) beschrieben wurden, denn „Betten und Spinde standen wahllos auf dem Exerzierplatz herum" und „die Kaserne war mit Unkraut übersät und völlig verwahrlost". Erheblich problematischer aber wirkte sich die noch mangelhafte Ausstattung der Kleiderkammer für den nicht eben kleinwüchsigen Hansen aus, wie sich der Inspekteur des Heeres noch sehr genau erinnern konnte:

„Angesichts meiner Länge von 2,03 Metern war natürlich keine Kleiderkammer darauf eingestellt, mir entsprechende Ausgehuniformen, vor allem Hosen entsprechender Länge, zur Verfügung zu stellen. Als ich noch im April 1957 als Vertrauensmann der Kompanie im Rahmen der politischen Bildung vom Amerika-Haus in der Innenstadt einen Film abholen sollte, stand ich vor dem Problem, mich entweder in Zivil dahin begeben zu müssen, oder aber eine Lösung für meine viel zu kurzen Hosen zum Kleinen Dienstanzug zu finden. Weil wir

Der Inspekteur des Heeres, GenLt Hansen, und der Brigadekommandeur, Oberst Rennack, vor dem Brigadestab am 20.5.1992 (Photo Brigadearchiv)

stolz waren, trotz aller Widerstände im Hamburger Stadtbild auch in Uniform zu erscheinen, und zum anderen mein Spieß gar keinen Zweifel daran ließ, daß er Zivil niemals billigen würde, blieb mir nichts anderes übrig, als eine Lösung für die Uniformhosen zu finden. Sie bestand schlicht darin, daß ich keinen Gürtel umband, sondern die Hosenträger des Kampfanzuges anlegte, die Hosenträger mit Sicherheitsnadeln an der Hose befestigte, den Hosenstall öffnete und die Hose so weit herunterrutschen ließ, daß sie unten wenigstens bis über die Knöchel reichte. Sodann zog ich über meinen Uniformrock meinen Mantel und begab mich mit einem Kameraden zum Amerika-Haus in der Innenstadt."[157] Es kam dann natürlich, wie es kommen mußte: Da die beiden Panzergrenadiere die ersten Bundeswehrangehörigen waren, die das Amerika-Haus besuchten, wollte der Leiter des Hauses sie persönlich sprechen. „Die Not wurde hochpeinlich", fuhr Generalleutnant Hansen in seiner Erzählung fort, „als uns dieser liebenswürdige Herr doch bat, abzulegen, unsere Mäntel auszuziehen und zu einer Tasse Kaffee Platz zu nehmen. Ich konnte dieser unvorstellbaren Situation nur dadurch entgehen, daß ich vorgab, wir müßten sofort wieder zurück. Deswegen haben wir die Tasse Kaffee nur im Stehen und mit Mantel kurz angetrunken, um uns dann schnurstracks wieder zurück in die Boehn-Kaserne zu begeben."

Die Situation war also gerettet; die passende lange Hose erhielt der baumlange Offizieranwärter allerdings immer noch nicht. Erst auf Befehl des Divisionskommandeurs wurde Abhilfe geschaffen, nachdem das Bataillon gemeldet hatte, ein OA könne mangels adäquater Beinkleider nicht am Vereidigungsappell teilnehmen. „Innerhalb von 14 Tagen wurden mir dann endlich zwei passende lange Hosen gefertigt", schloß der General seine Erzählung, und nahm gemeinsam mit dem Brigadekommandeur Aufstellung für das obligatorische Erinnerungsphoto vor dem Stabsgebäude. Unwillkürlich wanderte wohl so mancher Blick der Umstehenden auf die Hosen des Inspekteurs, doch die saßen perfekt.

„Der Besuch der alten Dame"

Und noch ein anderes Erinnerungsphoto des Jahres 1992 für das Gästebuch der Brigade läßt den interessierten Blätterer innehalten. Zu sehen sind dort Oberst Hans-Jürgen Rennack im neuen schwarzen „Blouson, Heer", eine ältere Dame mit blauem Hut und Lodenmantel und ein braun-weißer Münsterländer, der artig „Platz" macht. Die kleine Gruppe hat Aufstellung genommen vor jenem historischen Bronzerelief, das früher einmal in der „Alten Kaserne Bundesstraße" und seit den späten 60er Jahren am Lehrsaalgebäude (heute Offizierheim) der Boehn-Kaserne an die „siegreichen Führer" des 2. Hanseatischen Infanterie-Regiments Nr. 76 während des Deutsch-Französischen Krieges (1870/71) erinnert. Das „Hamburger Abendblatt" berichtete in seiner Ausgabe vom 12. November 1992:

„Der Besuch der alten Dame": Hella von Boehn mit Oberst Rennack und Jagdhund „Lottchen" vor dem Offizierheim der Boehn-Kaserne am 9.11.1992 (Photo Kreuzmann)

Im Hintergrund: Das historische Bronzerelief der 76er aus der „Alten Kaserne Bundesstraße", das der „Kameradschaftsbund Ehem. 76er" am 4.12.1895 gestiftet hatte.

„Der rüstigen Dame, die da vornehmen Schrittes mit Jagdhund 'Lottchen' an der Seite durch das Tor der Boehn-Kaserne in Rahlstedt schreitet, kommt es vor wie eine Reise in die Vergangenheit. 'Das ist also die Kaserne, die nach meinem Großonkel Max benannt wurde. Ein schönes Gelände', findet Hella von Boehn (71), Familienarchivarin der Familie von Boehn."[158]

Für Hella von Boehn war dieser Besuch in der Kaserne, die ihren Namen trägt, am 9. November 1992, die erste Begegnung mit den Bronze und Stein gewordenen Erinnerungen an ihre berühmten militärischen Vorfahren. Darum wollte sie dann auch unbedingt „dieses Bronzedings" sehen, das den Vater des Namensgebers der Boehn-Kaserne zeigt, den späteren preußischen Generalleutnant Julius-Heinrich von Boehn (1820 – 1893).

Die Verbindung zur Familie von Boehn war eigentlich nie wirklich abgerissen, doch zu offiziellen Besuchen von Familienangehörigen des früheren preußischen Generaloberst Max Ferdinand Carl von Boehn (1850 – 1921) (vgl. III. 4.4.) war es bisher nur zweimal gekommen, am 14. November

Photo aus dem Nachlaß des Generaloberst: Generaloberst Max von Boehn (ganz vorne) bei einer Ordensverleihung an Soldaten des InfReg 76 an der Westfront 1917

1966 durch Wanda von Schulzendorff, einer Enkelin, und am 5. Juni 1970 durch Hans-Joachim von Boehn, einen Neffen des Generaloberst. Doch es war nicht so sehr die Vergangenheit, die Frau von Boehn im Blick hatte, als sie sich durch die Kaserne führen ließ, obgleich sie viele alte Dokumente und Photographien aus dem Nachlaß des Generaloberst mitgebracht hatte. „Ich möchte eigentlich dafür werben, daß diese Kaserne auch künftig unseren Namen trägt", sagte sie gegenüber Markus Arndt vom „Hamburger Abendblatt", „denn Traditionen sollte man festhalten, wo sie noch da sind." Und Oberst Rennack fügte hinzu: „Die Boehns sind ein Teil der Hamburger Geschichte. Das sollte nicht vergessen werden."[159]

5.4. Letzte Tage in der Boehn-Kaserne

„In der Boehn-Kaserne gehen die Lichter aus"

Nun ist es still geworden in der „Liegenschaft Nr. 113 005 100 6", wie die Boehn-Kaserne im Amtsdeutsch der Standortverwaltung emotionslos bezeichnet wird. Dieser letzte „Brückenkopf" in Hamburg-Rahlstedt, auf den sich die Reste der Panzergrenadierbrigade 17 nach Aufgabe der Graf-Goltz-Kaserne und der Hanseaten-Kaserne seit Ende 1992 zurückgezogen haben, beherbergt im Frühjahr 1993 nur noch rund 300 Soldaten aller Dienstgrade. Doch auch das Ende dieses „Brükkenkopfes 17" ist abzusehen. In einer Führungsmeldung vom Oktober 1992 heißt es dazu:

„Die Auflösung von Stab/StKp PzGrenBrig 17 und des PzArtBtl 177 bewegt sich im Zeitplan. Der planmäßige Abschluß der Organisationsmaßnahmen bis zum 30.09.93 wird ohne Nachsteuerung zu erreichen sein. ...

Die Brigade ist nach Einstellung aller Einsatz-, Alarm- und MobVorbereitungen mit Wirkung vom 01.10.1992 auch mit einzelnen TrTlen nicht mehr einsatzbereit.

Die Pflege der Tradition der Einheiten und Verbände der PzGrenBrig 17 wird nach Umgliederungs-/Auflösungsdatum (U/A) wie folgt übernommen:

PzGrenBtl 171 (A)	durch Stab/StKp PzGrenBrig 7
PzGrenBtl 172 (U)	durch PzGrenBtl 182
PzGrenBtl 173 (U)	durch PzGrenBtl 72
PzBtl 174 (U)	durch PzBtl 164
PzArtBtl 177 (A)	durch ArtRgt 6

„Die letzten Bewohner der Boehn-Kaserne"
(Karikatur: H. Katzmarek)

FErsBtl 64 (A)	durch Stab/StKp PzGrenBrig 7
Stab/StKp PzGrenBrig 17 (A)	durch Stab/StKp PzGrenBrig 7
PzPiKp 170 (A)	durch PzPiKp 400
PzJgKp 170 (A)	durch PzJgKp 160
NschKp 170 (U)	durch NschBtl 6
InstKp 170 (A)	durch InstBtl 6

Traditionsgegenstände, Truppenfahnen und Chroniken wurden/werden übergeben. ...“[160]

„In der Boehn-Kaserne gehen die Lichter aus", berichtet das „Hamburger Abendblatt" im März 1993[161], und so ist es. Viele Blocks stehen bereits leer, warten auf ihre Übergabe an Polizei oder Aussiedler. Nur noch vereinzelt sind erleuchtete Fenster an diesen trüben Tagen im Frühjahr '93 in der weitläufigen Anlage auszumachen. Hallen, Abstellflächen und Parkplätze sind verwaist. Die einzigen Bewohner der Kaserne scheinen die großen schwarzen Krähen zu sein, die in den Linden um den Exerzierplatz ihre Nester haben. Heiser krächzend umkreisen sie die Giebel der massigen Backsteinbauten, lassen sich in Scharen auf dem Ex-Platz nieder oder lärmen auf dem Sportplatz hinter dem Stabsgebäude. Unverdrossen behaupten die Vögel ihre Eigentumsrechte, und je stiller es in der Kaserne wird, desto lauter werden sie.

Es ist schon beinahe erstaunlich, daß die Wache immer noch korrekt aufzieht (Stärke: Ein Unteroffizier und fünf Mannschaften) und die Bundesdienstflagge am Tor in der schlichten Zeremonie der Flaggenparade vorschriftsmäßig setzt und einholt. Stabsunteroffizier Christoph Weigerding, S1Unteroffizier im Brigadekommando und am letzten Märzwochenende Wachhabender in der Boehn-Kaserne, sieht das nüchterner: „Es hat sich ja im Grunde nichts geändert für uns. Diese Anlage muß auch weiterhin bewacht werden, solange sie noch Kaserne ist, selbst wenn die letzten vier Haubitzen der 177er am 23. und 24. März abgeholt worden sind. Außerdem sind ja auch noch drei UvD und drei GVD im Bereich, in der Stabskompanie, der 1. Batterie und der 3. Batterie. Nur der für uns zuständige OvWa sitzt jetzt in der

LKW der NschKp 160 holen Möbel von Stab und StKp der PzGrenBrig 17 ab. (Photo Klose)

Lettow-Vorbeck-Kaserne." Aber dann wird er doch nachdenklich und muß zugeben: „Die Flaggenparade habe ich allerdings nie so bewußt erlebt wie jetzt, da die Kaserne leerer und leerer wird. 'Nun erst recht' denke ich dann manchmal, wenn der OvWa das Kommando gibt 'Heißt Flagge!', denn wir sind die letzten Wachsoldaten, die hier Dienste schieben. Wir wollen in guter Erinnerung bleiben."[162]

Der letzte Appell

Noch einmal aber kehrt das Leben in die Boehn-Kaserne zurück. Am Montag, dem 22. März 1993, fahren LKW vom Pionierbataillon 6 in Plön und dem Nachschubbataillon 6 in Neumünster auf den Exerzierplatz. Soldaten der Stabskompanie beginnen mit dem Aufbau einer Zuschauertribüne für 700 bis 1.000 Personen, einer Leihgabe vom „Studio Hamburg". Das hölzerne Monstrum wächst schnell zu einer beachtlichen Größe an. Ab Dienstag marschieren dann Formationen in der Kaserne hin und her, Kommandos erschallen, auch Marschmusik. Bundeswehr-Busse bringen immer mehr Soldaten aus Bad Segeberg, Fischbek und Elmenhorst. Auch im Offizierheim wird es beim Mittagessen plötzlich wieder eng.

Grund für das geschäftige Treiben, das noch einmal alle Kräfte unter Leitung des G3, Major i.G. Friedrichs, konzentriert und das auch die Krähen in ihren „Mastkörben" auf den Linden offensichtlich erstaunt – weil verstummt – zur Kenntnis nehmen: Die Vorbereitungen für den letzten Appell der

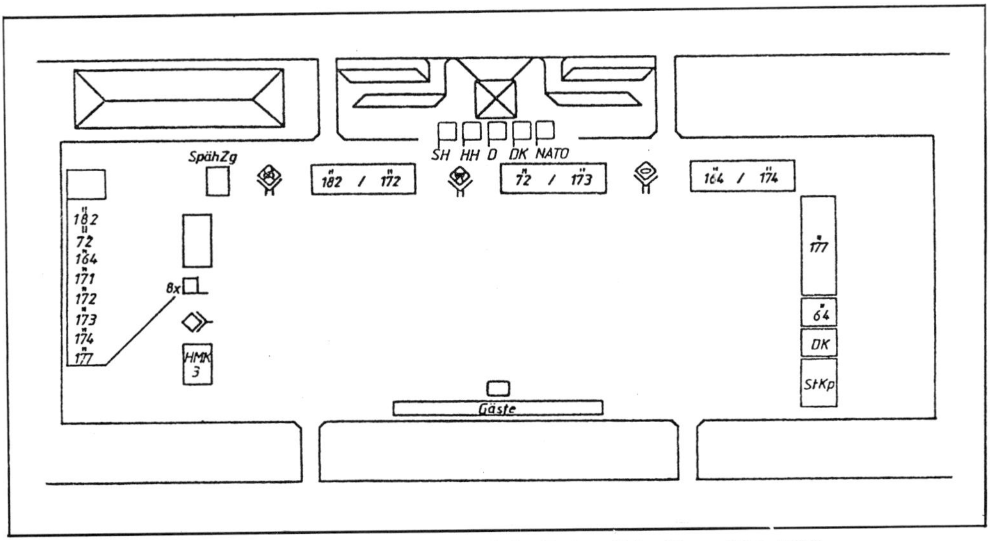

„Paradeaufstellung" für den Verabschiedungsappell der PzGrenBrig 17 am 25.3.1993 (gem. Anlage A zu G3 Az 12-02-01 v. 21.01.93)

Panzergrenadierbrigade 17 haben begonnen, den offiziellen Abschiedsappell der Brigade aus Hamburg mit anschließendem Großen Zapfenstreich. Der Verteidigungsminister und der Erste Bürgermeister werden erwartet. Außerdem sind rund 1.500 Ehemalige und langjährige treue Freunde der Brigade, darunter allein fünfzehn ehemalige und aktive Generale, eingeladen; ein gewaltiges Stück Arbeit auch für Annelie Wacek, die letzte Vorzimmerdame des Brigadekommandeurs, die die Einladungen schreiben und die Telephonate führen muß.

„In Ihren Händen lag der Schutz Hamburgs"

Am Donnerstag, dem 25. März 1993, ist es dann soweit: Noch einmal, nun zum unwiderruflich letzten Mal, stehen rund 300 Soldaten auf dem Exerzierplatz der Boehn-Kaserne, die meisten allerdings keine 17er mehr. Es sind Abordnungen der neuen Stammbataillone, der 182/172er aus Bad Segeberg, der 72/173er aus Fischbek und der 164/174er aus Elmenhorst.

Sie haben die Truppenfahnen der als Aufwuchsbataillone an diese Standorte verlegten Personal- und Materialkader der am 11. und 18. September 1992 bereits verabschiedeten Kampftruppenbataillone der Brigade (vgl. III. 5.3.) noch einmal mitgebracht, um sie unter den Augen von über 1.000 Gästen nun endgültig mitzunehmen. Wieder holen die WÖLFE die Fahnen. Die Truppenfahnen der aufgelösten Verbände aber werden verhüllt, nachdem auch das Panzerartilleriebataillon 177 am 12. März offiziell außer Dienst gestellt worden war.

Noch am Vormittag hatte es gehagelt und geschneit, doch als Verteidigungsminister Volker Rühe, Senator Peter Zumkley – Bürgermeister Dr. Henning Voscherau hatte nun doch nicht kommen können – , Divisionskommandeur Generalmajor Jürgen von Falkenhayn und Brigadekommandeur Oberst Hans-Jürgen Rennack die Front abschreiten, kommt die Sonne durch. Überhaupt waren alle Abschiedsveranstaltungen der Brigade in geradezu erstaunlicher Kontinuität mit Sonnenschein bedacht worden, so als ob diese Momente der Wehmut eine tröstlich-freundliche Note erhalten sollten.

Dann tritt der Verteidigungsminister an das Mikrophon. „Sie waren immer da", sagt er, „in Ihren Händen hat jahrzehntelang der Schutz Hamburgs und Schleswig-Holsteins gelegen, der Heimat vieler von uns

Der Divisionskommandeur der 6. PzGrenDiv, GenMj von Falkenhayn, verhüllt die Truppenfahne des PzArtBtl 177. (Photo Fricke)

– auch meine eigene."[163] Und während ein kalter Wind nun doch große Wolkenfetzen vor die Sonne zieht, stellt der Verteidigungsminister das Ende der „traditionsreichen Hamburger Hausbrigade" in nationale und internationale Zusammenhänge, weist noch einmal auf die „glückliche politische Entwicklung" hin, die eine umfassende Abrüstung in Europa möglich machte, warnt aber auch mit Blick auf den Bürgerkrieg in Jugoslawien vor einem „Nachlassen der Sicherheitsvorsorge" und fordert schließlich den Einsatz der Streitkräfte, „wenn die Völkergemeinschaft dazu aufruft". Im Hinblick auf den großen Umbruch für die Bundeswehr, der Minister spricht von der „größten Herausforderung ihrer Geschichte", stellt Volker Rühe mit unverkennbar spöttischem Unterton fest: „Man muß sich die Dimension einmal klarmachen: Die Bundeswehr hat im vergangenen Jahr 20.000 Versetzungen bewältigt ... Im Vergleich dazu erscheint der Umzug der Bundesregierung nach Berlin, der jetzt so viel Medienecho erregt, mit 'nur' 9.000 Versetzungen über mehrere Jahre hinweg wenig dramatisch." Dann wendet sich der Minister an die noch verbliebenen und die früheren Angehörigen der Brigade:

„Die Brigade wird nun in den Verbänden der 6. Panzergrenadierdivision in neuer Gliederung aufgehen. Auflösung ist also verbunden mit Neuanfang. In den neuen Standorten werden Sie am Umbau und Neuanfang der Bundeswehr weiter mitwirken."

Zum Schluß hat Volker Rühe noch eine Überraschung parat: „Herr Oberst Ren-

BMVg Rühe im Gespräch mit dem Vertreter des Senats, Senator Zumkley, und dem DivKdr der 6. PzGrenDiv, GenMj von Falkenhayn (Photo Fricke) (Im Hintergrund: Der für Aussiedler von der Kaserne abgetrennte Block 5)

nack treten Sie vor!" Auf dem Redemanuskript folgt der schlichte Vermerk „ – Beförderung zum Brigadegeneral – ". Für Hans-Jürgen Rennack aber ist die Beförderung eine hohe Auszeichnung und die „Ausstattung" für sein neues Amt, denn ab 1. April wird er als General der Panzertruppen in Köln Dienst tun. Damit ist der Abschiedsappell der Brigade zugleich auch sein ganz persönlicher Abschied von der Boehn-Kaserne, von den Resten der Brigade und von Hamburg.

Schwarze Katze im Fackelschein

Dann um 19.30 Uhr der Große Zapfenstreich, der vierte in der Brigadegeschichte und der dritte in der Boehn-Kaserne seit dem 30. Januar 1945! (Damals hatte die Wehrmacht in der tief verschneiten Kaserne ihren letzten Großen Zapfenstreich in Hamburg aufgeführt.)[164] Noch einmal also Trommelwirbel, Posaunenklänge und Fackelschein. Über 2.000 Menschen sind gekommen, um Hamburgs Hausbrigade Lebewohl zu sagen. Sie erleben ein stimmungsvolles Abschiedszeremoniell – „Die WELT" spricht von „feierlicher Wehmut" – das mit dem verhaltenen „Marsch der finnländischen Reiterei" als erstem Musikstück der Serenade beginnt. Auch die schwarze Katze, die während der Serenade im Fakkelschein plötzlich von links über den Exerzierplatz schießt, kann angesichts des eindrucksvollen Gesamtbildes keine düstere Prognose mehr entlocken.

Aus verschiedenen Richtungen der Anlage hallt zum Abschluß noch dreimal das Trompetensignal „Zur Ruh" über die Kaserne hinweg.

„Auftrag erfüllt!"

Jetzt wird es wieder still werden in der Boehn-Kaserne, bis dann im September auch die letzten Soldaten, Telephonistinnen und Küchenhilfen gehen. Der „letzte Hausherr" der Boehn-Kaserne, Major i.G. Georg Friedrichs, wird dann die Kaserne an die Standortverwaltung übergeben.

Neue Bewohner sind aber jetzt schon da: 50 Wolgadeutsche leben bereits in einem der geräumten Blocks, 400 sollen es insgesamt werden. Außerdem arbeitet ein Stab der Polizei als Vorhut in einem anderen Block. 3.000 Polizeibeamte und Zivilangestellte soll die Kaserne nach umfangreichen Um- und Neubauten einmal beherbergen, darunter alle Einheiten aus der Alsterdorfer Polizeikaserne und die Revierwache 38 an der Scharbeutzer Straße. „Noch haben sich allerdings Bund und Hamburg nicht über den Kaufpreis der Immobilie geeinigt", weiß „Die WELT" in ihrer Ausgabe vom 26. März 1993 zu berichten.

Wie dem auch sei: Die Soldaten werden in jedem Fall ausziehen, ganz egal wer nach ihnen die „Immobilie" bewohnen wird. Auch Oberst Hans-Jürgen Rennack hat seine Koffer gepackt. Merkwürdig wüst sieht es in seinem Zimmer, dem Raum mit der Nummer 94, jetzt aus: Kisten und Kasten stapeln sich, die Bilder sind abgenommen, und mitten in dem Umzugswirrwarr steht er selber. Fällt dem letzten Kommandeur der Abschied schwer? „Ach, wissen Sie", der Oberst tritt an's Fenster und sieht hinaus auf den Exerzierplatz, auf dem eine schwache Märzsonne vereinzelte Lichtstrahlen üben läßt: „Vor uns allen liegt doch

Ersttagsstempel anläßl. der Auflösung der PzGrenBrig 17 vom 25.3.1993 (herausgegeben in Zusammenarbeit mit Freunden der Brigade und dem Postamt Rahlstedt)

das nächste Kapitel – unsere Zukunft, die auch einmal Geschichte sein wird. Wir alle haben die Chance, diese Zukunft zu gestalten, und wir sollten diese Chance nutzen, weil es sich um unsere Zukunft und die unserer Kinder handelt. Und dann denken Sie doch an 'Leitlinie Nr. 2', die ich ausgegeben habe ('Leitlinie Nr. 1' vgl. III. 5.2. – Anm. d. Verf.): 'Wir alle haben eine persönliche Zukunft. Sie liegt zwar außerhalb der Panzergrenadierbrigade 17, sie fordert aber – wie in der Vergangenheit – in gleicher Weise hohe Einsatzbereitschaft, klares Selbstverständnis und vor allem persönliches Bekenntnis und Einstehen von jedem Einzelnen.' Dies gilt es immer im Auge zu behalten." Also kein bißchen Wehmut, Herr Oberst? Hans-Jürgen Rennack zündet sich eine Zigarette an: „Doch, natürlich! Aber der Blick zurück sollte nicht nur wehmütig sein. Mit der Verabschiedung der Brigade aus Hamburg schließt sich ein Kapitel deutscher Nachkriegsgeschichte: Die Folgen des Zweiten Weltkrieges sind für Deutschland überwunden, der Ost-West-Konflikt ist beendet. Die Vereinigung Deutschlands und die wiedergewonnene nationale Souveränität sind Ausdruck hierfür."

Oberst Rennack hält kurz inne. Dann tritt er an die sogenannte „Ahnengallerie", also die Bilderreihe aller Kommandeure der Panzergrenadierbrigade 17. Er zeigt auf das Bild von Brigadegeneral Reichel, dem ersten Kommandeur der Brigade: „All das hat sich in mehreren Jahrzehnten auf friedlichem Wege entwickelt, und die Soldaten der Panzergrenadierbrigade 17 haben in 34 Jahren ihren Beitrag hierfür geleistet, ihren Beitrag für Einigkeit und Recht und Freiheit in Frieden. So wie es der erste Brigadekommandeur bei der Vereidigung im Juni 1962 von ihnen gefordert hat. So wie es die Soldaten immer öffentlich gelobt haben. Und so konnte der Bundesminister der Verteidigung beim Schlußappell öffentlich feststellen: 'Auftrag erfüllt!' Sie sehen also: Ein Kapitel ist abgeschloßen. Anlaß, um innezuhalten und sich Rechenschaft abzulegen, und das 'Buch zur Geschichte der Panzergrenadierbrigade 17' wird dazu ja Gelegenheit geben. Das ist ja ein richtiges „Schlußwort" geworden, Herr Oberst. „Sie haben recht, obgleich ich das eigentlich nicht wollte. Aber dann lassen Sie mich auch noch einen Satz hinzufügen: 'Wir sollten aus der Vergangenheit lernen und auch Zuversicht und Kraft schöpfen, damit wir das kommende Kapitel in Einigkeit, Recht und Freiheit und in Frieden gestalten können. Denn dafür leben wir, so meine ich."[165]

Hamburg im März 1993

6. Anmerkungen zu Teil III

[1] „Wandsbeker Lobby liebt nur leise Landser" – Leserzuschrift des Leutnant Sachau vom 21.5.1969
in: Chronik des LehrBtl HOS II 1956 – 1971 Chronik Teil 1969

[2] Ebenda Chronik Teil 1968

[3] „Ab 1970 am Stadtrand – Panzereinheiten werden verlegt" in: „Hamburger Abendblatt" im Mai 1969

[4] Chronik des LehrBtl HOS II 1956 – 1971 Chronik Teil 1969

[5] Panzergrenadierbrigade 16 >HERZOGTUM LAUENBURG<, 30 Jahre im Dienst für den Frieden 1958 – 1988, Wentorf 1988 S. 18

[6] Ansprache des Divisionskommandeurs 6. PzGrenDiv, Generalmajor Dr. Karl Schnell, anläßlich der Übergabe PzGrenBrig 17 am 3.4.1970 S. 2f.

[7] „Nur der Wechsel ist beständig – 20 Jahre Heereskonzeptionen" Aufsatz von Generalleutnant a.D. Siegfried Schulz
in: Jahrbuch des Heeres 1977 S. 57

[8] Oberst a.D. Wilhelm Marx, Protokoll eines Gesprächs im Februar 1993

[9] vgl. Anm. 6

[10] „Der mächtige Zar der Brigade" Ballade anläßlich des Abschieds von General Wenner
aus: „Balladen und Lieder der PzGrenBrig 17 1970 – 1972" von OTL Ulrich von Coler

[11] Hans G. Stark, Protokoll eines Gesprächs im Februar 1993 in Hamburg

[12] „Eine kleine 'Stadt' zieht um – 3.300 Panzergrenadiere fuhren zur 'Aktion Baumholder' "
in: „Wandsbeker Zeitung" vom 21.6.1973

[13] „Tage werden nach Zentimetern gezählt – Soldaten haben eigenwillige 'Rechenmethoden' "
in: „Wandsbeker Zeitung" vom 28.6.1973

[14] „Befehlen und Gehorchen werden zu einem Problem – Wo viele junge Soldaten der Schuh drückt"
in: „Wandsbeker Zeitung" vom 12.7.1973

[15] „Urlaub für die Wehrübung geopfert – Warum Bürger freiwillig die Uniform anziehen"
in: „Wandsbeker Zeitung" vom 19.7.1973

[16] „Mehr Verständnis ... – ... und weniger unsachliche Kritik wünschen Soldaten"
in: „Wandsbeker Zeitung" vom 2.8.1973

[17] „Operation geglückt! – Ein Lob für die Panzergrenadierbrigade 17"
in: „Wandsbeker Zeitung" vom 16.8.1973

[18] „Der prominente Nachbar – Heute: Gerwin Schröder" in: „Wandsbeker Zeitung" vom 7.6.1979

[19] Hansjürgen Schult, Protokoll zahlreicher Gespräche im „Oldenfelder Krug"

[20] „Oldenfelde hat bald seinen Kindergarten – Der Förderkreis setzte sich durch"
in: „Wandsbeker Zeitung" vom 20.12.1973

[21] Peter Wilhelm, Protokoll eines Gesprächs im Februar 1993

[22] „ 'Graue Laus' liebt Soldaten" in: „Wandsbeker Zeitung" vom 13.1.1979

[23] „Frisches Gras statt wuchernder Wildnis – Bürger ergriffen die Initiative: das 'Grüne Zentrum Berner Au' wird Wirklichkeit"
in: „Wandsbeker Zeitung" vom 14.10.1976

[24] „Teilabschnitt ist fertig" in: „Wochenblatt" vom 18.5.1977

[25] Hans-Ulrich Klose, „Beitrag zum Projekt 'Geschichte der PzGrenBrig 17' ", Brief vom 27.11.1992

[26] „Wenn Schorsch zahlen würde ... – Soldaten trugen Bürgermeister Schulz viele Wünsche vor"
in: „Wandsbeker Zeitung" vom 10.1.1974

[27] Lothar Schulz, Protokoll eines Gesprächs im Februar 1993

[28] „25 Jahre Panzerbataillon 174 Hamburg-Rahlstedt"
in: „WIR HELFEN in den Alsterdorfer Anstalten" Nr. 1 Januar 1982 S. 5

[29] OStFw Karl-Heinz Warnholz, Protokoll eines Gesprächs im Januar 1993

[30] Oberst d.R. Franz Abel, Protokoll eines Gesprächs im November 1992 in Hamburg

[31] „Zwanzig Jahre Bundeswehr – Hamburg und seine Soldaten"
in: „Hamburger Abendblatt" vom 12.11.1975 S. 9

[32] „ 'Sprung' nach Kanada" in: „Wandsbeker Zeitung" vom 20.3.1975

[33] StFw Gerd Bein, Protokoll eines Gesprächs im Februar 1993 in Hamburg

[34] Chronik des PzArtBtl 177 ehem. FArtBtl 177 1959 – 1989 S. 143 f.

35 Ebenda

36 Ebenda

37 StFw Bruno Reich, Protokoll eines Gesprächs im Februar 1993 in Hamburg

38 „Ein guter Schütze trifft im Schlaf!" in: „Morgenpost" im Juni 1978

39 „Spaß für 2000 Kinder – Gekrönte Häupter bei den Soldaten in Rahlstedt"
in: „Wandsbeker Zeitung" vom 18.9.1975

40 Peter Zumkley, Protokoll eines Gesprächs im Januar 1993 im Rathaus

41 PzGrenBrig 17 – S1 StOffz – Pressekonferenz 23.11.1977

42 Teilnehmende Rekruteneinheiten:
3./PzGrenBtl 173 HH, Boehn-Kaserne
4./JgBtl 172 LÜBECK
2./lePiBtl 610 LÜBECK
InstAusbKp 19/I HH, Lettow-Vorbeck-Kaserne
InstAusbKp 1/6 HH, Lettow-Vorbeck-Kaserne

43 „Dieses Land braucht Sie! – Feierliches Gelöbnis vor dem Rathaus"
In: „Hamburger Abendblatt" vom 2.12.1977

44 Ebenda

45 Ebenda

46 Ebenda

47 OStFw Karl-Heinz Warnholz, Protokoll eines Gesprächs im Oktober 1992 in Hamburg

48 „Lindenbergs Dröhnland auf dem Boehn-Land – Udo: Eine rockige Revue als Dankeschön für die Soldaten"
in: „Hamburger Abendblatt" vom 18.1.1979

49 HFw Fred Kreuzmann, Protokoll eines Gesprächs im Februar 1993 in Hamburg

50 vgl. Panzerbrigade 18 HOLSTEIN, Geschichte der Brigade BAND 1 1959 – 1992, S.97

51 StFw Ulrich Bauer, Protokoll eines Gesprächs im Februar 1993 in Hamburg

52 „Der Kampf gegen den Schnee – Zurück aus der weißen Hölle: 'Wir sind fix und fertig' "
in: „Hamburger Abendblatt vom 4.1.1979

53 Chronik des PzArtBtl 177 ehem. FArtBtl 177 1959 – 1989 S. 153

54 PzGrenBrig 17 -S1- Az 12-02-01 v. 25.6.1979

55 Hans Apel, Der Abstieg – Politisches Tagebuch 1978 – 1988", Stuttgart 1990 S. 35

56 Ebenda

57 30 Jahre I. Korps 1956 – 86
Geschichte und Chronik der Heeresverbände im nordwestdeutschen Raum,
Biblio Verlag Osnabrück 1989 S. 49

58 „Nur der Wechsel ist beständig – 20 Jahre Heereskonzeptionen", Aufsatz von Generalleutnant a.D. Siegfried Schulz
in: Jahrbuch des Heeres 1977 S. 58

59 Generalleutnant Jörn Söder, Protokoll eines Gesprächs im Februar 1993

60 Panzergrenadierbataillon 172 – Chronik, Lübeck 1992 S. 57

61 PzArtBtl 177 -S1- Az 10-30-20 v. 10.12.1979
in: Chronik des PzArtBtl 177 ehem. FArtBtl 177 1959 – 1989, Anlagen zum VII. Kapitel, S. 159

62 Abschiedsansprache von Brigadegeneral Jörn Söder anl. der Brigadeübergabe am 6.4.1982

63 Bundesminister a.D. Dr. Hans Apel, Protokoll eines Gesprächs im Oktober 1992 in Hamburg

64 Hans Apel, Der Abstieg S. 56

65 vgl. Anm. 59

66 „Der Bürgermeister besuchte Hamburgs 'Hausbrigade' – Im Panzer brauchte Dohnanyi (nicht gedient) Hilfe"
in: „BILD-Hamburg" v. 18.3.1982 S. 12

67 Meyers Großes Konversationslexikon Band 6 Leipzig – Wien 1906 S. 267

68 Festschrift „25 Jahre PzGrenBtl 3 – PzGrenBtl 172 – PzGrenBtl 173 12.07.1956 – 25.09.1981" S. 4

69 „Was bei der Demonstration hinter dem Kasernentor geschah"
in: „Wandsbeker Zeitung" v. 23./24.6.1983

70 ebenda

71 „Pastorin contra Abendblatt" in: „Hamburger Rundschau" v. 23.6.1983

72 vgl. Anm. 69

73 Chronik des PzArtBtl 177 ehem. FArtBtl 177 1959 – 1989 S. 181 f.

74 „Unfriedliche Debatte vor der Friedenswoche"
in: „Wandsbeker Zeitung" v. 6.7.1983

75 „Grauenvolle Erinnerungen an Kriegsalltag und Bombenhagel"
in: „Wandsbeker Zeitung" v. 27./28.10.1983

76 Chronik PzBtl 174 ehem PzBtl 3 S. 164

77 „In guter Nachbarschaft mit den Bürgern in Uniform" in: „Rahlstedter City & Center Zeitung" v. 31.7.1986
(PR-Beilage der „Wandsbeker Zeitung")

78 Ebenda

79 „Gibt es Unfrieden beim Thema Frieden? – Geschäftswelt sieht Demonstration im Rahlstedt Center mit Sorge entgegen"
in: „Wandsbeker Zeitung" v. 24.7.1986

80 „Da staunte sogar Rahlstedts Polizei: Öffentliche Straße mitten im Center" und „Politposse um das neue Center in Rahlstedt" in: „Wandsbeker Zeitung" v. 8./9.12.1983

81 „Friedensinitiative wurde angezeigt" in: „Wandsbeker Zeitung" v. 31.7.1986

82 „Geschmack der Bundeswehr zu stark strapaziert" in: „taz hamburg" v. 23.8.1986

83 „Wollen sie Frieden oder Unruhe um jeden Preis?" in: „Wandsbeker Zeitung" v. 31.7.1986

84 „Leserbriefe" in „Wandsbeker Zeitung" v. 14.8.1986

85 NDR 2 „Plattenkiste – Hörer machen ein Musikprogramm" Ausgabe v. 12.6.1984
Aufzeichnung auf Cassette im Besitz von StFw a.D. Jürgen Sierth

86 Hptm Bruno Blättry, Protokoll eines Gesprächs im März 1993 in Hamburg

87 OTL Werner Albrecht, Protokoll eines Gesprächs im März 1993

88 „Rahlstedts Panzergrenadierbrigade 17 erwartet 10.000 Gratulanten:
Die mobile Kleinstadt der Soldaten wird 25 Jahre alt" in: „Hamburger Abendblatt" v. 15.6.1984

89 „Zum Jubiläum acht Küßchen für Herrn Oberst" in: „Hamburger Abendblatt" v. 18.6.1984

90 „Das ist heute eine andere Jugend als vor Jahren" in: „Hamburger Abendblatt" v. 15./16.9.1984

91 Generalleutnant Gert Verstl, Grußwort vom 19.1.1993

92 vgl. Anm. 90

93 „Beim Empfang kamen auch Soldaten zu Wort" in: „Wandsbeker Zeitung" v. 17.1.1985

94 PzGrenBrig 17 -G3- Az 34-32-01 v. 22.7.1986

95 gem. „Brigadebefehl Nr. 2 für Aufnahme und Verteidigung zwischen NIENKATTBEK und NIENBORSTEL"
Anlage D zu PzGrenBrig 17 -G3- Az 34-32-01 v. 29.5.1986

96 Der Verfasser selbst in einem Brief vom 23.9.1986
Der Brief befindet sich im Besitz seiner heutigen Frau, Gesa Klose.

97 „3. Ausgabe der News for 171" v. 23.9.1986

98 Ebenda und „5. Ausgabe der News for 171" v. 25.9.1986

99 OTL Volker Fleig, Protokoll eines Gesprächs im März 1993

100 BOLD GUARD 86 UMPIRE HAND BOOK (DEUTSCH), Kapitel 1 Kurze Darstellung der Übung
g) Der gedachte Verlauf S. 1/2

101 Chronik der Nachschubkompanie 170 1972 – 1992

102 PzGrenBrig 17 -Kdr- TAGESBEFEHL v. 3.10.1986

103 StFw Fred Schlinke, Protokoll eines Gesprächs im Februar 1993 in Hamburg

104 StFw Peter Dammann, Protokoll eines Gesprächs im März 1993 in Hamburg

105 „Panzergrenadiere rücken zur 'Operation Starker Hans' aus – Schöne Bescherung zum 60. Geburtstag!"
in: „Wandsbeker Zeitung" v. 19.9.1985
Titelseiten-Persiflage anl. des Geburtstages von Hans G. Stark

106 „Zur Erinnerung" – Aufzeichnungen von Regierungsdirektor Rolf Mietzsch, Leiter des Ortsamtes Rahlstedt von 1969 bis 1993 v. Februar 1993

107 „Rolf Mietzsch lud ein: Ortsamtsleiter beim Bund" in: „Rahlstedter Wochenblatt" v. 23.9.1987 S. 7

108 „Die 76er ziehen durch Hamburg – Der Einzug des Regiments in seine neue Kaserne"
in: „Hamburger Nachrichten" v. 25.3.1938

109 OTL Volker Fleig, Protokoll eines Gesprächs im März 1993

110 Generalleutnant Henning von Ondarza in einem Brief an den Verfasser vom 3.1.1993

111 Generalmajor a.D. Heinz-Günther Guderian in einem Brief an den Verfasser vom 10.3.1993

112 „Frech! – Beinschuß von Hauptfeld Bein" in: „HEER" 12/86 S. 19

113 „2. Großveranstaltung des 'Förderkreises Grünzug Berner Au': Sport, Fußball und Show zugunsten der Soldatenkrebshilfe"
in: „Rahlstedter Wochenblatt" v. 3.2.1988

114 Hansjürgen Schult, Protokoll zahlreicher Gespräche Ende 1992 im „Oldenfelder-Krug"

115 „ 'Förderkreis Grünzug Berner Au': Aktion 'Sauberes Oldenfelde' "
in: „Rahlstedter Wochenblatt" v. 20.3.1985

116 „Nach jedem Manöver eine walisische Eiche gesetzt" in: „Wandsbeker Zeitung" v. 21.11.1985

117 Chronik des PzArtBtl 177 ehem. FArtBtl 177 1959 – 1989 S. 237

118 Brigadegeneral a.D. Curt von Witzendorff in einem Brief an den Verfasser vom 10.11.1992

119 Panzergrenadierbataillon 172 – Chronik S. 46

120 Oberst a.D. Ulrich von Coler, Protokoll eines Gesprächs im Oktober 1992 in Travemünde

121 „Ein Name für 3.200 Soldaten – Aus der Hamburger Panzergrenadierbrigade 17 könnte bald die 'Hanseatische Legion' werden„
in: "Hamburger Abendblatt" v. Dez. 1987

122 „Rekruten saßen bei feierlichem Glöbnis" in: „Hamburger Wochenblatt – Hallo Hamburg" v. 2./3.8.1989

123 Brigadegeneral Dieter Farwick, Protokoll eines Gesprächs im März 1993

124 Regierungsdirektor Rolf Mietzsch, Ansprache anläßl. Gelöbnis am 8.7.1989
in: „Hamburger Wochenblatt" v. 2./3.8.1989

125 „Grußwort des Ersten Bürgermeisters der Freien und Hansestadt Hamburg Dr. Henning Voscherau"
in: „Panzergrenadier-Kurier – 30 Jahre Hamburger Hausbrigade", Festschrift zum „Tag der Offenen Tür" am 8.7.1989 in der Boehn-Kaserne

126 Ebenda

127 Major Joachim Volkmer, Protokoll eines Gesprächs im März 1993 in Hamburg

128 „IAP-Dienst Sicherheitspolitik" (Unabhängiger Informations- u. Hintergrunddienst) Nr. 15-16 / 1.8.1990
Schwerpunktheft „Ein Staat – eine Armee" S. 2

129 „DEUTSCHLAND VEREINIGT" in: „Hamburger Abendblatt" v. 3.10.1990

130 OTL Botho von Saldern, Protokoll eines Gesprächs im März 1993

131 „Erstes gesamtdeutsches Gelöbnis" in: „Hamburger Wochenblatt" v. Feb. 1991

132 „Notiert im ... Mai 1991" – in: „IFDT – Informationen für die Truppe" 8/91 S. 25

133 Major i.G. Georg Friedrichs, Protokoll eines Gesprächs im März 1993 in Hamburg

134 Angaben entnommen einem Aufsatz von OTL i.G. Drews, Oberst i.G. Jacob, u.a. „Das neue deutsche Heer – Zielsetzung, Konzeption und Elemente der Heeresstruktur V" in: „Truppenpraxis" 4/1991 S. 356 ff.

135 OTL i.G. Engelhardt „Paßt das alles noch zusammen? – Bundeswehrplanungen und Verhandlungen über Konventionelle Streitkräfte in Europa"
in: „Informationen für die Truppe" 8/1989 S. 58

136 „Die Neuplanung der Bundeswehr – 6. Das Heer" in: „IAP-Dienst Sicherheitspolitik" Nr. 1 – 2 / 20.1.1993

137 Oberst Hans-Jürgen Rennack, Ansprache anläßlich der „Informationsveranstaltung" am 28.1.1993

138 Oberst Hans-Jürgen Rennack, Protokoll eines Gesprächs im März 1993 in Hamburg

139 PzGrenBrig 17 -Kdr- Az 10-30-20 v. 5.7.1991

140 „Befehl zum Abmarsch – Panzergrenadierbrigade 17 muß sich bis Ende 1994 auflösen"
in: „Hamburger Abendblatt" v. 4.11.1991

141 Hauptmann Walter Schermack, Protokoll eines Gesprächs im März 1993 in Hamburg

142 OTL Erich Siedschlag, Protokoll eines Gesprächs im März 1993 in Hamburg

143 gem. Verzeichnis „Ausstattung RadKfz/Anh und gepanzerte Kfz PzGrenBrig 17" Stand: 01.06.90

144 Major Hans Uve Düfer, Protokoll eines Gesprächs im März 1993 in Hamburg

145 Oberst Hans-Jürgen Rennack, Ansprache anläßlich des Abschiedsappells am 11.9.1992 S. 5/6

146 „Rahlstedt wird ohne seine Soldaten ärmer sein – Großer Abschiedsappell"
in: „Rahlstedter Wochenblatt" v. 16.9.1992 S. 5

147 „Königsschuß in Bergen-Hohne" in: „Rundblick" v. 29.4.1992

148 „In der Boehn-Kaserne: Letztes 'Feierliches Gelöbnis' " in: „Rahlstedter Wochenblatt" v. 27.5.1992

149 Senator Peter Zumkley, Ansprache anläßl. des Feierlichen Gelöbnisses in der Boehn-Kaserne am 22.5.1992
in: Chronik PzArtBtl 177 1959 – 1993 S. 212

150 vgl. Anm. 27

151 Ebenda

152 OTL Erich Siedschlag, „Rede Kommandeur anläßlich des Empfangs am 11.09.1992" S. 3

153 „Letzter Kasernen-Appell – Soldaten der Graf-Goltz-Kaserne haben sich verabschiedet"
in: „Rundblick" v. 29.9.1992 S. 4

154 „Die letzten Soldaten räumten die Graf-Goltz-Kaserne – Platz für 460 Asyl-Bewerber"
in: „Hamburger Abendblatt" v. 1.10.1992 S. 15

155 Chronik PzArtBtl 177 1959 – 1993, zweite ergänzte und erweiterte Auflage S. 217

156 Ebenda

157 Generalleutnant Helge Hansen in einem Brief an den Verfasser vom 14. Januar 1993

158 „Der Besuch der alten Dame – Rahlstedt: Hella von Boehn will Namen der Kaserne erhalten"
in: „Hamburger Abendblatt" v. 12.11.1992

159 Ebenda

160 „Führungsmeldung 1992" gem. PzGrenBrig 17 – Kdr – v. 29.10.1992

161 „In der Boehn-Kaserne gehen die Lichter aus – Rühe löste Hamburgs Hausbrigade nach 34

Jahren auf"
in. „Hamburger Abendblatt" v. 26.3.1993

162 Stabsunteroffizier Christoph Weigerding, Protokoll eines Gesprächs im März 1993 in Hamburg

163 „Ansprache des Bundesministers der Verteidigung, Volker Rühe, gelegentlich des Feierlichen Appells zur Auflösung der Panzergrenadierbrigade 17 am 25. März 1993 in Hamburg-Rahlstedt" S. 2

164 Oberst a.D. Franz Abel erinnert sich: „Am 30. Januar 1945 wurde in der Boehn-Kaserne noch einmal ein Großer Zapfenstreich aufgeführt. Anlaß war der 'Tag der Machtergreifung'. Ich habe diesen Zapfenstreich damals als junger Leutnant befehligt, weil ich der einzige Offizier war, der mit der rechten Hand noch den Säbel führen konnte. Zuschauer waren übrigens rund 1.000 Soldaten aus den Genesungskompanien, die zu diesem Zeitpunkt noch in der Kaserne waren."
gem. Protokoll eines Gesprächs im Februar 1993 in Hamburg

165 Oberst Hans-Jürgen Rennack, Protokoll eines Gesprächs im März 1993 in Hamburg

IV.
Anhang

1. Die Brigadekommandeure

Eckard Reichel †
1. 2. 59–31. 7. 62

Hans-Jürgen Rennack
1. 4. 91–31. 3. 93

Werner Johannes
1. 9. 62–30. 9. 65

Dieter Farwick
1. 1. 89–31. 3. 91

Jürgen Schröder
1. 10. 65–30. 9. 67

Manfred Eisele
1. 10. 84–31. 12. 88

Curt von Witzendorff
1. 10. 67–31. 3. 70

Gert Verstl
1. 4. 82–30. 9. 84

Horst Wenner †
1. 4. 70–31. 10. 72

Jörn Söder
1. 4. 80–31. 3. 82

Gerwin Schröder
1. 11. 72–31. 3. 80

2. Personalchronik des Brigadestabes der Panzergrenadierbrigade 17

Stellvertretende Brigadekommandeure

OTL Grollmann (1.2.1959 – 30.6.1961),
O Armbruster (1.7.1961 – 31.3.1964),
O Becker (1.4.1964 – 31.3.1967),
O Relling (1.4.1967 – 30.9.1968),
O Zilm (1.10.1968 – 31.3.1971),
O Feher (1.4.1971 – 31.3.1972),
O Joas (1.4.1972 – 30.9.1972),
O Stempel (1.10.1972 – 30.9.1975),
O Dr. Hackl (1.10.1975 – 30.9.1976),
O Carstens (1.10.1976 – 30.6.1978),
O Dreetz (1.7.1978 – 31.3.1983),
O Streubel (1.4.1983 – 30.6.1986),
O Möller (1.7.1986 – 31.12.1988),
O Kewitsch (1.1.1989 – 31.3.1990),
O Holländer (1.10.1990 – 31.3.1993)

S1-Offiziere/-Stabsoffiziere

Hptm Kinzig (1.2.1959 – 31.7.1959),
Hptm v. Coler (1.8.1959 – 30.6.1961),
Hptm Kehrhahn (1.7.1961 – 31.12.1962),
Hptm v. Ondarza (1.1.1963 – 30.6.1964),
Hptm Pawelczyk (1.7.1964 – 30.6.1967),
Mj Zumkley (1.7.1967 – 30.6.1972),
OTL Herrmann (1.7.1972 – 30.6.1975),
OTL Grohmann (1.7.1975 – 30.6.1980),
OTL Seifert (1.7.1980 – 30.6.1980),
Mj Albrecht (1.7.1982 – 30.9.1984),
Mj Kindler (1.10.1984 – 30.6.1988),
OTL v. Saldern (1.7.1988 – 30.9.1993)

S1-Offiziere

OLt Franke (1.7.1972 – 30.6.1977),
Hptm Blättry (1.7.1977 – 15.7.1991),
Hptm Schermack (1.10.1991 – 30.9.1993)

S2-Offiziere

Hptm Schmidt-Hein (1.7.1961 – 31.3.1963),
Hptm Schädlich (1.4.1963 – 31.3.1964),
Hptm Kolster (1.4.1964 – 31.3.1967),
Hptm v. Oertzen (1.4.1967 – 31.12.1969),
Hptm Meier-Sommer (1.1.1970 – 30.9.1971),
Hptm Böhm (1.1.1971 – 30.9.1972),
Hptm v. Trotha (1.10.1972 – 31.12.1973),
Hptm v. Abendroth (1.1.1974 – 30.9.1975),
Hptm v. Fritschen (1.10.1975 – 30.9.1976),
Hptm v.d. Schulenburg (1.10.1976– 31.3.1980),
Hptm Gaab (1.4.1980 – 30.9.1985),
Hptm Hochhausen (1.10.1985 – 30.9.1988),
Hptm Hörner (1.10.1988 – 30.9.1990),
Hptm Lehmann (1.10.1990 – 30.6.1992),
OLt Keller (1.7.1992 – 31.3.1993)

G3-Stabsoffiziere im Generalstabsdienst

Mj i.G. Busch (1.2.1959 – 30.9.1959),
Mj i.G. Relling (1.10.1959 – 31.12.1960),
Mj i.G. Kiene (1.1.1961 – 31.12.1962),
Mj i.G. Krull (1.1.1963 – 30.9.1963),
Mj i.G. Nennecke (1.10.1963 – 31.3.1967),
Mj i.G. Zedlik (1.4.1967 – 30.9.1970),
Mj i.G. Röhrs (1.10.1970 – 31.3.1971),
Mj i.G. Schmidt-Brekenfeld
(1.4.1971 – 30.9.1971),
OTL i.G. Meletzki (1.10.1971 – 30.9.1973),
OTL i.G. Frühhaber (1.10.1973 – 31.12.1975),
OTL i.G. Schumann (1.1.1976 – 31.3.1978),
OTL i.G. Gosch (1.4.1978 – 31.3.1980),
OTL i.G. Arbeiter (1.4.1980 – 30.6.1983),
Mj i.G. Lützow (1.7.1983 – 30.9.1985),
Mj i.G. Ibrom (1.10.1985 – 30.9.1988),
Mj i.G. Ganser (1.10.1988 – 31.12.1988),
Mj i.G. Lather (1.10.1989 – 30.9.1990),
Mj i.G. Menzel (1.10.1990 – 30.9.1992),
Mj i.G. Friedrichs (1.10.1992 – 30.9.1993)

S3-Offiziere

Hptm Wöhl (1.2.1959 – 31.3.1960),
Hptm Beckmann (1.4.1960 – 31.3.1962),
Hptm Trache (1.4.1962 – 30.6.1965),
Hptm Reimers (1.7.1965 – 30.6.1968),
Hptm Giesecke (1.7.1968 – 31.3.1971),
Hptm Haar (1.4.1971 – 31.3.1977),
Hptm v. Beuningen (1.4.1977 – 31.3.1980),
Hptm Müller (1.4.1980 – 30.9.1984),
Hptm Krause (1.10.1984 – 31.3.1990),
Hptm Feldmann (1.4.1990 – 31.3.1992),
Hptm Muuss (1.4.1992 – 31.3.1993)

S3-Offiziere (Alarm- und Mobilmachung)

OLt Bührer (1.10.1968 – 31.3.1979),
Lt Weide (1.4.1979 – 31.3.1983),
OLt Plate (1.4.1983 – 31.3.1987),
OLt Melching (1.10.1987 – 30.9.1992)

S3-Feldwebel

HFw Kolberg (1.1.1959 – 30.6.1963),
HFw Kruse (1.7.1963 – 30.6.1969),
HFw Bunnies (1.7.1969 – 28.2.1971),
OStFw Elsing (1.3.1971 -31.3.1991),
OStFw Cordes (1.4.1991 – 30.9.1993)

Fernmelde Offiziere/-Stabsoffiziere

Hptm Schulte (1.2.1959 – 30.9.1959),
Hptm Crüger (1.10.1959 – 31.3.1962),
Hptm Graffenberger (1.4.1962 – 30.9.1964),
Hptm Peters (1.10.1964 – 30.9.1967),
Hptm Knigge (1.10.1967 – 31.3.1970),
Hptm Steinke (1.4.1970 – 30.9.1972),
Hptm Mlinek (1.10.1972 – 30.6.1975),
OTL Kempkens (1.7.1975 – 30.9.1983),
Mj Gaube (1.10.1983 – 31.3.1986),
Hptm Hiller (1.4.1986 – 30.9.1988),
Mj Kandt (1.10.1988 – 30.9.1992),
OTL Eichhorn (1.10.1992 – 30.9.1993)

ABC-Abwehr-Offiziere

Hptm Roth (1.7.1975 – 31.3.1980),
Hptm Lindner (1.4.1980 – 30.9.1982),
Hptm Barthel (1.10.1982 – 31.3.1983),
Hptm Kischoweit (1.4.1983 – 30.9.1985),
Hptm Guddatis (1.10.1985 – 31.3.1991),
Hptm Kleintges (1.1.1992 – 26.4.1992)

G4-Stabsoffiziere im Generalstabsdienst

Mj i.G. Relling (1.2.1959 – 30.9.1959),
Mj i.G. Klein (1.10.1959 – 30.9.1960),
Mj i.G. Oberthür (1.10.1960 – 30.6.1966),
Mj i.G. v. Löwenstern (1.7.1966 – 30.6.1968),
Mj i.G. Mey (1.7.1966 – 31.3.1970),
Mj i.G. Holle (1.4.1970 – 30.9.1972),
Mj i.G. Frühhaber (1.10.1972 – 30.9.1973),
OTL i.G. Rothenberg (1.10.1973 – 30.9.1975),
Mj i.G. Apelt (1.10.1975 – 30.9.1977),
Mj i.G. Dietrich (1.10.1977 – 30.9.1979),
Mj i.G. Boes (1.10.1979 – 30.9.1980),
Mj i.G. Kowalski (1.10.1980 – 30.9.1981),
Mj i.G. Lützow (1.10.1981 – 30.6.1983),
Hptm i.G. Wünsche (1.7.1983 – 30.9.1985),
Hptm i.G. Gellermann (1.10.1985 – 31.3.1987),
Mj i.G. Ganser (1.10.1987 – 30.9.1988),
Mj i.G. Reinelt (1.10.1988 – 31.12.1989),
OTL i.G. Saame (1.4.1990 – 30.9.1992),
Mj Düfer (1.10.1992 – 30.9.1993)

Nachschub Stabsoffiziere

Hptm Binder (1.2.1959 – 30.6.1961),
Hptm Jessen (1.7.1961 – 30.6.1970),
Mj Stender (1.7.1970 – 30.6.1979),
Mj Zeiger (1.7.1979 – 31.12.1980),
Mj Schrock (1.1.1981 – 30.6.1983),
OTL Boedeker (1.7.1983 – 30.9.1986),
Mj Volkmer (1.10.1986 – 31.3.1992)

Nachschub Offiziere

OLt Mönkemeyer (1.1.1971 – 30.6.1973),
Lt v. Lübke (1.7.1973 – 30.6.1975),
Hptm Deutschmann (1.7.1975 – 31.3.1985),
Hptm Wiermann (1.4.1985 – 31.3.1988),
Hptm Prellwitz (1.4.1988 – 30.9.1993)

S4-Feldwebel

HFw Thiel (1.2.1959 – 30.6.1972),
StFw Hoffmann (1.7.1972 – 30.9.1990),
StFw Schlinke (1.10.1990 – 30.9.1993)

Brigadeingenieure

Mj Pryborowski (1.2.1959 – 30.9.1959),
Mj Grossmann (1.10.1959 – 30.6.1963),
Mj Albrecht (1.7.1963 – 30.6.1965),
OTL Schütz-Fischer (1.7.1965 – 31.3.1971),
OTL Hansen (1.4.1971 – 30.6.1975),
OTL Warnke (1.7.1975 – 30.6.1983),
Mj Thomas (1.7.1983 – 31.3.1990),
OTL Harm (1.4.1990 – 30.9.1993)

Brigadefeuerwerker

Hptm Mösch (1.1.1971 – 30.6.1974),
Hptm Fiedler (1.7.1974 – 30.6.1979),
Hptm Gottschlich (1.7.1979 – 30.9.1993)

Brigadefahrlehrer

Hptm Körner (1.7.1968 – 31.3.1974),
Hptm Haack (1.4.1974 – 31.3.1976),
OLt Drewes (1.4.1976 – 30.9.1982),
Hptm Spörhase (1.10.1982 – 31.3.1988),
Hptm Wien (1.4.1988 – 30.9.1991)

Brigadeärzte

... OFA Dr. Glauer (1.4.1968 – 31.3.1972),
OFA Dr. Marks (1.4.1972 – 30.9.1979),
OFA Dr. Beierdörffer (1.10.1979 – 31.12.1980),
OSA Dr. Picolin (1.1.1981 – 30.6.1982),
OSA Dr. Roch (1.7.1982 – 30.9.1984),
OSA Dr. Dietz (1.10.1984 – 31.12.1986),
OSA Dr. Hümmer (1.1.1987 – 30.6.1989),
SA Susemiehl (1.7.1989 – 30.9.1990),
OFA Dr. Gercke (1.10.1990 – 30.9.1993)

Jugendoffiziere

OLt Zuckerer (1.7.1972 – 31.3.1974),
OLt Busch (1.4.1974 – 30.6.1976),
OLt Wünsche (1.7.1976 – 30.9.1977),
OLt Grüßner (1.1.1978 – 31.3.1979),
OLt Laas (1.10.1979 – 31.3.1981),
OLt Behrndt (1.4.1981 – 31.3.1984),
OLt Warnebold (1.4.1984 – 30.6.1986),
OLt Bader (1.7.1986 – 31.3.1988),
OLt Lau (1.4.1988 – 31.3.1991),
OLt Fischer (1.4.1991 – 31.3.1993)

Leiter der Truppenverwaltung

RAmtm Jahrmarkt (1.7.1962 – 30.9.1969),
RAmtm Bageritz (1.10.1969 – 30.9.1970),
RAmtm Hellmund (1.10.1970 – 30.9.1971),
RAmtm Mayer (1.10.1971 – 31.3.1977),
RAmtm Schöttler (1.4.1977 – 30.6.1981),
RAmtm Berger (1.7.1981 – 20.2.1991),
RAmtm Schöllermann (21.2.1992 – 30.9.1993)

3. Personalchronik der Einheiten und Verbände der Panzergrenadierbrigade 17

Die Angaben wurden den Chroniken der Einheiten und Verbände entnommen. Der Verfasser kann daher keine Gewähr für Vollständigkeit übernehmen. Es wurden darüberhinaus nur die Zeiträume erfaßt, in denen die jeweiligen Einheiten und Verbände tatsächlich zur Brigade gehörten.

3.1. Heeresstruktur II (1959 – 1970)

Brigadeeinheiten

Stabskompanie

Kompaniechefs

Hptm Diekmann, Hptm v. Coler, Hptm Piepgras, Hptm Lüder, Hptm Burchardt, Mj v. Trotha

Kompaniefeldwebel

HFw Wegler, HFw Lohmeyer

Panzeraufklärungskompanie 170 (1959 – 1962)

Kompaniechefs

Hptm Fritsch, Mj Garken

Kompaniefeldwebel

HFw Schubert, HFw Kruse

Brigadeflugabwehrbatterie 170 (1962 – 1967)

Kompaniechefs

Hptm Zimmer, Hptm Mittelstraß, Hptm Merkelbach

Kompaniefeldwebel

HFw Hinz

(1.) Panzerjägerkompanie 170 (1959 – 1969)

Kompaniechefs

Hptm Lucanus, OLt Bergelt, Hptm Burmeister

Kompaniefeldwebel

HFw Deutschmann, HFw Krumnacker, HFw Otto, OFw Prohl

Panzerpionierkompanie 170

Kompaniechefs

Hptm Uebel, Hptm Vollert, Hptm Rühle, Hptm Holdorf

Kompaniefeldwebel

HFw Melosch, HFw Bülow, HFw Seyffert, StFw Scheele

Panzergrenadierbataillon 171 (1959 – 1970)

Kommandeure

OTL Johannes, OTL Armbruster, OTL Dr. Böcher, OTL Fink, OTL Engelbrecht

1./PzGrenBtl 171

Kompaniechefs

Hptm Kujawski, Hptm Schulte, Mj Klein, Mj Bruhn, Hptm Richter, Hptm Buth

Kompaniefeldwebel

OFw Hinz, OFw Sobottka, HFw Stahlhut, OFw Rünzel, OFw Stender

2./PzGrenBtl 171

Kompaniechefs

Hptm Heck, Hptm Manthey, Hptm Stahl, Hptm Bock, Hptm Paulat, Hptm Ellerich

Kompaniefeldwebel

OFw Schröder, OFw Borchers, OFw Fischer

3./PzGrenBtl 171

Kompaniechefs

Hptm Schröder, Hptm Trache, Hptm Zumkley, Hptm Richter, Hptm Grohmann, Hptm Klaar

Kompaniefeldwebel

Fw Krebs

4./PzGrenBtl 171

Kompaniechefs

Hptm Müller, Hptm Schulte, Hptm Mertens, Hptm Reimers, Hptm Böhm, Hptm Peter

Kompaniefeldwebel

Fw Bührer, OFw Otto, HFw Thießen

5./PzGrenBtl 171

Kompaniechefs

Hptm Cremer, Hptm Heck, Hptm Borchert, Hptm Bünte, Hptm Zumkley, Hptm Meyer, OLt Kriebel

Kompaniefeldwebel

HFw Kirschstein, OFw Sobottka, HFw Bührer, HFw Otto, OFw Milde

Panzergrenadierbataillon 172

Kommandeure

OTL Gerlach, OTL Hildebrand, OTL Dr. Will, OTL v. Wulffen, OTL Hoffmann, OTL Marx

1./PzGrenBtl 172

Kompaniechefs

Mj v. Quast, Hptm Mrozik, Hptm Oberthür, Hptm Pfeiffer, Hptm Bodenstein, Hptm Czeslick, Hptm Reichard

Kompaniefeldwebel

HFw Stähl, HFw Inderbiether, HFw Scheiner

2./PzGrenBtl 172

Kompaniechefs

Hptm Feher, OLt Bünte, Hptm Matthes, OLt v. Oertzen, Hptm Reichard, Hptm Dernbach

Kompaniefeldwebel

HFw Busch, HFw Rave, HFw Dohrmann, HFw Hüsken

6. / 3./PzGrenBtl 172

Kompaniechefs

OLt Ronke, Lt Mühlbacher, OLt Genschel, Hptm Wichmann, Hptm Bodenstein, OLt Czeslick, Hptm Meurer, OLt Farwick, Hptm Dr. Schwarz

Kompaniefeldwebel

HFw Dolz, HFw Lewald

4./PzGrenBtl 172

Kompaniechefs

Hptm Wallraff, Hptm Matthes, Hptm Oberthür, OLt Dr. Strauß, OLt Faust, Hptm Perschau

Kompaniefeldwebel

HFw Wilhelms, HFw Rosenberg

5./PzGrenBtl 172

Kompaniechefs

Hptm Pfeiffer, Hptm Pichelmann, Hptm Wichmann, Hptm Seiler, Hptm Böhm

Kompaniefeldwebel

HFw Lettow, HFw Scheiner, HFw Leichtfuß, HFw Dreger

Panzergrenadierbataillon 173/Lehrbataillon Heeresoffizierschule II (1959 – 1971)

Kommandeure

OTL Dr. Jäschke, OTL Busch, OTL Waltsgott, OTL Pfeiffer

1./PzGrenBtl 173 (L)

Kompaniechefs

Hptm Klein, Hptm Rauh, Hptm Henselmann, Mj Lennigk, Mj Pfeifer, Mj Jährig, Hptm Voigt, Mj Lindner

Kompaniefeldwebel

HFw Imberg, HFw Herciug, HFw Drews

2./PzGrenBtl 173 (L)

Kompaniechefs

Hptm v. Binzer, Hptm Lissinna, Hptm Pistorius, Hptm v. Stünzner-Karbe, Hptm Heink

Kompaniefeldwebel

HFw Hohn, HFw Faustmann, OFw Labes, OFw Wix, HFw Hülser

3./PzGrenBtl 173 (L)

Kompaniechefs

Hptm Herrmann, Hptm Eckert, Hptm Kittner, Hptm Herzog, Hptm Hansen, Hptm v. Seebach, Hptm Galensa, Hptm Witzke

Kompaniefeldwebel

OF Barnikau, HFw Jurksch, HFw Deierling, HFw Schulz, HFw Reinhard

4./PzGrenBtl 173 (L)

Kompaniechefs

Hptm Rehde, OLt Nebe, OLt Pistorius, Hptm v. Lossow, Hptm Moderow, Hptm Lenz, Hptm Fitzl

Kompaniefeldwebel

OFw Krohn, HFw Bachmann, OF Jochim, HFw John, HFw Hinne

5./PzGrenBtl 173 (L)

Kompaniechefs

Hptm Rauh, Hptm v. Binzer, Hptm Rehde, Hptm Pawelczyk, Hptm Nebe, Hptm Herzog, Hptm Vogel, Hptm Kowling, Hptm Lenz

Kompaniefeldwebel

HFw Dolder, OFw Haack, HFw Bringer

Panzerbataillon 174

Kommandeure

OTL Guderian, OTL Knüpling,
OTL Frh. v. Rodde, OTL Güntner, OTL Temme

1./PzBtl 174

Kompaniechefs

Mj Sorge, Hptm Beckmann, Mj Weber,
Hptm Lueder, Hptm Schädlich, Mj Buschhaus

Kompaniefeldwebel

HFw Danninger, HFw Willms, HFw Kappel,
HFw Sevecke, HFw Heise

2./PzBtl 174

Kompaniechefs

Hptm Tilsner, Hptm Hoffmann,
Hptm Rabe v. Papenheim, Hptm Greiner,
Hptm Kolster

Kompaniefeldwebel

HFw Rothe, HFw Breitenstein, HFw Wöllm

3./PzBtl 174

Kompaniechefs

Hptm Stoves, Hptm Kehrhahn,
Hptm v. Ondarza, Hptm Gehrke, Hptm Busse,
Hptm Noffke

Kompaniefeldwebel

HFw Springob, HFw Wollenweber, HFw Rohr

4./PzBtl 174

Kompaniechefs

Hptm Baum, Hptm v. Saldern, Hptm Lueder,
Hptm Burchard, Hptm Genuit, Hptm Kühl,
Hptm Mehler, Hptm Sadra

Kompaniefeldwebel

HFw Schöttler, HFw Linke, HFw Kerber, HFw
Heise, HFw Sevecke

Ausbildungskompanie 2/6

Kompaniechefs

Hptm Tilsner, OLt Noffke, Hptm Busse

Kompaniefeldwebel

HFw Linke

Feldartilleriebataillon/Panzerartilleriebataillon 177 (Umbenennung 1967)

Kommandeure

OTL Fricke, OTL Hartmann, OTL Knebusch,
OTL Vosfeldt, OTL Keil

1./FArtBtl/PzArtBtl 177

Batteriechefs

Hptm Döring, Hptm Bogus, Hptm Küster,
Hptm Bogus, Mj Hartmann, Hptm Klose,
Hptm Führer

Batteriefeldwebel

HFw Hoffmann, HFw Raphael

2./FArtBtl/PzArtBtl 177

Batteriechefs

Hptm Linding, OLt Domanski, OLt Giesecke,
OLt Higgelke, OLt Ahrens

Batteriefeldwebel

HFw Struve

3./FArtBtl/PzArtBtl 177

Batteriechefs

Hptm Martin, OLt Feldmann, OLt Mertes,
OLt Müller, OLt Renner, OLt Beckmann

Batteriefeldwebel

HFw Barth, HFw Klenz

4./FArtBtl 177 (1960 – 1962)

Batteriechef Hptm Jähne

Batteriefeldwebel HFw Hoffmann

Ausbildungsbatterie 1/6

Batteriechefs

Hptm Martin, OLt Schell, Hptm Domanski,
Hptm Gieseke, Hptm Kolster, OLt Arriens,
Hptm Brunk, Hptm Friedrichs

Batteriefeldwebel

HFw Aufmesser, HFw Hoffmann, HFw Hanke

Versorgungsbataillon 176 (1959 – 1972)

Kommandeure

Mj Breitner, OTL Sternebeck, OTL Rahnenführer

1./VersBtl 176

Kompaniechefs

Hptm Weihe, Hptm Higgelke, Hptm Schatte

Kompaniefeldwebel

HFw Lettow, HFw Schöffler

2./VersBtl 176 (SanKp)

Kompaniechefs

OSA Dr. Schön, OSA Dr. Vogt,
Hptm van Haaren, Hptm Schellenberg

Kompaniefeldwebel

HFw Weber, OFw Schmidt, HFw Scheel, HFw Schröder

3./VersBtl 176 (InstKp)

Kompaniechefs

Hptm Jahncke, Hptm Schütz-Fischer, Hptm Schädlich, Hptm Behrendt, Hptm Schulke, Hptm Köster

Kompaniefeldwebel

HFw Herder, StFw Janne

4./VersBtl 176 (TrspKp)

Kompaniechefs

Hptm Noering, Hptm Endriss, Hptm Bujack, Hptm Overbeck

Kompaniefeldwebel

HFw Bunke, HFw Schröder, HFw Krause

Feldersatzbataillon 178 (1961 – 1981) und Jägerbataillon 617 (1960 – 1971)

Kaderpersonal nicht mehr feststellbar

Panzergrenadierbataillon 162 (1963 – 1971)

vgl. „Panzergrenadierbrigade 16 HERZOGTUM LAUENBURG 30 Jahre im Dienst für den Frieden 1958 – 1988" S. 148 Stellenbesetzung

3.2. Heeresstruktur III (1970 – 1980) / Heeresstruktur IV (1980 – 1991/92)

Brigadeeinheiten

Stabskompanie

Kompaniechefs

Mj v. Trotha, Mj Böhm, Mj Mügge, Mj Kindler, Mj Lindenau, Mj Krenz, Mj Wilkening

Kompaniefeldwebel

OStFw Lemke

(2.) Panzerjägerkompanie 170 (1969 – 1980)

Kompaniechefs

Hptm Grenda, Hptm Boost

Kompaniefeldwebel

HFw Jonas, HFw Mindermann, HFw Brandt

(3.) Panzerjägerkompanie 170 (1980 – 1992)

Kompaniechefs

Mj Boost, Mj Reichmann, Hptm Wilms, Hptm Bull

Kompaniefeldwebel

HFw Rembold

Panzerpionierkompanie 170

Kompaniechefs

Mj Hardege, Mj Wilke, Mj Werner, Mj Siwitza, Hptm Neu, Hptm Nagels

Kompaniefeldwebel

StFw Scheele, HFw Schulz, OFw Holm, HFw Conrad, HFw Lübker

Nachschubkompanie 170

Hptm Overbeck, Hptm Hartwig, Hptm Asmus, Mj Köhn, Mj Binder, Hptm Jensen, Mj Diepold, Mj Oswald, Hptm Brocks

Kompaniefeldwebel

HFw Krause, StFw Schlinke, HFw Christofzik

Instandsetzungskompanie 170

Kompaniechefs

Hptm Köster, Hptm Meyer, K., Hptm Pülsch, Mj Hardt, Hptm Ludwig, Hptm Maetzing, Hptm Meyer, U., Hptm Clodius

Kompaniefeldwebel

StFw Janne, StFw Goldschmidt

Jägerbataillon 171 (ehem. Jägerbataillon 617) (1971 – 1982)

Kaderpersonal nicht mehr feststellbar

Panzergrenadierbataillon 171 (seit 1981)

Kommandeure

OTL d.R. Prof. Dr. Weise, OTL Zieger, OTL Fleig, OTL d.R. Lichte

1./PzGrenBtl 171

Kompaniechefs

Hptm d.R. Moritz, Mj v. Saldern, Hptm Kriegel, Mj Düfer

Kompaniefeldwebel

OFw d.R. Brüheim, HFw Brüning, HFw Krause

2./PzGrenBtl 171

Kompaniechefs

Hptm Echterling, Hptm Bruder, Hptm Dr. Rathenhof, Hptm Herrlich, Hptm Eggers, Hptm Lage

Kompaniefeldwebel

HFw Thomas, StFw Wende

3./PzGrenBtl 171

Kompaniechefs

OLt Rogge, Hptm Bruder, Hptm Rieger, Hptm Steeger

Kompaniefeldwebel

HFw Pawlik, HFw Kriening

4./PzGrenBtl 171

Kompaniechefs

Hptm Bachmann, Hptm Müller, Hptm Ehricke, Hptm Koch

Kompaniefeldwebel

HFw Goldschmidt, HFw Gabriel

Jägerbataillon/Panzergrenadierbataillon 172 (Umbenennung 1981)

Kommandeure

OTL v. Coler, OTL Molsen, OTL Moderow, OTL Wiederholz, OTL Schecker, OTL Fritze, OTL Pricker

1./JgBtl/PzGrenBtl 172

Kompaniechefs

Mj Frh. v. Binzer, Hptm Beeck, Hptm Mügge, Hptm Gfrörer, Hptm Asbach, Mj v. Saldern, Mj Kriegel, Mj Düfer

Kompaniefeldwebel

StFw Leucht, StFw Christiansen, StFw Heinrich

2./JgBtl/PzGrenBtl 172

Kompaniechefs

Hptm Beeck, Hptm Gfrörer, Hptm Brenne-Wegener, Hptm Gawehns, Hptm Echterling, Hptm Haarstick, Hptm Radde, Hptm Vollmer. Hptm Schmitz

Kompaniefeldwebel

HFw Ruge, StFw Wende, HFw Thomas

3. / 4./JgBtl/PzGrenBtl 172

Kompaniechefs

Hptm Ludwig, Hptm Schulke, Hptm Boost, Hptm Kain, Hptm Gawehns, Hptm Werner, Hptm Rabisch, Hptm Büchler, Hptm Haarstick, Hptm Hamke, Hptm Herbst, Hptm Schlößer

Kompaniefeldwebel

HFw Engler, HFw Classen, StFw Christiansen, HFw Heinrich

4. / 3./JgBtl/PzGrenBtl 172

Kompaniechefs

Hptm Schroeter, Hptm Mügge, Hptm Dorn, Hptm Asbach, Hptm Kain, Hptm Vollmer, Hptm Büchler, Hptm Rabisch, Hptm Götz, Hptm John, Hptm Schlößer

Kompaniefeldwebel

HFw Joswig, StFw Rusch, HFw Franck

5./JgBtl/PzGrenBtl 172

Kompaniechefs

Hptm Herrmann, Hptm Schmidt, Hptm Dorn, Hptm Heick, Hptm Gottschlich, Hptm Reddemann, Hptm Hörner, Hptm Bartram, Hptm Janke

Kompaniefeldwebel

StFw Kistenmacher, HFw Hansen, HFw Franck

Panzergrenadierbataillon 173 (ehem. PzGrenBtl 172)

Kommandeure

OTL Marx, OTL Söder, OTL Zumkley, OTL Lindner, OTL Müller, OTL v. Claer, OTL Schmidt, OTL Siedschlag

1./PzGrenBtl 173

Kompaniechefs

Hptm Reichard, Hptm Wietzker, Mj Albrecht, Mj Brenne-Wegener

Kompaniefeldwebel

HFw Scheiner, StFw Splettstößer, StFw Kollien, HFw Hintz

2./PzGrenBtl 173

Kompaniechefs

Hptm Dernbach, OLt Wiesemann, Hptm Stave, Hptm Heep, Hptm Lass, Hptm Rogge, Hptm Sättler, Hptm Witzke, Hptm Detsch

Kompaniefeldwebel

HFw Hüsken, HFw Volkmann, HFw Haselhuhn

3./PzGrenBtl 173

Kompaniechefs

Hptm Dr. Schwarz, Hptm Albrecht, OLt Stave, Hptm Brenne-Wegener, Hptm Winkel, Hptm Block, Hptm Breuer, Hptm Brandes

Kompaniefeldwebel

HFw Splettstößer, HFw Kollien, HFw Scheer

4./PzGrenBtl 173

Kompaniechefs

Hptm Perschau, Hptm Seifert, OLt Heinen, Hptm Wünsche, Hptm Breuer, Hptm Hochhausen, Hptm Krake, Hptm Staniczek

Kompaniefeldwebel

StFw Rosenberg, HFw Thönes

5./PzGrenBtl 173

Kompaniechefs

Hptm Böhm, Hptm Perschau, OLt Lindenau, Hptm Joachim, Hptm Niehoff, Hptm Heilemann, Hptm Carle, Hptm Wulf, Hptm Wien

Kompaniefeldwebel

HFw Dreger, HFw Ahl, HFw Arens

Panzerbataillon 174

Kommandeure

OTL Fleckenstein, OTL Nessel, OTL Soukal, OTL Everling, OTL Hillerkus, OTL Brede

1./PzBtl 174

Kompaniechefs

Mj Buschhaus, Hptm Schumann, Hptm Bruder, Mj v. Hülsen, Hptm Friedrichs, Hptm Bartels

Kompaniefeldwebel

HFw Heise, HFw Krause, HFw Lohmeyer, HFw Kruse, HFw Brüning, HFw Rosenhagen

2./PzBtl 174

Kompaniechefs

Hptm Kolster, Hptm Teetzmann, Hptm v. Buttler, Hptm Kruse, Hptm Beilfuß, Hptm Baudler, Hptm Jeschke, Hptm Pietzsch, Hptm ten Bosch

Kompaniefeldwebel

HFw Wöllm, HFw Petreck, HFw Krause, HFw Clademovic

3./PzBtl 174

Kompaniechefs

Hptm Schumann, Hptm Harder, Hptm Schadewitz, Hptm Güntner, Hptm Brüggemann, Hptm Schleiden, Hptm Born, Hptm Hinrichs, OLt Funke

Kompaniefeldwebel

HFw Rohr, HFw Eichhorst, StFw Warnholz, HFw Rosenhagen

4./PzBtl 174

Kompaniechefs

Hptm Sadra, Hptm Bauermeister, Hptm Church, Hptm Repenning, Hptm Mende, Hptm Foorden, Hptm Dr. Weiher

Kompaniefeldwebel

HFw Sevecke, HFw Honig, HFw Hohengarten, HFw Brüning, HFw Kreuzmann

Panzerartilleriebataillon 177

Kommandeure

OTL Keil, OTL Westphal, OTL Klose, OTL Gosch, OTL v. Grone, OTL Fritsch, OTL Kuhrt

1./PzArtBtl 177

Batteriechefs

Hptm Führer, Mj Hösch, Hptm v.d. Osten, Mj Swierzynski, Hptm Höffken, Hptm Post

Batteriefeldwebel

HFw Raphael, HFw Bartels, StFw Siemers, StFw Ewald, HFw Staeckling, OFw Schlottau, HFw Hoffmann

2./PzArtBtl 177

Batteriechefs

OLt Ahrens, Hptm Windpfennig, Hptm Wendt, Hptm Krick, Hptm Kumpf, Hptm Napiontek, Hptm Wendroth, Hptm Krings, Hptm Traut

Batteriefeldwebel

HFw Struve, HFw Siemers, HFw Thun, HFw Heinrichs, HFw Vogt, Fw Cordes, HFw Hoffmann

3./PzArtBtl 177

Batteriechefs

OLt Beckmann, Hptm Birnstiel, Hptm Mona, Hptm Keitel, Hptm Clausen, Hptm Schlitt, Hptm Bartels, Hptm Peldszus, Hptm Muuss, Hptm Post

Batteriefeldwebel

HFw Möller, HFw Brandt, HFw Radziej, HFw Reich, HFw Reichhardt

5./PzArtBtl 177 (seit 1980)

Batteriechefs

Hptm Rübenach, Hptm Clausen, Hptm Schlitt

Batteriefeldwebel

HFw Ewald, HFw Bein

Feldersatzbataillon 64 (ehem. FErsBtl 178)

Kommandeure

OTL d.R. Krützfeldt, OTL d.R. Kettner

1./FErsBtl 64

Kompaniechefs

Mj v. Hülsen, Mj Friedrichs

Kompaniefeldwebel

HFw Kröger, StFw Meins, HFw Bernhard, StFw Cleff, HFw Rathje

2./FErsBtl 64

Kompaniechefs

Hptm d.R. Winter, Hptm d.R. Adlung

Kompaniefeldwebel

Fw Penker, HFw d.R. Ortmann

3./FErsBtal 64

Kompaniechefs

Hptm d.R. Pages, Hptm d.R. Müller, OLt d.R. Oelrich

Kompaniefeldwebel

Fw Kübe, OFw d.R. Schmidt

4./FErsBtl 64

Kompaniechefs

OLt d.R. Grünkorn. Hptm d.R. Jaritz

Kompaniefeldwebel

OFw Hiltscher, HFw d.R. Niclausen

5./FErsBtl 64

Kompaniechefs

Hptm d.R. Zuckerer. Lt d.R. Thormähler, Hptm d.R. Gomoll

Kompaniefeldwebel

HFw d.R. Eggert

4. Standorte und Interne Verbandsabzeichen der Verbände und Einheiten in Heeresstruktur IV

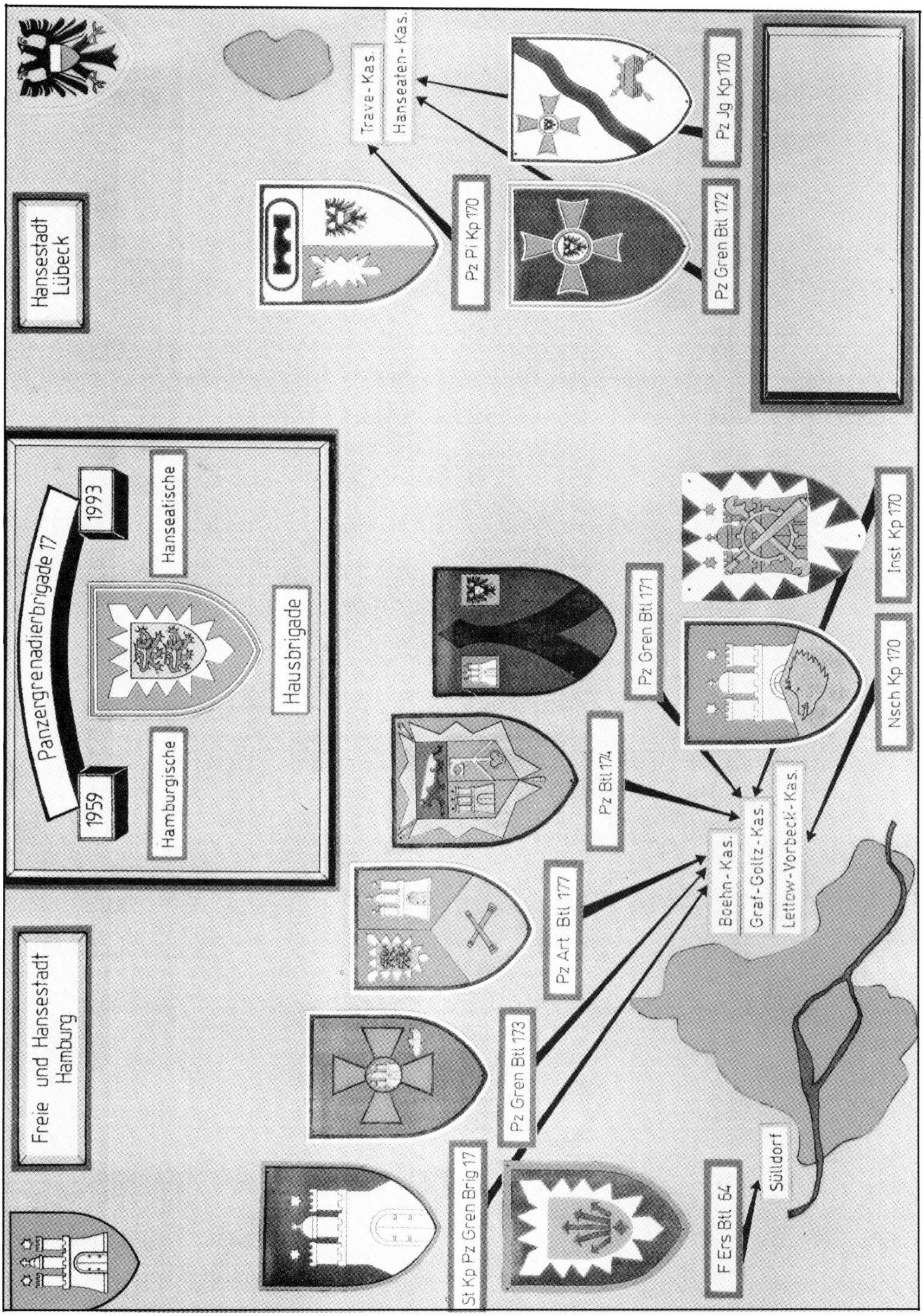

Zum Autor:

Stephan-Thomas Klose, Jahrgang 1962, ist Hauptmann der Panzertruppe und Diplompädagoge. Als Offizieranwärter trat er 1981 in das damalige Panzerbataillon 154 (später 54) in Hessisch-Lichtenau bei Kassel ein. Er verpflichtete sich für zwölf Jahre bei der Bundeswehr.

Sein geschichtliches Interesse führte ihn zum Studium der Neueren Geschichte (im Nebenfach) an der Bundeswehruniversität Hamburg. Als Mitverfasser erarbeitete er die Chronik des Panzerbataillons 184 (Boostedt), und er ist Autor des Buches „Panzerbrigade 18 Holstein – Geschichte der Brigade 1959 – 1992" (Neumünster).

Diese Erfahrungen kamen ihm bei der Abfassung der vorliegenden Chronik der Panzergrenadierbrigade 17 zugute. Erst seine umfangreichen Recherchen und zahllose Gespräche mit Ehemaligen und Aktiven ermöglichten diese Dokumentation über die „Hamburger Hausbrigade" und ihre Vorgänger, die „Panzerkampfgruppe A3" und die „Grenzschutzabteilung Nord IV". Auch Ungediente werden durch die verständliche Sprache des Autors in der Lage sein, dieses Kapitel Hamburger Soldatengeschichte lesen und verstehen zu können.